其事驗多如此也。俄而病卒，周文命葬之。

後魏晉陽河禿師傳二

釋河禿師〔一〕者，不詳何許人也。魏孝昌中，於晉陽市肆間行往，乍愚乍智，作沙門形。時人不測，止呼爲河禿師。及齊神武誕第二子洋，文宣帝也，武明太后見家貧甚，與親戚言及家計，正憂飢凍死耳。洋方生數月，尚未能言，欻言曰：「得活」，二字分明。太后左右大驚，而不敢言，謂爲妖怪。時傳禿師神異，射事多中，巧誘而至。太后意占其兒子早言爲怪，乃偏見諸子，文襄魏永熙后旁以禄位歷問之，至洋再三舉手，指天而已，口無所言。若諸子，皆别無舉措矣。後不測其終。

陳新羅國玄光傳三

釋玄光者，海東熊州人也。少而穎〔一〕悟，頓厭俗塵，決求名師，專修梵行。迨夫成長，願越滄溟，求中土禪法。於是觀光陳國，利往衡山，見思大和尚，開物成化，神解相參。思師察其所由，密授法華安樂行門。光利若神錐，無堅不犯，新猶劫貝，有染皆鮮。稟而奉行，勤而罔忒，俄證法華三昧，請求印可。思爲證之：「汝之所證，真實不虚，善護念之，令法增長。汝還本土，施設善權，好負螟蛉，皆成蜾蠃。」光禮而垂泣，自爾返錫江南。屬

大宋高僧傳卷第十八

感通篇第六之一 正傳十五人 附見三人

後魏西涼府檀特師傳一

釋檀特師者，一名慧豐，不知何許人也。身雖剃染，率略無檢制，飲酒啖肉，語嘿無常。逆論來事，後必如言。居于武威，肆意狂逸。時宇文仲和爲刺史，請之入州，歷觀廄庫，乃云：「何意畜他官物邪?」仲和不諭其旨，怒之，不令在城。未幾，仲和拒不受代，朝廷令獨孤信擒之。仲和身死，資財没官。周文聞之，降書召之。檀特至岐州，會齊神武來寇玉壁，檀特曰：「狗豈能到龍門邪?」神武果不至龍門而還。侯景未叛東魏之前，忽捉一杖，杖頭刻爲獼猴形，令其面常向西，日夜弄旃。又索一角弓牽挽之。俄而侯景啓降，尋復背叛歸梁，皆可徵驗。至大統十七年春初，忽著一布帽。周文左右驚問之。檀特曰：「汝亦著，王亦著也。」至三月而魏文帝崩。復取一白絹帽戴之，左右復問之。檀特曰：「汝亦著，王亦著也。」未幾丞相夫人薨。後復戴，問對同前，尋丞相第二子武邑公薨。

范祥雍古籍整理匯刊

上海古籍出版社

宋高僧傳

下

【宋】贊寧撰 范祥雍點校

本國舟艦附載，離岸時，則綵雲亂目，雅樂沸空，絳節霓旌，傳呼而至。空中聲云：「天帝召海東玄光禪師。」光拱手避讓，唯見青衣前導，少選入宮城，且非人間官府。羽衛之設也，無非鱗介，參雜鬼神。或曰：「今日天帝降龍王宮，請師說親證法門，吾曹水府，蒙師利益。」既登寶殿，次陟高臺，如問而談，略經七日。然後王躬送別，其船泛洋不進。光復登船，船人謂經半日而已。

光歸熊州翁山，卓錫結茅，乃成梵刹。同聲相應，得法者蟄户爰開；樂小迴心，慕羶者螘連倏至。其如升堂受莂者一人，入火光三昧一人，入水光三昧二人，互得其二種法門。從發者彰三昧名耳。其諸門生，譬如衆鳥附須彌山，皆同一色也。光末之滅，罔知攸往。南嶽祖構影堂，内圖二十八人，光居一焉。天台國清寺祖堂亦然。

系曰：夫約佛滅後，驗入道之人，以教理行果四法明之，則無逃隱矣。去聖彌近者，修行成果位證也。去聖稍遥者，學教易見理親也。其更縣邈者，學教不精，見理非諦。夫一念不生，前後際斷，斯頓心成佛也。理佛具足，行布施〔二〕行，曾未嘗述行佛，具體而微。東夏自六祖已來，多談禪理，少談禪行焉。非南能不説行，且令見道如救頭〔三〕然之故。南岳思師切在兼修，乘戒俱急，是以學者驗諸行果。其如入火光三昧者，處胎經中以禪定攝意入火界三昧，刹土洞然。愚夫謂是遭焚。若入水界三昧，愚夫見謂爲水，投物于中。菩薩心如虚空不覺觸嬈者，此非二乘所能究盡也。斯乃急於行果焉。無令口說而身意不修，何由助道邪？

隋江都宮法喜傳四

釋法喜，南海人也，形容寢陋，短弱迂踈，可年四十許。嶺表耆老咸言：「兒童時見識之，顔貌如今無異。」蠻蜒間相傳云已三百歲矣。亦自言舊識廬山慧遠法師，説晉宋朝事，歷歷如信宿前耳。平素時悄默，見人必語，語必含深意，吉凶之徵，有如影響。人亦不欲與喜相見，懼直言災惡忤逆意也。陳朝馬靜爲廣州刺史，方上任，喜直入州上廳事，畫地作馬頭形，以示其子而去。靜本扶風名族，雄勇多武略，不閑事體。及臨州也，每出行部，從甲士數萬，旌旗劍戟，若虹霓映乎霜雪，言以此可用威邊徼。其奢僭過度，王者之不若，被人誣告謀反。靜懼，即遣妻子百餘人入朝，示無圖變。陳王猶惑，遣臨汝侯觀其形勢曰：「必有反狀，便可行戮。」實無逆謀，直往代之。」臨汝利其財産，至州不驗是非。靜恃心無異，束手詣臨汝，便叱左右擒而斬之。此畫地之明効矣。喜之先見，皆同此類。

煬帝聞之，追來揚州。未久，宮内樹一堂新成。喜忽忽升堂觀覽，俄驚走下階，唱言「幾壓殺」！其日夜闌，大雨堂崩，斃者數人〔一〕，其後又於宮内環走，言索羊頭。帝聞惡之，責以狂言，勑鏁著一室。數日，三衛於市見喜坦率遊行。還奏，勑所司覆驗禁閉之處，門鏁如故。守當者云：「喜見在室内。」於是開户，見袈裟覆一聚白骨，其鏁貫項骨不脱。

帝甚驚怪，勑遣長史王恒疾往驗之，袈裟覆白骨，骨皆鉤鏁相連，鐵鏁縻其項骨。帝聞愕然稱嘆，尤增信重，勑令勿輕摇蕩，曰：「聖者神變無方。」至暮，喜還在室，或言或笑，守門復奏。帝令脱鏁，縱其所適。有於一日赴數家齋食，或時飲酒啖肉，都無拘忌。俄而有疾，常所卧牀自撤薦席，櫬簀而歛寢。令人於下鋪炭甚熾，數日而終，半身焦爛。葬于香山寺側。後四年〔一〕，南海郡奏喜見還在郡。勑遣開棺，空無所有矣。

隋洺州欽師傳五

釋欽師者，不知何許人也。大業中，至廣平，形神乖謬，造次難知，發語不常，既往爰中。見靈通寺樹甎浮圖五級，欲務高敞，工作殽雜。欽望而笑，謂寺衆曰：「造此奚爲？」衆曰：「功德佛事，須用壯觀，法師何斯怪問耶？」笑曰：「造烽火樓也。」當時緇伍互相非之曰：「風狂輩言，何可取！」至九年，塔尚未成，賊寇四起，州官警嚴，於浮圖上置候望烽火，方信欽言不妄矣。在所耆舊亦不知欽從何而來。止宿之處，亦無蹤跡。然則時時變身，在豕彘之牢，即隨狁猞群隊。童子馬世達等數人覩欽始變之時，乃停留伺察，意更觀其復人形也。後果忽復形，却於看人之後大叫曰：「你輩欲何所觀耶？」群人驚愕，合掌拜之。其變無常，皆若此也。及天下喪亂，亦失欽聲迹矣。

系曰：魏隋之僧且多應現者何？通曰：「菩薩作用，隨類化身，以神通爲遊戲耳。於遊戲而利益世主焉。」或曰：「魏、齊、陳、隋與宣師耳目相接，胡不入續傳耶？」通曰：「有所不知，蓋闕如也。亦猶大宋文軌既同，土壃斯廣，日有奇異，良難徧知。縱有某僧也，其柰史氏未編，傳家無據，故亦闕如，弗及録者，留俟後賢者也。」

唐泗州普光王寺僧伽傳六木叉　慧儼　慧岸

釋僧伽者，葱嶺北何國人也。自言俗姓何氏〔一〕，亦猶僧會本康居國人，便命爲康僧會也。然合有胡梵姓名，名既梵音，姓涉華語。詳其何國，在碎葉國東北，是碎葉附庸耳。伽在本土，少而出家。爲僧之後，誓志遊方。始至西涼府，次歷江淮，當龍朔初年也。登即隸名於山陽龍興寺〔二〕。自此始露神異。初將弟子慧儼同至臨淮，就信義坊居人乞地，下標誌之，言決於此處建立伽藍。遂穴土獲古碑，乃齊國香積寺也。得金像衣葉，刻普照王佛字，居人嘆異云：「天眼先見，吾曹安得不捨乎？」其碑像由貞元、長慶中兩遭災火，因亡蹤矣。嘗卧賀跋氏家，身忽長其牀榻各三尺許，莫不驚怪。次現十一面觀音形，其家舉族欣慶，倍加信重，遂捨宅焉。其香積寺基，即今寺是也。由此奇異之蹤，旋萌不止。

中宗孝和帝景龍二年，遣使詔赴内道場，帝御法筵言談，造膝占對休咎，契若合符。仍褒飾其寺曰普光王。四年庚戌，示疾，勑自内中往薦福寺安置。三月二日〔三〕，儼然坐亡，神彩猶生，止瞑目耳。俗齡八十三，法臘罔知。在本國三十年，化唐土五十三載。帝慘悼黯然。于時穢氣充塞，而形體宛如，多現靈迹。勑有司給絹三百疋，俾歸葬淮上，令群官祖送，士庶填閤。五月五日，抵于今所。帝以仰慕不忘，因問萬迴師曰：「彼僧伽者何人也？」對曰：「觀音菩薩化身也。經可不云乎？應以比丘身得度者，故現之沙門相也。」

初伽化行江表，止嘉禾靈光寺。彼澤國也，民家漁梁矰弋交午。伽苦敦喻，其諸殺業陷墮於人，宜疾別圖生計。時有裂網折竿者多矣。伽閑而宴息，見神告曰：「天方亢陽，百姓苗死身胡藏？其懶龍耶！」伽曰：「爲之奈何？」神曰：「若今夕但小指出窗隙外，其如人何？」伽依之，其夜霆擊異常，質明視指，微有紅線脉焉。伽曰：「吾與此壤無緣。」乃行抵晉陵，見國祥寺荒廢，乃留衣於殿梁而去，後人聞異香芬馥。伽嘗記之曰：「伊寺有人王重興。」去三十年後，果有僧俗姓全，爲檀那矣。通天萬歲中於山陽衆中懸知嫌鄙伽者，乃昌言曰：「吾有五十萬錢奉助功德，勿生橫議。」伽於淮岸招呼一船曰：「汝有財施吾，可寬刑獄。汝所載者剽略得耳。」盜依言盡捨，佛殿由是立成。無幾，盜敗，拘於揚子縣獄。伽乘雲下，慰喻言無苦。不日，果赦文至，免死矣。昔在長安，駙馬都尉武攸暨有疾，伽以澡罐水噀之而愈，聲振天邑。後有疾者告之，或以柳枝拂者，或令洗石師子而瘳，或擲水瓶，或令謝過。驗非虛設，功不唐捐。却彼身災，則求馬也；警其風厄，則索扇歟。

或認盜夫之錢，或咋黑繩之頸，或尋羅漢之井，或悟裴氏之溺，或預知大雪，或救旱飛雨，神變無方，測非恒度。中宗勑恩度弟子三人，慧岸、慧儼、木叉各賜衣盂，令嗣香火。洎乎已滅，多歷年所，嘗現形往漢南市漆器。及商人李善信船至寺覓買齋器，僧忽見塔中，形像凝然，而指曰：「正唯此僧來求買矣。」遠近嗟嘆。又嘗於洪井化易材木，結筏而至焉。大曆中，州將勒寺知十驛，俾出財供乘傳者。至十五年七月甲夜，現形于内殿，乞免郵亭之役。代宗勑中官馬奉誠宣放，仍賚捨絹三百疋、雜綵千段、金澡罐、皇太子衣一襲，令寫貌入内供養。又乾元中，州牧李亡名。有推步者云：「爲土宿加臨，災當惡弱。」伽忽現形，撫李背曰：「吾來福至，汗出災銷。」後無他咎。嘗於燕師求氈罽，稱是泗州寺僧。燕使賚所求物到，認塔中形信矣。遂圖貌而歸，自燕薊展轉傳寫，無不徧焉。長慶元年夜半，於州牧蘇公寢室前歌曰：「淮南淮北，自此福焉。自東自西，無不熟矣。」其年獨臨淮境内有年耳。二年，寺塔皆焚，唯伽遺形儼若無損。咸通中，龐勛者本徐州戍卒，擅離桂管，沿路劫掠，而攻泗州，圍逼其城。伽於塔頂現形，外寇皆睡，城中偶出擊之，驚竄而陷。宿州以事奏聞，仍錫號證聖大師也。文德元年，外寇侵軼，州將嬰城拒敵。伽現形於城西北隅。寇見，知堅壘難下，駭而宵遁。大順中彭門帥時溥令張諫攻于北城，除勦戮外，有五百餘人拘鞠場中，諫憑按恍惚間見僧衣紫，誨之曰：「此輩平人，何可殺耶？不如捨之。」言畢不見。諫遂縱之而逸。乾寧元年，太守臺蒙夢伽云：「寒東南少備。」蒙不喻旨，以綿衮法服施之。十二月晦夜半，有兵士踰壘而入，蒙初不知。復夢一僧以錫杖置于心上，冷徹心骨，驚起。蒙令動鼓角，賊驚奔，獲首領姓韓，至是方曉矣。由此多於塔頂現小僧狀，傾州瞻望，然有吉凶表兆於時，乞風者分風，求子者得子，今聞有躬禮者。往往有全不見伽形相者，或見笑容者吉，不然則凶，其不可差度者如此。洎乎周世宗有事于江南，先攻取泗上。伽寄夢於州民，言不宜輕敵。如是達于州牧，皆未之信。自爾家家夢同，告之，遂降，全一郡生民，賴伽之庇矣。天下凡造精廬，必立伽真相，牓曰大聖僧伽和尚。有所乞願，多遂人心。李北海邕、胡著作浩各爲碑頌德。今上御宇也，留心于此，其年三月有尼遊五臺山迴，因見伽於塔頂，作瓔孩相，遂登刹柱，捨身命供養。太平興國七年，勑高品白承睿重蓋其塔，務從高敞，加其累層。八年，遣使別送舍利寶貨，同葬于下基焉。其日有僧懷德預搆柴樓，自持蠟炬，焚身供養。炎燎之中，經聲不絶。又將欲建浮圖，有巨木三根，沿淮而下，至近浮橋且止，收爲塔心柱焉。續勑殿頭高品李庭訓主之。先是此寺因龕中金像刻其像曰普照王，乃以爲寺額。後避天后御名，以光字代之。近宣索僧伽實録，上覽已，勑還其題額曰普照王寺矣。

弟子木叉者，以西域言爲名，華言解脫也。自幼從伽爲剃髮弟子，然則多顯靈異。中和四年，刺史劉讓，厥父中丞忽夜夢一紫衣僧云：「吾有弟子木叉葬寺之西，爲日久矣，君能出之。」仍示其葬所。初夢都不介意，再夢如初，中丞得夢中所示之處，欲施斸之，見有一姓占居，於是饒錢市焉。開穴可三尺許，乃獲坐函，遂啓之，於骨上有舍利放光。命焚之，收舍利八百餘顆，表進上僖宗皇帝，勑以其焚之灰塑像，仍賜謚曰真相大師。于今侍立于左，若配饗焉。

弟子慧儼，未詳氏姓，生所恒隨師僧伽，執侍缾錫，從楚州發至淮陰，同勸東海裴司馬，妻恪白金沙羅而墮水。抵盱眙，開羅漢井，宿賀跋玄濟家。儼侍十一面觀音菩薩旁。自爾詔僧伽上京師。中宗別勑度儼并慧岸、木叉三人，各別賜衣鉢焉。

唐嵩嶽少林寺慧安傳七

釋慧安〔一〕，姓衛氏，荆州支江人也。其貌端雅，紺髮青目，降神乃隋開皇初年也。安受性寬裕，不染俗塵，修學法門，無不該貫。文帝十七年，勑條括天下私度僧尼，勘安云，本無名姓，亡入山谷。大業中，開通濟渠，追集夫丁，飢殍相望。安巡乞多鉢食，救其病乏，存濟者衆。煬帝聞之，詔安，遂潛入太和山。至帝幸江都，海内擾攘，乃杖錫登衡嶽寺，行頭陀法。貞觀中，至蘄州，禮忍大師。麟德元年遊終南山，石壁而止。時所居原谷之間，早霜傷苗稼，安居處獨無。四十里外皆苦青女之災矣。天皇大帝聞而召焉，安不奉詔。永淳二年至滑臺，草亭居止，中坐繩牀，四方坦露。勑造寺以處之，號招提是也。如是却還家鄉玉泉寺，時神秀禪師新歸寂，咸請住持。安弗從命。天后聖曆二年四月，告門人學衆曰：「各歸閉户。」至三更，有神人至，扈衛森森，和鈴鉠鉠，風雨偕至。其神旋遶其院數遭，安與之語，丁寧教誡，再拜而去。或問其故，曰：「吾爲嵩山神受菩薩戒也。」天后嘗問安甲子，對曰：「不記也。」曰：「何不記耶？」乃曰：「生死之身如循環乎？環無起盡，何用記爲？而又此心流注，中間無間，見漚起滅者，亦妄想耳。從初識至動相滅時，亦只如此，何年月可記耶？」天后稽顙焉。聞安闕井，勑爲鑿焉。安曰：「此下有赤祥，慎其傷物。」將及泉，見蝦蟆金色，蠢然出沮洳間，合其懸記。帝倍加欽重。殆中宗神龍二年九月，勑令中官賜紫袈裟并絹，度弟子二七人。復詔安并静禪師入中禁受供施。三年，賜摩納一副，便辭歸少林寺。至景龍三年〔二〕三月三日，囑門人曰：「吾死已，將屍向林間，待野火自焚之。勿違吾願！」俄爾萬迴和尚來見，安猖狂執手，言論移刻，旁侍傾耳都不體會。至八日，閉户，偃身而寂。春秋一百三十〔三〕許歲，起開皇二年，至景龍三年故也。火焚屍畢，收舍利八十粒，内五粒紅紫色進内，餘散施隨力造塔。先天二年門人建浮圖焉。

唐虢州閿鄉萬迴傳八

釋萬迴，俗姓張氏，虢州閿鄉人也。年尚弱齡，白癡不語，父母哀其濁氣。爲鄰里兒童所侮，終無相競之態。然口自呼「萬迴」，因爾字焉。且不言寒暑，見貧賤不加其慢，富貴不足其恭，東西狂走，終日不息。或笑或哭，略無定容，口角恒滴涎沫，人皆異之。不好華侈，尤少言語，言必讖記，事過乃知。年始十歲，兄戍遼陽，一云安西〔一〕，久無消息，母憂之甚，乃爲設齋祈福。迴倏白母曰：「兄安，極易知耳，奚用憂爲？」因裹齋餘，出門徑去，際晚而歸，執其兄書云：「平善。」問其所由，默而無對，去來萬里。後時兄歸云：「此日與迴言，適從家來，因授餅餌共啗而返。」舉家驚喜。自爾人皆改觀，聲聞朝廷。中宗孝和皇帝詔見崇重。神龍二年，勑別度迴一人而已。自高宗末，天后時常詔入內道場，賜錦繡衣裳，宮人供事。先爲兒時，於閿鄉興國寺累瓦石爲佛塔。入內之後，其塔遂放光明，因建大閣而覆之。然其施作，皆不可輒量，出言則必有其故。勑賜號爲法雲公，外人莫可得見。

先是天后朝任酷吏行羅織事，官稍高隆者日別妻子。博陵崔玄暐位望俱極，其母盧氏賢而憂之曰：「汝可一日迎萬迴，此僧寶誌之流，可以觀其舉止，知其禍福也。」乃召到家，母垂泣作禮，兼施中金匕筯一雙。迴忽下階擲其匕筯向堂屋上，掉臂而去。一家謂爲不祥。經數日，令升屋取之，匕筯下得書一卷，觀之，乃讖緯書也，遽令焚之。數日，有司忽來其家，大索圖讖，不獲，得雪。時酷吏多令盜投蠱道物及僞造祕讖，用以誣人，還令誣告得實，屠戮藉没其家者多。崔氏非聖人擲匕筯，何由知其僞圖讖也。

中宗末，嘗駡韋后爲反悖逆〔二〕，斫爾頭去。尋而誅死。太平公主爲造宅於懷遠坊中，與主宅前後爾。又孝和親送金城公主出降吐蕃，幸始平，迴出迎駕。時崔日用、武平一、宋之問、沈佺期、岑羲、薛稷皆肅揖，鄭重問訊。諸公曰：「各欲求聖人一言以定吉凶。」撫沈背曰：「汝真才子。」沈不勝其喜曰：「聖人與我受記，諸子不可更争。」又謂武曰：「與汝作名佛童，當無憂也。」目羲稷有不善之色，岑以馬避之，目稷云：「此多是野狐，其言何足懼也？」乃顧云：「汝亦不免。」及羲稷之誅，人益貴重。同時有僧伽，化迹不恒。中宗問迴曰：「此何人也？」迴曰：「觀音之化身也。」貞觀中，三藏奘師西歸云：「天竺有石藏寺，奘入時見一空房，有胡牀錫杖而已。因問此房大德，咸曰：『此僧緣闕法事，罰在東方，國名震旦，地號閿鄉，于兹萬迴矣〔三〕。』」奘歸求見，迴便設禮問西域，宛如目矚。奘將訪其家，迴謂母曰：「有客至，請備蔬食。」俄而奘至。神異之迹，多此類也。正諫大夫明崇儼者，道術之士，謂人曰：「萬迴神僧也〔四〕。」玄宗潛龍時，與門人張暐等同謁。迴見帝甚至褻黷，將漆杖呼且逐之，同往者皆被驅出。曳帝入，反扃其户，悉如常人，更無他，重撫背曰：「五十年天子自愛，已後即不知也。」張公等門外歷歷聞其言，故傾心翼戴焉。五十年後，蓋指禄山之過也。睿宗在邸時，或遊行人閒。迴於聚落街衢中高聲曰：「天子來。」或曰：「聖人來。」其處信宿間，帝必經過徘徊也。惠莊太子，乃睿宗第二子也，天后曾抱示迴，曰：「此兒是西域大樹精，養之宜兄弟也。」安樂公主，玄宗之季妹，附會韋后，熱可炙手，道路懼焉。迴望車騎，連唾之曰：「腥，腥，不可近也。」不旋踵而禍滅及之。帝愈知迴非常人也，出二宫人〔五〕日夕侍奉之，特勑於集賢院圖形焉。暨迴垂卒，而大呼遣求本鄉河水，門人徒侣求覓無所。迴曰：「堂前即是河水，何不取耶？」衆於階下掘井，河水湧出，飲畢而終〔六〕。迴宅坊中井皆鹹苦，唯此井甘美。後有假託，或稱小萬迴，以惑市里，多至誅死焉。至于終後，右常侍徐彦伯爲碑，立閿鄉玉潤西路矣。

系曰：日行萬里，非人必矣。爲鬼神邪？爲仙術邪？通曰：「觀行知人，迴無邪行，非鬼神也。無故作意，非仙術也。此得通耳。故智度論中此通有四：一身能飛行，如鳥無礙；二移遠令近，不往而到；三彼没此出；四一念能至。」或曰：「四中迴具何等？」通曰：「俱有哉，故號如意通矣。瑜伽論神境同也。云或羅漢有大堪，能現三神變焉。」

唐齊州靈巖寺道鑒傳九

釋道鑒，姓馮氏，吴郡人〔一〕。未知從來，而居歷下靈巖山寺，蹤迹神異，不測僧也。元和中，有馮生者，亦吴郡人也，以明經調選未捷，因僑寄長安。一日見老僧來，詣馮居，謂之曰：「汝吾姓也。」因相與往還，僅于歲餘〔二〕遂注擬作尉于東越。方務治裝，鑒負錫來告去。馮問：「師去，安所詣乎？」鑒曰：「吾廬在齊州靈巖之西廡下，薄遊神京，至今正十年矣。幸得與子遊，今歸舊所，故來相别。然吾子尉于越鄉，道出靈巖寺下，當宜一訪我也。」馮諾之曰：「謹受教矣。」數日〔三〕，馮出關東之赴任，至靈巖寺門，立馬望曰：「豈非鑒師所居寺乎？」即入訪之。時一僧在庭，馮問「道鑒上人廬舍安在」？僧曰：「此寺無道鑒。」馮疑異，默而計曰：「鑒公純直，豈欺我乎？」於是獨遊寺中，行至西廡下，忽見壁畫一僧，與鑒師貌同〔四〕。馮大驚嗟：「鑒師果異人歟？且能降神與我交。」久之，視其真相旁題云：「馮氏子，吳郡人也。年十歲學浮圖法，以道行有聞，卒年七十八。」馮閲其題，方悟云「汝吾姓也」，言非謬矣。

一説蘇州西去城二十許里，有靈巖山寺，西北廡下畫沙門形，云是梁天監十五年作遊方居士狀，經過山寺，寓過宵宿，而於僧厨借筆硯，僧衆皆不留意。詰旦，僧徧搜索而亡有客，見殿隅畫一梵僧，面骨權奇，膚色皴黑，眉長且垂，眸子電轉，眥閒青白，昂鼻方口，張脣露齒，擎拳倚右肩之上，身屈可長一丈五寸，衣麁納袈裟，臂擐大珠，徒跣。衆見驚懾，莫測其來。遠近咸格，有焚香禮嘆者，有請福禳災者。或於晴夜，殿中杳窣，聞有行道之聲。由是鳥雀不敢污踐簷楹之閒矣。然則鄉人謂之靈巖和尚，或云靈巖聖僧。嘗見形謂一老姥曰：「貧道好食茭粽。」疑是聖者，翌日持簞入殿供養，迄〔五〕今年別三月三日民競送之，以菰蔣葉角黍米瀹之，吳人謂之茭粽也。唐先天二年，陸魯公子疾，毉工未驗，公憂慮增劇。門遇一僧分衛，屈入，遂索水器含噀之，即時病閒。魯公喜，贈物頗豐，了不迴視。遂問：「和尚居處何寺？」答曰：「貧道住蘇州吳縣西靈巖寺。」郎君爲官江表，望入寺相尋。」斯須已去。未久，調補尚書祠〔六〕部郎，續遷桂州廉使。常念當年救病之僧，迂路姑蘇，入靈巖寺覓焉。乃説其形貌，合寺僧云：「非此所有。」陸盡日徘徊不忍去，忽於殿中見聖者形，曰：「往年療某者，此僧也。」寺僧説其由致，通感難知。陸捨錢數萬，備香火之資，却留旬日，供養方去。又寺中浄人每於像前占燭燈，添油助爐，意盜油塗髮耳。居無何，其髮焦卷而墮，傍人勸令禮懺，別買麻膏增炷，平復如初。又武宗將廢佛教也，近寺有陸宣者，夢聖者云：「受弟子供施年深，今來相別，且歸西天去也。」宣急命畫工圖寫真貌。至會昌五年，毀拆寺宇，方知告別之意焉。距咸通七年蝗災，爾時彌空亘野，食人苗稼，至于入人家食繒帛之物。百姓徬徨，莫能爲計。時民人吴延讓等率耆艾數十百人詣像前焚香泣告，即日蟲飛越境焉。乾符五年，寺衆當詣闕乞鐘歸寺，差僧撰〔七〕日登途。聖者先入右神策軍本局，預陳囑託。及正請鐘僧到，見司吏，怪問：「數日前有僧來，云隸蘇州靈巖山寺。」其僧曰：「某行無伴侶。」後右軍胥因事遊吴，見壁畫云：「此是七月中曾來司内計會鐘僧也。」然吴中極彰靈異，且不測厥由。曾有梵僧來，禮畫像云：「智積菩薩何緣在此？」嘆嗟彌久，而自此號「智積應身」也。

系曰：同異之説，史氏多之，今詳寺曰靈巖，僧畫像，此爲同也。州曰歷下、姑蘇，遇者曰陸與馮，此爲異焉。斯蓋見聞不齊，記録因別也。原夫聖人之應身也，或南或北，或漢或胡，或平常之形，或怪差之質，故令聞見必也有殊，復使傳揚自然多說。譬猶千里之外，望日月以皆同，其時邊旁雲物狀貌有異耳。既是不思議應現矣，則隨緣赴感，肆是難同。可發例云：「所傳聞異辭也。」

唐武陵開元寺慧昭傳十

釋慧昭，未詳何許人。其爲僧也，性僻而高，恒修禪定，貌頗衰羸，好言人之休戚，而皆必中。與人交言，且不馴狎。閉關自處，左右無侍童。每日乞食，里人有八十餘者云：「昭居此六十餘年，其容貌無異於少時昔日也。」但不知其甲子。元和中有陳廣者，由孝廉調爲武陵官，而酷好浮圖氏。一日因詣寺，盡訪諸僧，昭見廣，且悲且喜曰：「陳君何來之晚乎？」廣愕然，自揣平生不識此僧，何言來晚？乃曰：「未嘗與師遊，何責遲暮？」昭曰：「此非倉卒可言，當爲子一夕靜話，方盡此意。」廣甚驚異，後時詣昭宿，因請其事。昭曰：「我劉氏子，宋孝文帝之玄孫也。曾祖鄱陽王休業、祖士弘，並詳於史氏。先人文學自負，爲齊竟陵王子良所知。子良招集賢俊文學之士，而先人預焉。後仕齊梁之間，爲會稽令。吾生於梁普通七年夏五月，年三十方仕於陳，至宣帝時爲卑官，不爲人知，徒與沈彦文爲詩酒之交。後長沙王叔堅與始興王叔陵皆多聚賓客，大爲聲勢，各恃權寵，有不平心。吾與彦文俱在長沙之門下。及叔陵被誅，吾懼不免，因皆銷聲匿跡于林谷，拾橡栗而食，掬溪澗而飲。衣一短褐，雖寒暑不易，以待所憂之所定。無何，有一老沙門至吾所居曰：『子骨法甚奇，當無疾耳。』彥文再拜請其藥，曰：『子無劉君之壽，奈何？雖服吾藥，亦無所補。』遂告別，將去，復謂我曰：『塵俗以名利相勝，竟何有哉？唯釋氏可以捨此矣。』恭納其言，自是不知人事，凡十五年。又與彥文俱至建業，時陳氏已亡，宮闕盡毀。臺城牢落，荆榛蔽路，景陽井〔二〕塞，結綺基頹，文物衣冠，蕩然而盡。故老相遇，相攜而泣，且曰：『一人無良，已至於是，隋氏所滅，良可悲乎！』又聞後主及諸王皆入長安，乃率沈挈一囊乞食於路，以至關中。吾長沙王之故客也，恩遇甚厚，聞其遷往瓜州，則徑往就謁。長沙王長於綺紈而早貴盛，雖流放之際，尚不事生業。時方與沈妃酣飲。吾與沈再拜於前，長沙悲慟，久之瀝泣而起，乃謂吾曰：『一日家國淪亡，骨肉播遷，豈非天乎？』吾自此且留晉昌，氐羌之塞。數年而長沙殂，又數年彥文亡，吾因剔髮爲僧，遁迹會稽山佛寺，凡二十年，時已百歲矣。雖容體枯瘠，而筋力不衰，尚日行百里。因與一僧同至長安，時唐高祖已有天下，建號武德。至六年，吾自此或居京洛，或遊江左，至於三蜀五嶺，無不住焉，殆今二百九十年矣。雖烈寒酷熱，未嘗有微恙。貞元末，於此寺夢一丈夫，衣冠甚盛，熟視乃長沙也。吾迎延坐，話舊傷感，如平生時。而謂吾曰：『後十年，我之六世孫廣當官於此郡，師其念之。』乃問之曰：『王今何爲？』曰：『冥官極尊。』既而又泣曰：『師存而我之六世矣，悲夫！』吾夢覺，因紀君之名於經笥中，至去歲凡十年，乃以君之名氏訪於郡人，尚怪君之未至。昨因乞食里中，遇邑吏訪之，果得焉。及君之來，又依然長沙之貌也。然自夢及今十一年矣！故訝君之晚也。」已而悲惋，泣下數行，因出經笥示之。廣再拜，願執屨錫爲弟子。昭曰：「君且去，翌日當再來。」廣受教而還，明日至其居，昭已遁去，莫知其適。時元和十一年也。至大和初，廣爲巴州掾，於山南道路逢昭，驚喜再拜曰：「願棄官，請從師爲物外之遊。」昭亦許之，其夕偕舍于逆旅。至天將曙，廣早起而省昭已去矣。廣茫然若有所喪，神情沮敗，自是盡不知所往也。然則昭自梁普通七年生，于時歲在丙午，下至唐元和十年乙未，凡二百九十年，則與昭言如合符契焉。

系曰：慧昭既三百年住世也，前不可測，後未可涯，與夫賓頭羅睺尊者一貫，胡不念恩地之裔孫邪？通曰：「神仙隔一塵，猶未可與之遊。且廣是具縛凡夫，昭爲度世上士，飛鳶與淵魚，蹤迹相遠，此何怪歟？」

唐岸禪師傳十一

釋岸禪師，并州人也，約淨土爲真歸之地。行方等懺，服勤無缺。微有疾，作禪觀不虧，見觀音、勢至二菩薩現於空中，持久不滅。岸召境内畫人，無能畫者，忽有二人云從西京來，欲往五臺，自樂輸工。畫菩薩形相續事畢，贈䌽二緉，忽隱無蹤。岸知西方緣熟，告諸弟子云：「吾今往生，誰可偕行？」有小童子稽顙曰：「願隨師去。」乃令往辭父母，父母謂爲戲言，而令沐浴，著淨衣，入道場念佛，須臾而終。岸責曰：「何得前行？」時岸索筆讚二菩薩曰：「觀音助遠接，勢至輔遥迎，寶瓶冠上顯，化佛頂前明。俱遊十方刹，持華候九生。願以慈悲手，提獎共西行。」述讚已，别諸弟子入道場，命門徒助吾念佛，端坐而終，春秋八十。時垂拱元年正月七日也。

唐會稽永欣寺後僧會傳十二

釋後僧會者，本康居國人也，以吴赤烏年中謁大帝。初吴人未識僧形，止曰胡人入境。乃祈舍利已，令帝開悟。末主天紀四年，會尸解，真身隱焉。至唐高宗永徽中見形于越，稱是遊方僧，而神氣瓌異，眉高隆準，頤峭眸碧，而瘦露奇骨，真梵容也。見者悚然，罔知階位。時寺綱糾詰其厥由，駡而驅逐。會行及門，乃語之曰：「吾康僧會也，苟能留吾真體，福爾伽藍。」躧步之間，立而息絶。既而青目微瞑，精爽不銷，舉手如迎揖焉，足跨似欲行焉。衆議偃其靈軀，竇於窀穸，人力殫矣，略不傾移。雖色身堅牢，而彊事膠漆，遷于勝地，别立崇堂。時越人競以香華、燈明、繒綵、旛〔一〕蓋、果實、衣器，請祈心願，多諧人意。

初越之軍旅，多寓永欣，其婦女生産，兵士衁血，觸污僧藍，人不堪其淹穢。會乃化形往謁閫廉使李若初，且曰：「君侯即領越之藩條，託爲遷之軍旅。」語罷，拂衣而去，尋失蹤跡。李公喜而駭，且記其言，後果赴是郡。及上事訖，便謁靈跡，認于時言者，則斯僧也。

命撤軍家，勒就營幕。又疋婦夜臨蓐席，且無脂爛，鄰無隟光。俄有一僧秉爛自牖而入。其夫旦入永欣，認會貌，即是授火救産厄之僧。自爾民閒多就求男女焉。屬會昌毁永欣也，唯今大善獨留，號開元矣，遂移會身入是寺中。大中之後，有曇休律師爲會別創堂宇，廣其供具。又嘗就閭閻家求草屨，至今越人多以芒鞵油播上獻，感應肸蠁，各赴人家，不可周述。今號超化大師。從永徽至今，未嘗闕其供施焉。沙門虚受爲碑紀述焉。

系曰：蔡邕是張衡後身，智威本徐陵前事，驗皆昭晰，理且弗虚。至於聖人功用自在，此亡彼出，利見無方。僧會捐世既遐，唐來化越，立逝屹然，異中之異。苟非應物現形，如水中月，孰能預於是乎？

唐京兆法海寺道英傳十三

釋道英，不知何許人也。戒德克全，名振天邑，住寺在布政坊。咸亨中見鬼物，寺主慧簡嘗曰：「曉見二人行不踐地，入英院焉。」簡怪而問之，英曰：「向者秦莊襄王使使傳語『飢虚甚久，以師大慈，欲望排食并從者三百人，勿辭勞也』。吾以報云『後日曉具饌，可來專相候耳。』」〔一〕簡聞之，言以酒助之。及期果來，侍從甚嚴，坐食倉黄，謂英曰：「弟子不食八十年矣。」英問其故，答曰：「吾生來不無故悮，其如滅東周，絶姬祀。或責以功德，吾平日未有佛法可以懺度，唯以赦宥矜恤惸獨塞之，終爲未補。以福少罪多，受對未畢。

今此一飡，更四十年方復得食。」因歷指座上云：「此是白起、王翦，爲殺害多，罪報未終。」又云：「此陳軫，以虛詐故。」英曰：「王何不從人索食而甘虛腹，此奚可忍乎？」王曰：「慈心人少，餘人不相見。吾緣貴人，不可妄行祟〔二〕禍，所以然也。」英指酒曰：「寺主簡公將獻。」深有所愧。垂去謂英曰：「甚感此行傷費饜飫，可知弟子有少物即送相償。城東通化門外尖塚，以其鋭上而高大，是吾棲神之所。世人不知，妄云吕不韋墓耳。」英曰：「往遭赤眉開發，何有物來？」曰：「賊取不得。」英曰：「貧道非發丘中郎，是出家人，無用物所，必勿將來。」言訖，長揖而去。英感下趣如此，罔知終畢。

唐京兆法秀傳十四

釋法秀者，未詳何許人也。居于京寺，遊於咸鎬之閒，以勸率衆緣，多成善務，至老未嘗休懈。

開元末，夢人云：「將手巾袈裟各五百條，可於迴向寺中布施。」覺後問左右，並云無迴向寺。及募人製造巾衣，又徧詢老舊僧俗，莫有此伽藍否。時有一僧，形質魁梧，人都不識，報云：「我知迴向寺處。」問要何所須并人伴等，答曰：「但賫所施物，名香一斤，即可矣。」遂依言授物，與秀偕行。其僧徑入終南山，約行二日，至極深峻，初無所覩。復進程，見礙石一具，驚曰：「此人迹不到，何有此物？」乃於其上焚所賫香，再三致禮哀訴，從午到夕。谷中霧氣彌浸，咫尺不辨，逡巡開霽，當半崖閈有朱門粉壁，緣牖琁題，刹飛夭矯之旛，樓直觚稜之影。少選，見一寺，分明雲際，三門而懸巨牓曰迴向寺。秀與僧喜甚，攀陟遂到，時已黄昏，而聞鐘磬唱薩之聲。門者詰其所從，遲迴引入，見一老僧，慰問再三，倡言曰：「唐皇帝萬福否？」處分令别僧相隨，歷房散手巾袈裟，唯餘一分。指一房空榻無人，有衣服坐席，似有所適者。既而却見老僧，若綱任之首曰：「其往外者當已來矣。」其僧與秀復欲至彼授手巾等一房，但空榻者，亦無人也。又具言之，老〔一〕僧笑令坐，顧彼房内，取尺八來至，乃玉尺八也。老僧曰：「汝見彼胡僧否？」曰：「見已。」曰：「此是將來權代汝主者。京師當亂，人死無數。此胡名磨滅王。其一室是汝主房也。汝主在寺，以愛吹尺八，罰在人間，此常所吹者也。今限將滿，即却來矣。」明日遣就齋，齋訖曰：「汝當迴，可將此尺八并袈裟、手巾，與汝主自收也。」秀禮拜而還，童子送出，纔數十步，雲霧四合，則不復見寺矣。乃持手巾、袈裟、玉尺八進上，玄宗召見，具述本末。帝大感悦，凝神久之，取笛吹之，宛是先所御者。後數年，果有禄山之禍，秀所見胡僧，即禄山也〔二〕。

秀感其所遇，精進倍切，不知所終。世傳終南山聖寺又有迴向也。

系曰：昔梁武遣送袈裟入海上山，法秀詣迴向寺，燕師命使尋竹林聖寺，此三緣者名殊而事一，莫是互相改作，同截鶴續鳬否？通曰：「聖人之作，猶門内造車，門外合轍，雖千萬里之遠，事亦符合者。蓋無異路，故如樵子觀仙棋，爛柯非止王質。有多人遇棋，且姓名不同，爲爛斧柯者不一。今送衣入聖寺多者，亦如此也。」

唐滑州龍興寺普明傳十五

釋普明，不知何許人也，或云西域之僧。每談禪法，舉搉玄微，莫可測其沈寥之高遠歟！大曆初年，受胙縣人請居阿蘭若，學者螘聚。廛中往來，白衣禮而施之，日以千計。或一覩相，自然懲忿窒慾，食葚懷音，沿善革惡，以歲計無央數也。右僕射義成軍節度使賈躭者，本謫仙也，優遊道學，率略空門。纔覩明也，若羊祜之識舊環，蔡順之見慈母焉。降心延請住州寺，迎引傾郭，巷無居人。由是爲人説法，雖老不疲。行疾如風，質貌輕壯。以貞元八年壬申閏十二月十日，囑付門徒，奄然坐滅。生年或云三百歲，以其年百歲者見之，顔容不易之故。依天竺法火化，收舍利二七粒，堅固圓明。群信於明所居禪庭。立塔一所，後遷座於塔下焉。

明亡之後十年，王師西征，安静邊塞，滑人有材勇者柴清，因覘獫狁，深入虜庭。巡邏者多，乃晝伏夜動，迷方失路，迂直不分。清見明在前導，若老馬之先驅焉。及抵漢城，忽然不見。歸州就塔作禮，遐邇傳之。

校勘記

河禿師傳

〔一〕河禿師，按太平廣記卷九十一引廣古今五行記有阿禿師，亦北齊時晉陽異僧，河、阿字形相似，疑是一人。但所記事迹各殊。

玄光傳

〔一〕頴悟，原本頴作穎，從揚州本、大正本改。正字當作穎。

〔二〕布施，原作施作修，從揚州本、大正本改。

〔三〕救頭，原本頭作投，音之譌，從揚州本、大正本改。

法喜傳

〔一〕斃者數人，太平廣記卷九十一引大業拾遺記作「壓殺數十人。」

〔二〕後四年，廣記作「至大業四年。」

僧伽傳

〔一〕按太平廣記卷九十六引（僧伽）本傳及紀聞録云：「僧伽大師，西域人也，俗姓何氏。」東坡志林（五卷本）卷二僧伽何國人條云：「泗州大聖僧伽傳云：『和尚，何國人也。』又世云：『莫知其所從來，不知何國人也。』近讀隋史西域傳乃有何國。」似蘇軾未見贊寧之傳，故所言如此。傳燈録卷二十七僧伽和尚傳則云：「或問：『師何姓？』即答曰：『吾姓何。』又問：『師是何國人？』師曰：『我何國人。』」大略相似。

〔二〕廣記云：「唐龍朔初來遊北土，隸名於楚州龍興寺。」楚州治所爲山陽。

〔三〕四年……三月二日　廣記及佛祖通載卷十五所記同。傳燈録作景龍二年三月三日，「二年」當是「四年」

之誤。

慧安傳

〔一〕慧安，佛祖通載卷十五作「惠安」，同。

〔二〕景龍三年，佛祖通載載於景龍元年丁未。

〔三〕一百三十，佛祖通載「三十」作「二十」。按傳燈録卷四作「春秋一百二十八。」注：「隋開皇二年壬寅生，唐景龍三（原文誤作二，今正）年己酉滅。」與本傳所記同。以此推算，當爲一百二十八歲也。

萬迴傳

〔一〕一云安西，按太平廣記卷九十二引談賓録及兩京記云：「迴兄戍役於安西。」與一云同。傳燈録卷二十七則云「遼左」，與「遼陽」説同。

〔二〕罵韋后爲反悖逆，廣記云：「常謂韋庶人及安樂公主曰：『三郎斫汝頭。』韋庶人以爲中宗第三，恐帝生變，遂鴆之，不悟爲玄宗所誅也。」較爲明白。

〔三〕廣記作「見佛龕題柱曰：『菩薩萬廻，謫向閿鄉地教化。』」

〔四〕明崇儼事見傳燈録，較詳。

〔五〕二宮人，揚州本、大正本宮作官。

〔六〕飲畢而終，傳燈録云：「景雲二年乙亥十二月八日，師卒於長安醴泉里，壽八十。」按景雲二年爲辛亥，疑乙爲辛之誤。佛祖通載係於景龍元年丁未，「壽七十四」，又異。

道鑒傳

〔一〕吳郡人，原本人作又，從揚州本、大正本改。

〔二〕僅于歲餘，太平廣記卷九十七引宣室志作「近歲餘。」
〔三〕數日，廣記作「後數月」。
〔四〕廣記作「忽見有羣僧畫像，其一人狀同鑒師。」
〔五〕迄今，揚州本、大正本迄作乞。宋本、元本作迄，同此本。
〔六〕祠部郎，揚州本、大正本祠作刑。宋本、元本作祠，同此。
〔七〕撰日，揚州本、大正本撰作選。

慧昭傳

〔一〕景陽井，原本井作并，揚州本、大正本同。宋本、元本作井。按隋滅陳，后主與張貴妃、孔貴嬪匿於景陽宫井中，被俘獲，此謂追尋陳亡遺跡，作井者是也，今據正。

後僧會傳

〔一〕旛蓋，揚州本、大正本旛作旙，宋本作旙，並通用。以下同。

道英傳

〔一〕候耳，元本耳作享。
〔二〕祟禍，原本祟作崇，從揚州本及宋本、元本改。

法秀傳

〔一〕老僧，原本老作者，從揚州本及宋本、元本改。
〔二〕按此傳自「開元末」下所記廻向寺異事，出於逸史，見太平廣記卷九十六，惟不著法秀名。但作「狂僧」耳。可參考。

大宋高僧傳卷第十九

感通篇第六之二正傳二十一人　附見八人

唐嵩嶽破竈墮傳一

釋破竈墮者，不知何許人也。天后之世，參事嵩嶽安禪師，號老安是歟？通徹禪法，逍遥弗羈，恒理求而不見其前，别塗取而莫趨其後。嘗遇巫氏能與人醮竈祓禳，若漢武之世李少君，以祠竈可以致物同也。凡其解奏之時，往往見鬼物形兆，閭里迭畏，傳于衆多，殺少牢以祭之者交午。重其主竈，乃旛蓋擁之，祕而罕覯焉，楊子所謂靈場之威宜夜矣乎？時墮詣之，始勸巫者，終爲神説法已，告云：「我聞師教，決定生天。」乃現其形，禮辭且曰：「蒙師提耳，獲益彌深，得生殊勝天。」言訖而隱，其竈即神祠也，隨而瓦解，自然破落，非人力也〔一〕。遐邇驚駭，此師素不稱名，由此全取他名，號破竈墮也。

唐嵩嶽閑居寺元珪傳二

釋元珪，姓李氏，伊闕人也。稟氣英奇，寬裕閑雅。既緣宿習，乃誓出家，於永淳二年遂登滿足，乃隸名閑居寺。以習毗尼，雖勤無懈，執律唯堅。後悟少林寺禪宗，大通心要，深入玄微〔一〕，遂卜廬于嶽中龐塢。謂其徒仁素曰：「吾始居寺東嶺。吾滅，汝必塔吾骸于此。」珪安于巖阿。

時有峩冠袴褶，部曲繁多，輕步舒徐，稱謁大師。珪覩其貌偉，精爽不倫，謂之曰：「善來仁者，胡謂〔二〕而至？」曰：「師寧識我邪？」珪曰：「吾觀佛與衆生等，吾一目之，豈分別識也？」對曰：「我此嶽神也。吾能利害生死於人，師安得一目我哉？」珪曰：「汝能生死於人，吾本不生，汝焉能死？吾視身與空等，視吾與汝等，汝能壞空與汝乎？苟能壞空及壞汝，吾則不生不滅也。汝尚不能如是，又焉能生死吾邪？」嶽神稽首再拜曰：「我亦聰明正直於餘神，豈能知師有廣大之智辯乎？願授之正戒，令我度世，助其威福。」珪曰：「神既乞戒，即既戒也。所以者何？戒外無戒，又何戒哉？」神曰：「此理也我聞茫昧，止求師戒我身爲門弟子。」珪辭不獲，即爲張座，焚香秉鑪正机曰：「付汝五戒，汝能奉持，即嚮曰能。不能，即曰否。」神曰：「洗耳傾聽，虛心納教。」珪曰：「汝能不婬乎？」神曰：「亦娶也。」曰：「非謂此也，謂無羅欲也。」神曰：「能。」曰：「汝能不盜乎？」神曰：「何乏我也，焉有盜取哉？」曰：「非謂此也，謂饗而福淫，不供而禍善也。」神曰：「能。」曰：「汝能不殺乎？」神曰：「政柄在躬，焉曰不殺？」曰：「非謂此也，謂有濫誤混疑也。」神曰：「能。」曰：「汝能不妄乎？」神曰：「我本正直，焉能有妄？」曰：「非謂此也，謂先後不合天心也。」神曰：「能。」曰：「汝能不遭酒敗乎？」神曰：「力〔三〕能。」珪曰：「如上是爲佛戒也。」又言：「以有心奉持而無心拘執；以有心爲物而無心想身。能如是，則先天地生不爲精，後天地死不爲老，終日變化而不爲動，畢盡寂默而不爲休。悟此，則雖娶〔四〕非妻也，雖饗非取也，雖柄非權也，雖作非故也，雖醉非惛也。若能無心於萬物，則羅欲不爲婬，福淫禍善不爲盜，濫誤混疑不爲殺，先後違天不爲妄，惛荒顛倒不爲醉，是謂無心也。無心則無戒，無戒則無心，無佛無衆生，無汝及無我，無我無汝，孰能戒哉？」神曰：「我神通亞佛。」珪曰：「汝神通十句，五能五不能。佛則十句，七能三不能。」神悚然避席，啓跪〔五〕頗恭曰：「可得聞乎？」曰：「汝能侯〔六〕上帝，東天行而西七曜乎？」曰：「不能。」又曰：「汝能奪地祇融五嶽而結四海乎？」曰：「不能。」珪曰：「是爲五不能也。」又曰：「佛能空一切相，成萬法智，而不能即滅定業。佛能知群有性，窮億劫事，而不能化導無緣。佛能度無量有情，而不能盡衆生界。是爲三不能也。定業亦不牢久，無緣亦謂一期，衆生界本無增減。亘無一人，能主有法。有法無主，是謂無法。無法無主，是謂無心。如我解佛亦無神通也，但能以無心通達一切法耳。作用冥現有情前也。若有心有作，作用必不普周焉。」嶽神曰：「我誠淺昧，未聞空義，願師授我戒，我當奉行，更何業因可拘塵界？我願報慈德，効我所能！」珪曰：「吾觀身無物，觀無常法窟〔七〕，塊然更有何欲？」神曰：「師必命我爲世間事，展我少小神功，使已發心、初發心、未發心、不信心、必信心五等人目我神蹤，知有佛有神，有能有不能，有自然有非自然者。」珪曰：「無爲是，無爲是。」神曰：「佛亦使神護法，師寧隳叛佛邪？隨意垂誨。」珪不得已而言曰：「東巖，寺之障也，莽然無樹。北岫有之，而背非屏擁。汝能移北樹於東嶺乎？」神曰：「已聞命矣。」又陳曰：「我必昏夜風雷攊摇震運，願師無駭。」即鄭重作禮辭去。珪門送而且觀之，見儀衛逶迤如王者之行仗。又復碧靄紅霞，紫嵐皓氣，間錯四散，幢蓋環珮，戈戟森森，凌高竄空，杳渺隱没焉〔八〕。其夕果有暴風吼雷，奔雲霆雹〔九〕隆棟壯宇岌礏將圮〔一〇〕，定僧瞻動，宿鳥聲狂，互相敲礚，物不安所。乃謂衆僧曰：「無怖，無怖，神與我契矣。」詰旦和霽，則北巖松栝盡移東嶺，森然行植焉。而珪謂其徒曰：「吾殁後無令外知，若爲口實，人將妖我也。」

以開元四年丙辰歲，囑累門人，若委蜕焉〔一一〕。春秋七十三。遂營塔于嶽之東嶺，影堂存于本院。後十二年告成，縣尉許籌追珪之德爲記焉。

唐廬江〔一〕灊山天柱寺惠符傳三

釋惠符，姓戚氏，越州諸暨人也。登其弱冠，勇氣過人，角力馳逐，無能及者。然其任俠，且厭在家，忽投香巖寺，矯迹柔心，淳淑頓變。納法之後，練行孤標。每夜沿山據草座，安禪不動。復研尋經論，見潛縣之霍山，昔漢武嘗徙南嶽之祭于此，極成勝境。其中天柱寺可以棲神，乃結庵居焉。無幾，有巨蛇張口，毒火焱焱。符徐語之曰：「汝尋宿債，吾可噬也。不然，洗身定意，如運業通，來爲受戒。」斯須，弭按蜿蜒而去，果化成人形，來求出家。符爲之落髮〔二〕，披衣受訖，禮辭而退。後被告符私度，具以實對辯。符云：「若私度有愆，甘聽其罪。」官吏知非常而縱之。符凡見瘡癤膿流，皆呪之則差。至開元十八年，無疾而終。乃從火葬，見骨節相連之狀焉。

唐長安西明寺惠安傳四

釋惠安，未詳何許人也。神龍中遊于京兆，抑多先見。時唐休璟既立邊功，貴盛無比。安往造焉，曰：「相公，甚美必有甚惡。將有大禍，且不遠數月，然可禳去。」休璟素知安能厭勝，諾而拜之。安曰：「更無他術，但奉一計耳。豈非注擬官品，出乎陶治中？請選一有才幹者用爲曹州。」因得張君，本京官，即日升之宫贊，相次作守定陶，委之求二犬，可高數尺而神俊者。張君到任，鋭意精求，得二犬如其所求以獻之。休璟大悦，召安視之，曰：「極善。」後旬餘，安却來曰：「事在今夕，願相君嚴爲警備。」遂留安宿。是夜休璟坐於堂之前軒，命左右十數輩執弧操矢，立于榻之隅。休璟與安共處一榻，至夜分。安笑之曰：「相君之禍免矣。可以就寢。」休璟喜而謝之，遂撤左右俱寢。迨曉，安呼休璟可起矣。問安曰：「二犬何所用乎？」遂尋其跡，至園中，見一人僕地而卒。視其頸有血焉，蓋爲物所嚙者。又見二犬在大木下，仰視之，一人袒而匿身。休璟驚且詰之，其人泣而指死者曰：「某與彼俱賊也，昨夕偕來，欲害相國，蓋遇此二犬環而且吠。彼爲所噬，既殞。某藏匿無地，天網所羅，爲犬蹲守，今甘萬死。」且命縛之，曰：「此罪固當死，然非某心也，乃受制於人耳。」乃釋之，賊拜泣而去。休璟拜謝安曰：「非吾師，不然死於二夫之手矣。」安曰：「此相國之福，豈所能爲哉？」

又休璟表弟盧軫在荆門，有術士告之曰：「君將有災，當求善禳厭者，或能免矣。」軫知安奇術清行，爲時所重，致書于休璟。安即與一書曰：「事在其中耳。」及書達江陵而軫已卒，其家開其書，徒一幅空紙焉，殊無一字。休璟益重之。後數年遁去，罔知所之〔一〕。

唐西域安静傳五 徐果師

釋安静，本西域人也。開元十五年振錫東遊，至定陶，直問「丁居士何在？」鄉人報之曰：「終已三載，葬在郊外。」且曰：「是人也乃在家菩薩，專勤梵行，嘗禮事嵩山普寂禪師，云已得甚深法。將終，合掌加趺而坐，儼然而絶。曹城諸寺院鐘磬不擊自鳴也。」静至墳所，躬自發之，時五色雲氣騰噴而上，遂取其骨，皆金色連環共鏁，可五丈許，鏗然響亮，擐杖頭而行。别樹塔重葬，衆咸驚嘆。少頃，静瞥然滅没焉。

系曰：有情遺骼，引因殘〔二〕果也。凡夫身中節不相至，十地菩薩骨節解盤龍相結。佛則全身舍利焉。今丁居士骨有鉤鏁形，則超凡夫，未階十住，此乃八臂那羅延身骨節頭相鉤是歟？證居士力量及此矣。譬若出金之砂之謂渾，不可謂爲砂也。含玉之石之謂璞，不可謂爲石也矣。

次又成都府大雲寺有徐果師者，混物韜光，人罕詳測。或入三昧，不失律儀。或示狂癡，語事多中。先爲衛元嵩，是難測之士，坤維間往往有人謂之徐果師。徐，姓也；果，名也；師，通稱也。此亦彊練誌公之倫類矣，不知其終云。

唐福州鐘山如一傳六

釋如一，不知何許人也。開元末爲僧，典牀座。俄有僧遍身瘡疥，衣服襤褸，巡遶寺中。僧衆覩之，無不厭惡。唯一見而憫焉，延入常住別堂，安置度夏。夏末辭去，一問：「去何所？」答曰：「歸庵中。」又問：「庵在何也？」「只在大乘寺東。」一曰：「某日前方自彼來，勿見庵處。」曰：「不信，但來相訪。」「某兩日後專來。」一遂往，果見前僧在巖口相猴，因攜手入一精舍，樓閣森聳，殿堂交錯，且非人間景物。三日遣一公下山，迴首見悉是巖石，方知聖寺耳。一由是倍力修進，願預聖流云。

唐西域亡名傳七

釋天竺亡名，未詳何印度人也。其貌惡陋，纏乾陀色縵條衣，穿革屣，曳鐵錫，化行于京輦。當韋南康臯之生也，纔三日，其家召僧齋，此僧不速自來。其日僧必歷寺連名請至，韋氏家僮患其長一人，甚怒之，以弊席坐于庭中。既而齋畢，韋氏令乳母負嬰兒出，意請衆僧祝願焉。梵僧先從座起，攝衣升階，視之曰：「別久無恙乎？」嬰兒若有喜色相認之意。衆皆異之。韋君曰：「此子纔生三日〔一〕，吾師何言別久也？」梵僧曰：「此非檀越所知也。」韋君固問之，梵僧曰：「此子乃諸葛亮之後身耳。武侯鼎國時爲蜀丞相，君所知也。緣蜀人受其賜且久，今降生於世，將爲蜀帥，必福坤維之人。吾往在劍門，與此子爲善友，既知其生于君門，吾不遠而來。此子作劍南節度二十年，官極貴，中書令、太尉。此外非我所知也。」父然之，因以武子〔二〕爲字，又單字武也。

張鎰出爲鳳翔隴州節度，奏臯權知隴州。及鎰爲李楚琳所殺，牛雲光請臯爲帥。朱泚不得已用臯爲鳳翔帥。德宗置奉義軍節以旌之，續加禮部尚書。興元中，駕還京，徵爲左金吾衛將軍。貞元元年，爲成都尹，代張延賞。到任和南蠻并戰功，封南康郡王。順宗即位，進太尉。南康在任二十一年，末塗甚崇釋氏，恒持數珠誦佛名。所養鸚鵡，教令念經。及死，焚之，有舍利焉。臯又歸心南宗禪道，學心法於淨衆寺神會禪師。在蜀，富貴僭差，重賦斂，時議非之，然合梵僧懸記焉。

唐京兆抱玉傳八

釋抱玉者，行業高奇，人事罕接。每言來事，如目擊焉。見釋子大光而誨之曰：「汝誦經宜高揭法音，徹諸天傾聽，必得神人輔翼。」〔一〕後皆符其記莂。京邑歸信千計。每夕獨處一室，闔扉撤燭。嘗有僧於門隙閒窺其所以，見玉口中出慶雲，華彩可愛。後年可九十許而終。終時方大暑，而尸無萎敗。宰臣第五琦與玉相善，及終，臨喪頗哀。琦以香乳灌其口，隨有祥光自口而出，晃然四照。琦愈奇之〔二〕。琦乾元二年十月貶忠州刺史。竇應初入爲太子賓客，至京尹，玉皆預言榮貴轗軻相半，皆如其言，刻意歸信焉。

唐虢州閿鄉阿足師傳九

釋阿足師者，莫詳出處。形質癡濁，精神瞢然，時有所言，靡不先覺。雖居無定所，多寓閿鄉。以其踵法雲公之塵躅，憧憧往來，爭路禮謁，檀施山積，曾無顧瞻。人有隱憂，身嬰所苦，獲其指南者，其驗神速。時陝州有富家翁張臻者，產業且多，財貨增溢。少子息，臻恒懼錢帛身後無嗣。後產男，既愚且蠢，手足拳攣，語言謇澀，唯嗜飲食，殆與平人有異，口如溪壑，終日無厭。年可十七，父母鍾愛，縱其須索，迎醫求藥，不遠千里。數十年後〔一〕家業罄窮，或有謂其臻曰：「阿足師其實寶誌之流，何不敷布腹心，求救其疾？」乃夫妻來抵閿鄉，叩頭抆淚，告其拯拔。阿足瞑目久之，謂臻曰：「汝冤未散，尚須數年〔二〕，憫汝勤拳，爲汝除去。」即令撰日〔三〕於河上致齋，廣召衆多，同觀度脫。仍領引其男赴於道場。時衆知阿足奇異，觀者如堵。少選，指呼壯夫三數輩叱曳其子，令投諸河，隨急流而逝。臻且哀且驚，莫測其由。阿足語臻曰：「爲汝除災訖。」良久，其子忽於流數十步[四]外聳身水面，戟手罵其父母曰：「與爾冤仇宿世緣業，賴逢聖者遽此解紛。儻或不然，未期畢日。」挺身高呼，辭理分明，都無癡濁之狀。須臾沉水，不知其他。阿足由兹傳播，歸信之人如就市焉。所行化導皆此類矣，蓋大曆、建中中也。殆德宗貞元十二年丙子，敕謚爲大圓禪師。至今陝虢之間，猶崇重焉。

唐天台山封干師傳十木瀆師　寒山子　拾得

釋封[一]干師者，本居天台山國清寺也[二]。剪髮齊眉，布裘擁質，身量可七尺餘。人或借問，止對曰「隨時」二字而已，更無他語。樂獨舂穀，役同城旦，應副齋炊。嘗乘虎直入松門，衆僧驚懼，口唱唱道歌。時衆方皆崇重，及終後，於先天年中在京兆行化，非恒人之常調，士庶見之，無不傾禮。以其躡萬迴師之後，微亦相類，風狂之相過之，言則多中。

先是國清寺僧厨中有二苦行曰寒山子，曰拾得，多於僧厨執爨，爨訖，二人晤語，潛聽者多不體解。亦甚顛狂，紏合相親，蓋同類相求耳。時閭丘胤[三]出牧丹丘，將議巾車，苦頭疼羌甚，毉工寡効。邂逅干造，云：「某自天台來謁使君。」且告之患。干曰：「君何慮乎？」便索浄器，吮水噴之，斯須覺體中頗佳。閭丘異之，乃請干一言定此行之吉凶。曰：「到任記謁文殊。」閭丘曰：「此菩薩何在？」曰：「國清寺厨執爨洗器者是。」及入山寺，問曰：「此寺曾有封干禪師？」曰：「有。」「院在何所？寒山、拾得復是何人？」時僧道翹對曰：「封干舊院即經藏後，今闃無人，止有虎豹時來此哮吼耳。寒拾二人見在僧厨執役。」閭丘入干房，唯見虎跡縱横。又問「干在此有何行業？」曰：「唯事舂穀，供僧粥食，夜則唱歌諷誦不輟。」如是再三嘆嗟。乃入厨。見二人燒柴木，有圍爐之狀。閭丘拜之，二人連聲咄叱〔四〕，後執閭丘手〔五〕褻之若孾孺，呵呵不已。行曰：「封干饒舌。」自此二人相携手出松門，更不復入寺焉。

干又嘗入五臺巡禮，逢一老翁，問曰：「莫是文殊否？」翁曰：「豈可有二文殊？」干禮之未起，怳然失之。

次有木湏師者，多遊京邑市鄽閒，亦類封干，人莫輕測。封豐二字，出没不同。韋述史〔六〕官作封疆之封，閭丘序三賢作豐稔之豐，未知孰是。

寒山子者，世謂爲貧子風狂之士，弗可恒度推之。隱天台始豐縣〔七〕西七十里，號爲寒暗二巖，每於寒巖幽窟中居之，以爲定止。時來國清寺。有拾得者，寺僧令知食堂，恒時收拾衆僧殘食菜滓，斷巨竹爲筒，投藏于内。若寒山子來，即負而去。或廊下徐行，或時叫噪凌人，或望空曼駡。寺僧不耐，以杖逼逐，翻身撫掌，呵呵徐退。然其布襦零落，面貌枯瘁，以樺皮爲冠，曳大木屐。或發辭氣，宛有所歸，歸于佛理。初閭丘入寺，訪問寒山，沙門道翹對曰：「此人狂病，本居寒巖間，好吟詞偈，言語不常，或臧或否，終不可知。

與寺行者拾得以爲交友，相聚言説，不可詳悉。」寺僧見太守拜之，驚曰：「大官何禮風狂夫耶？」二人連臂笑傲出寺，閭丘復往寒巖謁問，并送衣裳藥物，而高聲倡言曰：「賊我賊。」〔八〕退便身縮入巖石穴縫中，復曰：「報汝諸人，各各努力。」其石穴縫泯然而合，杳無蹤迹。乃令僧道翹尋其遺物，唯於林閒綴葉書詞頌并村墅人家屋壁所抄録，得三〔九〕百餘首，今編成一集，人多諷誦。後曹山寂禪師注解，謂之對寒山子詩，以其本無氏族，越民唯呼爲寒山子。至有「庭際何所有，白雲抱幽石」句，歷然雅體。今巖下有石，亭亭而立，號幽石焉。

拾得者，封干禪師先是偶山行至赤城道側，仍聞兒啼，遂尋之。見一子可數歲〔一〇〕已來，初謂牧牛之豎。委問端倪，云無舍，孤棄於此。封干携至國清寺，付與典座僧。或人來認，必可還之。後沙門靈熠攝受之，令知食堂香燈。忽於一日，見其登座，與像對槃而飡。復呼憍陳如曰「小果聲聞。」傍若無人，執筯大笑，僧乃驅之。靈熠咨尊宿等，罷其堂任，且令廚内滌器，洗濯纔畢，澄濾食滓，以筒盛之。寒山來，必負而去。又護伽藍神廟，每日僧廚下食，爲烏鳥所取狼藉。拾得以杖扑土偶三二下，罵曰：「汝食不能護，安護伽藍乎？」是夕神附夢與闔寺僧曰：「拾得打我。」明日諸僧説夢符同，一寺紛然，始知非常人也。時牒申州縣，郡符下云：「賢士隱遁，菩薩應身，宜用旌之。」號拾得爲賢士。又於寺莊牧牛，歌詠呼天。當其寺僧布薩時，拾得驅牛至僧集堂前，倚門撫掌大笑曰：「悠悠者聚頭。」〔一一〕時持律首座咄曰：「風人，何以喧礙説戒？」拾得曰：「我不放牛也，此群牛者多是此寺知僧事人也。」拾得各呼亡僧法號，牛各應聲而過，舉衆錯愕，咸思改往修來，感菩薩垂跡度脱。時道翹纂録寒山文句於寺土地神廟壁，見拾得偈詞，附寒山集中。

系曰：按封干先天中遊遨京室，知閭丘、寒山、拾得俱睿宗朝人也。奈何宣師高僧傳中〔一二〕。閭丘，武臣也，是唐初人。閭丘序記三人，不言年代，使人悶焉。復賜緋，乃文資也。夫如是，乃有二同姓名閭丘也。又大溈祐公於憲宗朝遇寒山子，指其泐潭，仍逢拾得於國清，知三人是唐季葉時猶存。夫封干也，天台没而京兆出；寒拾也，先天在而元和逢。爲年壽彌長耶？爲隱顯不恒耶？易象有之，「小狐汔濟」，其此之謂乎！

唐成都浄衆寺無相傳十一 智詵禪師

釋無相，本新羅國人也，是彼土王第三子，於本國正朔年月生，於郡南寺落髪〔一〕登戒。以開元十六年泛東溟至于中國，到京。玄宗召見，隸於禪定寺。後入蜀資中，謁智詵禪師。有處寂者，異人也，則天曾召入宫賜磨納九條衣，事必懸知，且無差跌。相未至之前，寂曰：「外來之賓，明當見矣。汝曹宜灑掃以待。」間一日果至，寂公與號曰無相。中夜授與摩納衣，如是入深溪谷巖下坐禪，有黑犢二，交角盤礴於座下，近身甚急，毛手入其袖，其冷如冰，捫摸至腹，相殊不傾動。每入定，多是五日爲度。忽雪深，有二猛獸來，相自洗拭，躶卧其前，願以身施其食。二獸從頭至足，嗅帀而去。往往夜間坐牀下，搦虎鬚毛。既而山居稍久，衣破髮長，獵者疑是異獸，將射之，復止。後來入城市，晝在冢間，夜坐樹下。真行杜多之行也。人漸見重，爲構精舍於亂墓前。長史章仇兼瓊來禮謁之。屬明皇違難入蜀，迎相入内殿。供禮之時，成都縣令楊翌疑其妖惑，乃帖追至，命徒二十餘人曳之。徒近相身，一皆戰慄，心神俱失。頃之大風卒起，沙石飛颺，直入廳事，飄簾卷幕。楊翌叩頭拜伏，喘〔二〕而不敢語。懺畢風止，奉送舊所。由是遂勸檀越造淨衆、大慈、菩提、寧國等寺，外邑蘭若鐘塔，不可悉數。先居淨衆本院，後號松溪是歟。

相至成都也，忽有一力士稱捨力伐柴，供僧厨用。相之弟本國新爲王矣，懼其却迴，其位危殆，將遣刺客來屠之，相已冥知矣。忽日供柴賢者蹔來，謂之曰：「今夜有客。」曰：「灼然」，又曰：「莫傷佛子。」至夜，薪者持刀挾席坐禪座之側，逡巡覺壁上似有物下，遂躍起，以刀一揮，巨胡身首分於地矣。後門素有巨坑，乃曳去瘞之，復以土拌滅其跡而去。質明，相令召伐柴者謝之，已不見矣。

嘗指其浮圖前栢曰：「此樹與塔齊，寺當毁矣。」至會昌廢毁，樹正與塔等。又言寺前二小池，左羹右飯，齋施時少，則令淘浚之，果來供設。其神異多此類也。以至德元年建午月十九日無疾示滅，春秋七十七。臨終，或問之曰：「何人可繼住持乎？」乃索筆書百數字，皆隱不可知，諧而叶韻。記莂八九十年，事驗無差失。先是武宗廢教，成都止留大慈一寺，淨衆例從除毁。其寺巨鐘乃移入大慈矣。洎乎宣宗中興釋氏，其鐘却還淨衆，以其鐘大隔江，計功兩日方到。明日方欲爲齋，辰去迎取，巳時已至，推挽之勢直若飛焉。咸怪神速，非人力之所致也。原其相之舍利分塑真形，爾日面皆流汗，上足李僧以巾旋拭，有染指者，其汗頗鹹，乃知相之神力自曳鐘也。變異如此，一何偉哉！後號東海大師塔焉。乾元三年，資州刺史韓汯撰碑，而開成中李商隱作梓州四證堂碑，推相爲一證也。

唐揚州西靈塔寺懷信傳十二

釋懷信者，居處廣陵，别無奇迹。會昌三年癸亥歲，武宗爲趙歸真排毁釋門，將欲堙滅教法。有淮南詞客劉隱之薄遊四明，旅泊之宵，夢中如泛海焉。迴顧見塔一所，東度見是淮南西靈寺塔。其塔峻峙，制度校胡太后永寧塔少分耳。其塔第三層，見信憑欄與隱之交談，且曰：「蹔送塔過東海，旬日而還。」數日，隱之歸揚州，即往謁信。信曰：「記得海上相見時否？」隱之了然省悟。後數日，天火焚塔俱盡，白雨傾澍，旁有草堂，一無所損。由是觀之，東海人見永寧塔不謬矣。

系曰：塔焚皆云往東海，海豈納煨燼耶？通曰：「五行爲物亦七大性，可弗周遍法界乎？順則相生，逆則相害。雖逆順各時，與法界同其分齊，證知唯有識耳。且天仙鬼物與人相反，殊勝諸天則定果宫殿，神仙則附物變化，鬼神則歆其食氣，質礙之流，火化則得受用也。凡塔刹嚴麗，多被鬼神取旃。海若川侯，亦非人也，如陳重雲殿天火焚，東海人時見殿影焉。又近馬氏霸湖南，末年天册閣爲天火焚，朗州守此夜聞空中呵喝言『迴避，天册閣來也』。雲中騰沸，若千萬人舁荷重物然，累日，方潭州火矣。若懷信見劉隱之夢，信亦不可測之僧也。」

唐陝府辛七師傳十三

釋辛七師者，不顯出家之號，時姓氏行次呼之，既熟人耳，更無别召體焉，實陝人也。始爲兒時，甚聞謹肅，不嘗狎弄，少即老成。其父爲陝郡守，覩七師之作爲，謂其母曰：「是子非常兒孺，善宜護養之。」年甫十歲，逈知佛法可以宗尚，凡經卷冥然分其此華此梵，都不緣師教。及鐘荼〔一〕蓼，陟屺之痛愈深，雖親屬勸勉，益加柴毁。先是郡城南有瓦窑七所，一日哀號之際，發狂遁去，其家僮輩躡迹尋之。見其入窑竈〔二〕中端坐，身有奇光，燦若金色。家僮驚，就問無言，懼而徒步〔三〕。次窺一窑，復見七師，同前相狀。如是歷徧七窑，一一見其端坐發光。是以陝服之人重之若神，遇之羅拜焉。

唐京師大安國寺和和傳十四

釋和和者，莫詳氏族本生。其爲僧也狂而不亂，愚而有知，罔測其由。發言多中，時號爲聖。安國寺〔一〕中居住，出入無拘撿。見本寺修營殿閣未就，有越國公主降滎陽〔二〕鄭萬鈞，雖琴瑟相諧，而數年無子。和因至公主家，鈞焚香灑掃以待之。主拜跪歸向，鈞祈告之曰：「某自叨選尚，願得一子爲嗣，唯師能致之乎？」和曰：「易耳。但遺我三千疋絹，主當誕二男。」鈞勤重如聽佛語，出絹如所求施之。和取付脩寺殿閣功德主。乃曰：「主有娠矣，吾令二天人下爲公主作兒。所憂者公主不能併妊二子乎？爲孿乳包羞耳。吾俾其同年而前後誕之。」果如其言，歲初年末，各生之矣。長曰潛耀，次曰晦明，皆美丈夫，後博涉成事焉。京邑之間傳楊沸渭，量其位地，不可輕議哉。

唐楊州孝感寺廣陵大師傳十五

釋廣陵大師者，維楊人也，不言法名，淮海之間，競呼廣陵大師也。形質寢陋，性多桀黠，真率之狀，與屠沽輩相類，止沙門形異耳。好嗜酒啖肉，常衣繐裘，厚重可知，盛暑亦不蹔脱，蚤虱聚其上。僑寓孝感寺，獨一室，每夕闔扉而寢，率以爲常。或狂悖性發，則屠犬彘，日聚惡少鬬歐，或醉卧道傍，揚民以是惡之。貞元中，有一少壯素以力聞，嘗一日少壯與人賭博，大師大怒，以手擊碎博局。少壯笑曰：「騃兒何敢逆壯士耶？」大師且罵而唾其面，於是索少壯鬬擊，觀者圍帀千數。少壯爲大師所困，迸道而逃。自此人方知有神力焉。亦於稠人廣衆中自負其力，往往入闤闠剽奪人錢帛，市人皆畏其勇而莫敢拒。後有一耆年僧，召大師誡勑之曰：「汝胡不謹守戒法，奈何食酒肉，屠犬豕，彊抄市人錢物，又與無賴子弟鬬競，不律儀甚，豈是僧人本事耶？一旦衆所不容，執見官吏，按法治之，何處逃隱？且深累佛法。」大師怒色對之曰：「蠅蚋徒喋〔一〕羶腥，爾安知鴻鵠〔二〕之志乎？然則我道非爾所知也。且我清中混外者，豈同爾齷齪無大度乎？」耆年且不能屈。後一日自外來歸，入室閉户，有於門隙覘之。見大師坐席放神光，自眉間晃朗，照物洞然。觀者驚報，少頃寺僧奔至，瞻禮稱嘆，或有懺悔曾謗之者，或有彈指讚詠之者。明日群僧伺候大師出，焚香致禮。及開户，瞑目如入禪定，已長往矣〔三〕。自此廣陵人寫貌供養，號之爲大師〔四〕焉。

唐南嶽山明瓚傳十六

釋明瓚者，未知氏族生緣。初遊方詣嵩山，普寂盛行禪法，瓚往從焉。然則默證寂之心契，人罕推重。尋於衡岳閑居，衆僧營作，我則晏如，縱被詆訶，殊無愧耻，時目之懶瓚〔一〕也。一說伊僧差越等夷，或隨衆齋飡，或以瓦釜煑土而食，云是彌陀佛應身，未知何證驗之？一云〔二〕好食僧之殘食，故殘也。殘上聲呼。或隨逐之，則時出言語，皆契佛理，事迹難知。天寶初，至南岳寺執役，晝專一寺之工〔三〕，夜止羣牛之下，曾無倦也。如是經二十年。

相國鄴公李泌避崔李之害，隱南岳而潛察瓚所爲，曰：「非常人也。」聽其中宵梵唄，響徹山谷。李公情頗知音，能辯休戚，謂瓚曰〔四〕「經音悽愴而後喜悅，必謫墮之人時將去矣。」候中夜，李公潛往謁焉，望席門自贊而拜。瓚大詬，仰空而唾曰：「是將賊我。」李愈加鄭重，唯拜而已。瓚正發牛糞火，出芋啗之，良久乃曰：「可以席地。」取所啗芋之半以授焉。李跪捧盡食而謝。謂李公曰：「慎勿多言，領取十年宰相。」李拜而退。

居一月，刺史祭岳，修道路極嚴。忽中夜風雷，而一峯頹下，其緣山磴道爲大石所攔，乃以數牛〔五〕縻絆而挽之，又以數百人鼓噪以推之，物力竭而石愈固，更無他術。瓚曰：「奚用如許繁爲？我始〔六〕去之。」衆皆大笑，瓚遂履石而動，忽轉盤而下，聲若震雷。山路既開，衆僧禮而踴躍，一郡呼爲至聖，太守奉如神明。瓚悄然乃懷去意。寺外虎豹忽爾成羣，日有殺傷，無由禁止。瓚曰：「授我一小箠，爲爾驅除。」衆曰：「大石猶可推，虎豹當易制。」遂與之荊梃，皆躡後以觀之。出門，見一虎銜之而去。瓚既去矣，虎亦絶蹤矣。

李鄴公於天寶末，肅宗北巡，至靈武即位，遣使訪召。會泌自嵩潁奔赴行在所。帝喜用之，俾掌樞務，權逾宰相，判廣平王府司馬事。肅宗曰：「卿爲朕師友。今父子三人資卿道義。」尋爲崔圓、李輔國害其能，泌懼，乞遊衡岳，詔許之。絶粒數年，遂見瓚焉。後終居相位，一如瓚之懸記矣。勑謚大明禪師，塔存嶽中云。

唐簡州慈雲寺待駕傳十七懷一

釋待駕，俗姓王氏，金水縣人也。冲孺出家，作爲詭異，其父立名待駕，當天寶末也。練行精進，時號頭陀。及玄宗巡幸，果自詣府剃髮爲僧，至是「待駕得度」，其言信矣。駕去縣邑二十里，開逕芟茅，獨居山頂，後成一寺。此山絶多靈跡，初名石城，迨明皇至劒門，山神見形迎駕，稱姓李氏，勑賜與玄孫之稱。後陟武擔東臺，遠望祥雲紫氣，盤結空界，問左右曰「此何處？」對曰：「名城山。」乃悟山神扈衛之意，遂改雲頂爲慈雲寺也。駕後卒于此寺。

又福州楞伽寺釋懷一，景龍中鋭意於愛同寺東造精舍，相度地形，無水濟用，方拱手而去。忽山禽擊鬬於地，一異之，命工穴深尺餘，甘泉沸湧。此後伏臘而無加耗。寺中每有休咎，必暫減耗，候以知之，風俗謂之靈泉焉。以永泰二年歸寂，弟子超悟奏乞代宗題寺額。上首曰智恒，次行澉〔一〕。越州刺史皇甫政爲碑紀德，襄州節度使于頔書焉。

唐福州愛同寺懷道傳十八智恒

釋懷道，邁德高情，慈忍濟物，思乎達法，恒爾遊方。凡遇通人，卑禮求益。及還鄉之日，禮佛勤劬，收舉坐具，獲珠一顆，後置於文殊塑像額心安之。其珠圓瑩，且異蚌胎。又冥然降舍利骨，尋分於南澗塔中。洎至德二年，令弟子僧常持法華經，不捨晝夜。俄有白氈袈裟一領降於塔中，不知其來。此蓋道修練之心感于冥理也。後滑臺守李邕著碑文并書〔一〕。

相次智恒繼居法華院，即懷一弟子也。道行與師相埒。卒後禮部侍郎劉太真作碑頌，褚長文書。次有超悟、行弼，皆名望相齊，化于閩俗，無不重焉。

唐昇州莊嚴寺惠忠傳十九圓寂

釋惠忠〔一〕，俗姓王，潤州上元人也。初在母孕，忽遇異僧，謂曰：「所生貴子，當爲天人矣。」誕育已來，不食葷腥，有異常童。稟性敦厚。年二十三，以經業見度，即神龍元年也。遂配莊嚴寺，志節高簡，爲時輩所推。聞牛頭山威禪師襲達磨蹤，得佛法印，遂造山禮謁。威見忠，乃曰：「山主來矣。」因爲説法，頓悟上乘。威既得人，如老氏之逢尹喜，乃命入室付法傳燈，并委山門之事，遂出鄽聚。忠即繼踵兹峯，夙夜精勵。常頭陀山澤，飲泉藉草，一食延時，每用一鐺，衆味同煑。用畢懸於樹杪。方復繩牀晏坐，終日如杌，衣不易時，寒暑一納，積四十年，遂彰靈應非一。州牧明賢，頻詣山禮謁，再請至郡，施化道俗。天寶初年始出止莊嚴。忠以爲梁朝舊寺，莊嚴最盛，今已歲古凋殘，興懷修葺。遂於殿東擬創法堂，先有古木，鵲巢其頂，工人將欲伐之。忠曰：「且止，待鵲移去，始當伐之。」因至樹祝曰：「此地造堂，當速移去。」言畢，其鵲競銜柴遷寓他樹。合郭道俗觀者如堵，莫不嘆異。又立基未定，忽有二神人爲上其處，因乃定焉。雖汲引無廢，神曠不撓，四方之侶，相依日至。以大曆三年山門石室前有忠挂衣藤〔二〕，是歲盛夏忽然枯悴。靈芝仙菌，且不復生。至九月，忠演法高座，無故水出遶座而轉。至四年六月十五日，集衆布薩，至晚乃命侍者剃髮浴軀。是夜瑞雲覆刹，天樂聞空，十六朝怡然坐化。時風雨震蕩，樹木摧折，和州延祚寺僧徒其夕咸見白虹直東西，貫于山中，鳥獸哀鳴，林壑巖間哭聲數日方止。岳牧韋公損聞而哀愴，遣使贈賻，并令上元令劉君備威儀送歸山。于時炎蒸，至七月七，天降雨絶涼。八日神柩出，纖塵不飛。又有群鶴徘徊轝上，送至山門。瘞後數日，壙内放光，照于山林。五年春，依外國法荼毗，獲舍利不可勝計，圓細如珠，光彩瑩徹。遠近道俗有恨無所剋獲，咸於焚身處煨燼中至求，凡百千人，皆得舍利。故知法身圓應，感物無窮，聖力潛通，光騰千古。門人起木塔。春秋八十七矣。身逾七尺，霜眉徑寸，儀容殊偉，鷰頷龍腮，神氣孤拔，色如金聚，含光玉潤，若梵僧。所居帳幃弗張，蚊蚋不犯。曾居蘭若幽栖，松竹深邃，嘗有虎鹿並各産子，馴遶人室，曾無懼色。

開元二十七年，上元令長孫遂初〔三〕脱略異聞，躬造山詢驗。及到山半，猛虎當路咆吼，遂乃驚怖，莫知所爲。忠聞出林曉喻，虎因寢聲，伏于林中。遂恐懾〔四〕，合掌禮謝而迴。忠又向吴郡，具戒院中有凌霄藤，盛夏萎悴，人擬伐之。威大師曰：「勿翦。惠忠還日，其藤更生。」人不之信，及秋，忠還，其藤重茂矣。又昔有供僧穀倉在莊，夜有强盜來竊之，虎乃吼唤逐之。盜棄負器而逃。其類夥多，良難縷述。

忠著見性序及行路難，精旨妙密，盛行于世。

又鄴中釋圓寂，氏族生地俱不可尋。初從嵩山見老安禪師，道契相符，莫測涯岸。以高宗咸亨二年生，計終歲已一百有奇年矣。襄州節度使嚴綬，傾心供養，亦號無生和尚焉。

唐洛京天宫寺惠秀傳二十

釋惠秀，俗姓李氏，今東京陳留人也。出離塵垢，慕尚逍遥。初以戒律飾躬，後以禪定爲務。於荆郢之地，參問祖師，既了安然，迴依洛邑天宫寺也。屬則天頻幸神都，而秀道聲聞于后聽，屢詔入禮重，其於懸記未然事，合同符契。長安中往資聖寺，唱道化人，翕然歸向。忽誡禪院弟子，令滅燈燭。有白秀曰：「長明燈可留。」亦令滅之。因説火災難測，不可不備，云：「嘗有寺家，不備火燭，佛殿被焚。又有一寺，鍾樓遭爇。又有一寺，經藏煨燼，殊可痛惜。」時衆不喻其旨。至夜遺火佛殿，鐘樓經藏三所悉成灰炭。方知秀預知垂警。又玄宗在潞邸時，曾與諸王俱詣問法，從容留施一笛。玄宗出去，秀召弟子曰：

「謹掌此笛，後有要時，當獻上也。」及受睿宗傳禪，弟子達摩等方悟其言，取笛以進。帝悦先知，迴賜豐厚。

秀偶示微疾，告誡門人，奄然歸寂。享年一百歲。燕國公張説素所歸心，送瘞〔一〕龍門山，道俗數千人奔會悲悼焉。

唐成都郫縣法定寺惟忠傳二十一

釋惟忠，少孺爲僧，勵精自行，在乎群等，莫不宗焉。出家法定寺，本是後漢永平中佛法始流中國便有，置德浄伽藍，神光屢現。至宋釋惠持自廬阜辭遠公法兄，誓化岷蜀。屬譙縱不道，令數輩操刃欲屠持。持乃彈指，其衆驚奔僵仆。隋開皇四年改名法定焉。寺有彌勒聖像。唐武德中忽有枯查沿江而至，夜發光明，因雕作像首。貞觀中竇軌爲長史劍門，佛首光見引達于府。竇公令人迎取，數百人亦不能勝。乃令祝之，任欲何往，遂言：「可就法定否？」乃一人能舉。竇遂造佛身，長史高士廉蓋殿以安之。後有僧汎愛樹其浮圖，而獲一巨蟹，身足二尺餘。是塔頗多靈異，人或將酒肉乘醉詣聖佛前，立見災禍矣。忠於天寶中於寺，愈加精苦。無何，塔爲霆震，拔其塔心柱出外，忽有小木承代之意，衆咸怪之，罔測厥由〔二〕。忠乃叩搕於聖彌勒像，告訴天龍合加畏重，何輒震擊，奪塔心柱邪？是知庶女叫而雷擊景公臺，誠有所感。一日迅雷烈風，還同前震。覆覩之，乃龍神送舊柱，安置如故。當其易柱，陰雲四合，有四神人以身扶翼，立與塔齊〔二〕。忠之感物也若此。會昌坼寺之前，舍利七粒出相輪上，白光蒲空，向西飛去蜀，皆所目覩。將倒之時，赤光見于半天焉。又此寺有大棗樹，將毁寺之年，其樹枯瘁。及大中再置，其棗重榮也。忠後終于寺。

系曰：教法興替，得非數乎？數筭已定，晷刻弗移。如其會昌之前，舍利預飛，棗樹先瘁，是知當替數之彊，興數必弱，興不勝其替矣。大中之興，替不勝其興矣。若不爲四相之遷，非繫〔三〕興替之數也。教法是有爲之法，詎免遷流者乎，吁！

校勘記

破竈墮傳

〔一〕按傳燈録卷四記此較詳，附之備考。「山塢有廟，甚靈。殿中唯安一竈，遠近祭祠不輟，烹殺物命甚多。師一日領侍僧入廟，以杖敲竈三下云：『咄！此竈只是泥丸合成。聖從何來？靈從何起？恁麽烹宰物命？』又打三下，竈乃傾破墮落（原注：安國師號爲破竈墮）。須臾，有一人青衣峩冠，忽然設拜師前。師曰：『是什麽人？』云：『我本此廟竈神，久受業報。今日蒙師説無生法，得脱此處，生在天中，特來致謝。』師曰：『是汝本有之性，非吾彊言。』神再禮而没。」

元珪傳

〔一〕後悟少林寺禪宗……玄微，傳燈録卷四作「後謁安國師，印以真宗，頓悟玄旨」。珪禪師塔記亦云：「及

少林尊者開示大乘，諮禀至道。」（金石萃編卷七十三）

〔二〕胡謂，揚州本及傳燈録謂作爲，通用。

〔三〕力能，傳燈録無力字。

〔四〕雖娶，原本娶作娵，非，從揚州本、大正本及傳燈録改。

〔五〕啓跪，揚州本及傳燈録作「跪啓」。

〔六〕能俟，揚州本及傳燈録俟作戾。

〔七〕觀無常法窟，揚州本作「觀法無常」四字，傳燈録、佛祖通載卷十六同。窟字疑涉下「塊」音近而衍。

〔八〕又復碧靄……杳渺隱没焉，揚州本無此三十一字，蓋脱去。傳燈録、佛祖通載並有之，惟文稍略耳。

〔九〕奔雲霆電，原本電作雷，與上雷字複，從大正本及傳燈録改。揚州本脱此句。

〔一〇〕隆棟壯宇岌礁將圮，大正本同。揚州本作「棟宇將圮」四字。

〔一一〕塔記作「開元四年歲次景辰秋八月甲辰朔十日癸丑終于龐塢」。

惠符傳

〔一〕廬江，宋本無此二字。

〔二〕落髮，宋本髮作鬃。

惠安傳

〔一〕按太平廣記卷九十四唐休璟門僧條引宣室志所記與此傳同，加詳，但不著僧名，可參考。

安静傳

〔一〕殘果，揚州本、大正本殘作踐。宋本、元本作殘，同此本。

西域亡名傳

〔一〕三日，太平廣記卷九十六引宣室志作「一月」。

〔二〕武子，廣記作「武侯」。

抱玉傳

〔一〕見釋子大光……神人輔翼，按李紳潤州法華寺大光師碑云：「先達抱玉大師常志斯言，今（令）高其法音，當有神輔。夕夢神僧，乳見於心，命光口飲。自是功力顯揚。」（文苑英華卷八百六十五）其言略同。

〔二〕太平廣記卷九十八引宣室志記抱玉事略同，此下有「或曰佛有慶祥光，今抱玉師有之，真佛矣。」

阿足師傳

〔一〕數十年後，太平廣記卷九十七引集異記作「十數年後」，義較長。

〔二〕數年，廣記作「十年」。

〔三〕撰日，揚州本、大正本及廣記撰並作選。按撰與選並從巽聲，古通用。史記司馬相如傳「歷撰列辟」。集解引徐廣曰：「撰一作選」。

〔四〕數十步，廣記作「十數步」。

封干師傳

〔一〕封干，閭丘胤寒山子詩集序、釋志南天台山國清寺三隱集記（寒山子詩集附録）及傳燈録卷二十七並作「豐干」。二字之歧，本傳下文亦言之。

〔二〕三隱集記作「唐貞觀初居天台國清寺」。拾得録亦云：「豐山禪師、寒山、拾得者，在唐太宗貞觀年中相次垂迹於國清寺。」

〔三〕閭丘胤，原本胤作生，下有夾注云：「名犯太祖廟諱，生字代之。」宋本、元本同。寒山子詩集序作「閭丘胤」，今從揚州本、大正本改並删夾注。

〔四〕咄吒，宋本吒作叱，傳燈録同。

〔五〕後執閭丘手，傳燈録後作復。按集序云：「二人連聲喝胤，自相把手，」則非執胤手也，志南集記已辨之。

〔六〕吏官，宋本吏作史。

〔七〕始豐縣，集序作「唐封縣」。

〔八〕賊我賊，集序、集記皆作「賊賊」二字。傳燈録作「賊我」二字。

〔九〕三百餘首，原本三作二，宋本作三。按集序、集記及傳燈録亦作三，與宋本合，今據正。

〔一〇〕數歲，拾得録作「十歲」。

〔一一〕悠悠者聚頭，拾得録作「悠悠哉聚頭作相這箇如何」。

〔一二〕奈何宣師高僧傳中，按此句文義不完，疑「奈何」下脱「不見」二字或其他類同之字。

無相傳

〔一〕落髮，宋本、元本髮作鬌。

〔二〕喘而，原本喘作踹，從宋本改。揚州本作惴，義亦通。

辛七師傳

〔一〕荼蓼，原本荼作茶，從揚州本、大正本改。

〔二〕窑竈，太平廣記卷九十六引宣室志作「瓦窑」。

〔三〕徒步，宋本、元本徒作徙。

和和傳

〔一〕安國寺，太平廣記卷九十七引紀聞作「大安寺」。

〔二〕榮陽，宋本、元本榮作滎。

廣陵大師傳

〔一〕徒喋，太平廣記卷九十七引宣室志喋作嗜。

〔二〕鴻鵠，廣記作「龍鶴」。

〔三〕瞑目如入禪定已長往矣，廣記作「比及開户，而廣陵大師已亡去矣」。

〔四〕號之爲大師，廣記作「大師佛」，較長。

明瓚傳

〔一〕懶瓚，太平廣記卷九十六引甘澤謡作「懶殘」，且曰「性懶而食殘」。按殘與瓚音近，或藉此爲呼，意含雙關也。

〔二〕一云，原本云作尺，從揚州本、大正本改。

〔三〕晝專一寺之工，原本晝作盡，工作上，諸本如此，惟揚州本盡作晝。按廣記作「晝專一寺之工」與下句「夜止羣牛之下」相偶，「工」字亦與「執役」相應，於義爲是，今從正。「盡」「上」皆形之譌。

〔四〕謂瓚曰，廣記無曰字，義順。

〔五〕數牛，廣記作「十牛」。

〔六〕我始，廣記始作試。

待駕傳

〔一〕行𥻸，揚州本、大正本𥻸作粥。按字書無此字，疑粥之俗字。

懷道傳

〔一〕滑臺守李邕著碑文并書，按此可疑，李邕卒於玄宗天寶初，上文白氎袈裟降塔在至德二年，至德爲肅宗年號，其時邕死已久，豈能撰碑并書？必有誤。

惠忠傳

〔一〕惠忠，傳燈録卷四惠作慧，通用。

〔二〕挂衣藤，傳燈録此上尚有「挂鐺樹」。

〔三〕上元令長孫遂初，傳燈録作「縣令張遜」。

〔四〕恐慑，原本慑作攝，從揚州本、大正本改。

惠秀傳

〔一〕送瘗，原本送作通。從揚州本、大正本改。

惟忠傳

〔一〕厥由，原本由作笛，從揚州本、大正本改。

〔二〕塔齊，原本齊作濟，從揚州本、大正本改。

〔三〕非繫，原本繫作擊，從揚州本、大正本改。

大宋高僧傳卷第二十

感通篇第六之三 正傳二十二人 附見四人

唐資州山北蘭若處寂傳一

釋處寂，俗姓周氏，蜀人也。師事寶修禪師，服勤寡慾，與物無競。雅通玄奥，居山北，行杜多行。天后聞焉，詔入内，賜摩納僧伽梨，辭乞歸山。涉四十年，足不到聚落。坐一胡牀，宴默不寐。常有虎蹲伏座下，如家畜類。資民所重，學其道者臻萃。由是頗形奇異，如無相大師自新羅國將來謁詵禪師，寂預誡衆曰：「外來之賓明日當見矣。宜灑掃以待之。」明日，果有海東賓至也。

開元初，新除太守王曄，本黄冠也，景雲中曾立少功，刺于是郡，終於釋子苞藏禍心。上任處分，令境内應是沙門追集。唯寂久不下山，或勸寂往參，免爲厲階。寂謂弟子曰：「汝雖出家，猶未識業，吾之未死，王曄其如吾何？」迨乎王公上官三日，緇徒畢至。或曰：「唯處寂箴視藩侯，弗來致賀。」曄微怒也，屈諸僧，升廳坐已，將啓怒端，問寂違拒之由，愠色悖興，僧皆股慄。曄俄然仆地，左右扶掖歸宅，至廳事後屏樹，如被摑頰之聲，禺中氣絶。自此人謂爲妄欲加諸道人，一至於此。

寂以開元二十二年正月示滅，享年八十七。資中至今崇仰焉。

唐代州〔一〕五臺山華嚴寺無著傳二

釋無著，永嘉人也〔二〕，識度寬明，秉操貞確。留神大道，約志遊方，抵于京師雲華寺，就澄觀法師研習華嚴之教〔三〕。凡諸經論，志極旁通，然於華藏海，終誓遨遊。以大曆二年入五臺山，肆欲觀聖人之境界。五月，到華嚴寺挂錫，始於堂中啜茶。見老僧寢陋，據北牀。問曰：「子從南方來，還賷數珠請看。」著乃躬度之。迴視之間，失僧之所。于時神情惝怳〔四〕，疑喜交生，曰：「昔僧明入此，覩石臼木杵，後得入聖寺獲見聖賢。我願止此，其爲快乎！」次由般若經樓見吉祥鳥〔五〕羽毛蒨絢，雙飛于頂上，望東北鼓翼而去。明日有白光兩穗，入户悠颺，少頃而滅。同房僧法等〔六〕見而驚怪，言曰：「此何祥也？願期再現，斷衆生疑。」尋覩光如前。因往〔七〕金剛窟，望中致禮，方坐假寐，聞叱牛三聲云：「飲水。」一翁古貌瓌形，服麤短褐，曳麻屨，巾裹甚異。著乃迎執其手，問「從何來？」翁曰：「山外求糧用來。」「居在何地？」云：「求糧用在臺山。」翻質著云：「師何戾止？」答曰：「聞此有金剛窟，故來隨喜。」翁曰：「師困耶？」答曰：「否。」曰：「既不困德，何輒睡乎？」著曰：「凡夫昬沉，胡可怪哉？」曰：「師若昬沉，可去啜煑荈〔八〕乎？」翁指東北，見精舍相距數步餘〔九〕。翁牽牛前行，著躡躅而隨。至寺門，喚均提〔一〇〕三聲，童子譍唯開闔，年可十四五，垂髮齊眉，衣褐襦。牽牛入寺，見其地盡是瑠璃，堂舍廊廡皆耀金色。其間華靡，非人間之制度。翁踞白牙牀〔一一〕，指錦墩〔一二〕揖著坐。童子捧二甌茶，對飲畢。擎玳瑁器〔一三〕，滿中酥酪，各賦一匙。著咽之，如有所證，神府明豁，悟宿事焉。翁曰：「師出家來，何營何慮乎？」答曰：「有修無證，大小二乘，染指而已。」曰：「未知初出家時求何心？」著云：「求大乘菩提心。」曰：「師以初心修即得。」又問：「齒臘幾何？」「三十一矣。」翁云：「師之純淑，年三十八則其福根荄殖此地而榮茂歟？且徐徐下山，好尋道路，勿傷厥足。吾年老朽，從山外來，困極欲偃息也。」著請「寓一宵可乎？」曰：「不可。緣師有兩伴相隨，今夜不見師歸，憂愁曷已？此乃師有執情在。」著曰：「瞿曇弟子有何執處？雖然有伴，不顧戀他。」又問：「持三衣否？」曰：「受戒已來持之。」曰：「此是封執處。」著曰：「亦有聖教在。若許住宿，心念〔一四〕捨之。脱有强緣，佛故聽許。」曰：「若依小乘，無難不得捨衣。宜從急護。」翁拂襟投袂而作，著亦趨行。翁曰：「聽吾宣偈；一念淨心是菩提〔一五〕，勝造恒沙七寶塔。寶塔究盡碎爲塵〔一六〕，一念淨心成正覺。」著俯聽凝神，謝曰：「蒙宣密偈，若飲醍醐。容入智門，敢忘指決。丈人可謂知言，銘刻心府。」翁喚均提可送師去。臨行拊背曰：「好去。」著再折腰，與童子駢肩齊步，至金剛窟前，問童子：「此何伽藍，不懸題額？」童子指金剛窟反問著云：「伊何窟乎？」曰：「先代相傳，名金剛窟。」童子曰：「金剛下有何字？」著惟忖少選曰：「金剛下有般若〔一七〕。」童子唲爾〔一八〕，「適入者般若寺也。」著攜童子手，揖顧而別。童子瞠目視著，如欲吐辭。著曰：「送我，可以言代縞帶與玉玦〔一九〕乎？」童子遂宣偈唆云：「面上無瞋供養具，口裏無瞋吐妙香，心裏無瞋是珍寶，無染無垢是真常〔二〇〕。」偈終，恍惚之間，童子及聖寺俱滅，唯見山林土石。悵悵盈懷，歔欷不已，歎曰：「緒言餘論，若笙鏞之末響，猶在乎耳。」諦觀山翁立處，有白雲苒苒〔二一〕湧起，去地尋常許，變成五色雲霓，上有大聖乘師子而諸菩薩圍遶。食頃，東方白雲〔二二〕一段，漸遮菩薩面，羣像與雲偕滅。著倏見汾州菩提寺主僧修政等六人，相將還至窟前，作禮。忽聞山石振吼，聲如霹靂，諸僧奔走。良久，寂無所覩。著遂陳遭遇，六人悔責不見聖容，咫尺緜邈，知罪障之屏翳歟！著遂隱此山而終。元和中門人文一追述焉〔二三〕。

唐真定府普化傳三

釋普化，不知何許人也。受性〔一〕殊常，且多真率，作爲簡放，言語不拘。躬事盤山積禪師，密密指教，深入堂奧，誡令保任，而發狂悖。嘗與臨濟玄公相見，乃對之以之〔二〕驢鳴，旁侍無不哂笑。有時〔三〕歌舞，或即悲號。人或接之，千變萬態，略無恒度。一日，擎挾棺木〔四〕巡街，徇户告辭云：「普化明日死去。」時視之知不可訾。趙人相率隨送出城東門，而揚言曰：「今日葬，不合青烏。」經二日出南門，人亦隨送，又曰：「明日方吉。」如是西門北門，出而還返，人煩意怠。一旦坐于郊野，如入禪定焉〔五〕。禪宗有著述者，以其發言先覺，排普化爲散聖科目中，言非正員也矣。

唐漢州棲賢寺大川傳四 法炯

釋大川，不知何許人也，沉默自居，節操彌厲。戒無竅穴，言不浪施。於漢州棲賢寺行四聖種法，克苦既增，川也其樂也泄泄。緜竹之人無夙少，率皆宗奉。及乎終也，卧于寺外，白衣具牀榻，相率舁歸寺中，務營喪禮。方當屍舉，無何雙鹿引前若騶導焉。始履門閾，寺額奮然隕地，遠近驚歎。又此山靈異，不容麤鄙。有僧深藏者，不謹願，多所違犯。神人擲于山下可七里許，唯傷足指。從此〔一〕無不悛革守戒者。大歷初北山變成黄金色，上有樓閣，菩薩行道。斯須之間，萬形千狀。川素居此寺，與地俱靈，留影供養，如事靈祠焉。

次閩城法炯者，未詳何許人也，行頭陀法，克苦克勤，激勸閩人，辭氣剛直。聞海壇練門江内有巨鐘，相傳云昔有人往廣州慕鑄〔二〕，信鼓巨艦至此，忽值風濤沉溺。每月望日，其潮大至，水退，其蒲牢〔三〕乃出，可容一人從中穿過，約其周圍徑一丈餘。大曆中炯欲出此鐘，先於開元寺設大會齋誦呪，令一小僧詣龍宫乞鐘於人世，擊扣以警晨昏。小僧見海神，曰：「我惜以鎮海。」别與小珠三顆爲信，當爾時小僧有如夢覺，珠在手焉。

唐西域難陀傳五

釋難陀者，華言喜也，未詳種姓何國人乎。其爲人也，詭異不倫，恭慢無定。當建中年中，無何至于岷蜀，時張魏公延賞之任成都，喜自言我得如幻三昧，嘗入水不濡，投火無灼，能變金石，化現無窮。初入蜀，與三少尼俱行，或大醉狂歌，或聚衆説法，戍將深惡之，亟令擒捉。喜被捉隨至，乃曰：「貧道寄迹僧門，别有藥術。」因指三尼曰：「此皆妙於歌舞。」戍將乃重之，遂留連爲置酒肉，夜宴，與之飲唱。乃假襦袴巾櫛，三尼各施粉黛，並皆列坐，含睇調笑，逸態絶世。飲欲半酣，喜謂尼曰：「可爲押衙蹋舞乎？」因徐進對舞，曳練迴雪，迅起摩趺，伎又絶倫。良久曲終而舞不已，喜乃咄曰：「婦女風邪？」喜忽起取戍將刀，衆謂酒狂，坐者悉皆驚走。遂斫三尼頭，皆踣於地，血及數丈。戍將大驚，呼左右縛喜。喜笑曰：「無草草也。」徐舉三尼，乃笻竹杖也，血乃向來所飲之酒耳。喜又〔一〕却坐飲宴，别使人斷其頭，釘兩耳柱上，皆無血污。身即坐於席上，酒巡到即瀉入斷處，面色亦赤，而口能歌舞，手復擊掌應節。及宴散，其身自起，就柱取頭安之，輒無瘢痕。時時言人吉凶事，多是謎語，過後方悟。成都有人供養，數日，喜忽不欲住，乃閉關留之。喜即入壁縫中，及牽之漸入，唯餘袈裟角，逡巡不見。來日見壁畫僧影，其狀如日色，隔日漸落。經七日，空有墨迹。至八日，墨迹已滅。有人早見喜已在彭州界。後終不知所之。

系曰：難陀之狀迹爲邪正邪？而自言得如幻三昧，與無厭足王同此三昧者，即諸佛之大定也。唯如幻見如幻，不可以言論分境界矣。四神通有如幻通，能轉變外事。故難陀警覺庸蜀之人，多尚鬼道神仙。非此三昧，不足以化難化之俗也。

唐壽州〔一〕紫金山玄宗傳六

釋玄宗，姓吳氏，永嘉人也。少時出塵，氣度寬裕，於本部永定山寶壽院依常靜爲師。照得戒已還，諸方遊學，抵江陵謁朗禪師〔二〕門，若真金之就冶焉。決了疑貳，復振錫他行。見紫金山悦可自心，留行禪觀。此山先多虎暴，或噬行商，或傷樵子。避苛政者，哭婦堪哀。從宗卜居，哮噉絶迹，自邇入山者無憚矣。一日，禪徒擁集，見一老父趨及座前，拜跪勤恪。宗問：「子何人邪？」答云：「我本虎也，在此山中，食啖衆生。因大師化此，冥迴我心，得脱業軀，已生天道，故來報謝。」折旋之頃，了無所見。以大曆二年囑别門徒，溘然化矣。春秋八十六，二月入塔，立碑存焉。

唐袁州陽岐山廣敷傳七

釋廣敷，俗姓鄭，南燕人也。少依京望大德思浩下，承乎法訓。登戒畢，遊嵩少、兩京，遇神會禪師，大明玄旨。至宜春陽歧山挂錫，是中峯巒積翠，洞穴涉幽，芝菌之苗，參于草卉。敷終日瞑目，木食度辰。時有峩冠羽帔，馭鶴驂鸞者，始則年往倏來，後則登庵造膝。其仙客所到，必輕雲薄霧，隨步而至。擁從者天丁力士令遠去，對晤談論移晷。其後道化既成，於貞元元年三月四日入滅，春秋九十一云。

系曰：神仙道異，談論豈同乎？通曰：「昔小有真人能談空理，方諸山神仙建浮圖者信崇佛道，止不削染，號在家菩薩。又雪山諸仙善五明論求度者同也。然其相似道，必須甄簡。若西域二十諦中五唯量五大，與釋氏法名同。所計天殊，良難區別哉。」

唐鄧州烏牙山圓震傳八

釋圓震姓陳，中山人也。少警寤而尚學，入庠序，研究五經。倏遇雲遊沙門寓宵，其父爲州衙吏，酷有道心，留是僧供施。震禮奉其僧，聽其談道，頗覺入神。捨儒典，披釋經，頓辭所愛，往白磁山，禮智幽爲師受教。後遇荷澤禪師得法，隱南陽烏牙山。先是山中多巨蛇，澤穴有毒龍，鄉人患之。及震居此，二物潛蹤。曾有一人形服且異，致拜乃曰：「我在此已二百歲，今感無心之化，絶慮之修，吾曹冥感超昇，可非師之力歟！」貞元六年終，享齡八十六，弟子奉全身入塔焉。

唐池州九華山化城寺地藏傳九

釋地藏，姓金氏〔一〕，新羅國王之支屬也。慈心而貌惡，穎悟天然。七尺成軀，頂聳奇，骨特高，才力可敵十夫。嘗自誨曰：「六籍寰中，三清術内，唯第一義與方寸合。」于時落髮涉海，捨舟而徒，振錫觀方，邂逅至池陽，覩九子山焉。心甚樂之，乃逕造其峯，得谷中之地，面陽而寬平。其土黑壤，其泉滑甘，巖棲磵汲，趣爾度日。藏嘗爲毒螫，端坐無念。俄有美婦人作禮饋藥云：「小兒無知，願出泉以補過。」言訖不見，視坐左右間瀵潏〔二〕然，時謂爲九子山神爲湧泉資用也。其山天寶中李白遊此，號爲九華焉。俗傳山神，婦女也。其峯多冒雲霧，罕曾露頂歟。藏素願持四大部經，遂下山至南陵，有信士爲繕寫，得以歸山。

至德年初，有諸葛節率村父自麓登高，深極無人，雲日鮮明，居唯藏孤然閉月石室。其房有折足鼎，鼎中白土和少米，烹而食之。羣老驚歎曰：「和尚如斯苦行，我曹山下列居之咎耳。」相與同構禪宇，不累載而成大伽藍。建中初張公嚴典是邦，仰藏之高風，因移舊額奏置寺焉。本國聞之，率以渡海相尋，其徒且多，無以資歲。藏乃發石得土，其色青白，不磣如麵，而供衆食。其衆請法以資神，不以食而養命。南方號爲枯槁衆，莫不宗仰。

龍潭之側有白墡硎，取之無盡。以貞元十九年〔三〕夏，忽召衆告別，罔知攸往。但聞山鳴石隕，扣鐘嘶嗄，加趺而滅。春秋九十九。其屍坐於函中，洎三稔開將入塔，顔貌如生，舉舁之動骨節，若撼金鏁焉。乃立小浮圖于南臺，是藏宴坐之地也。時徵士右拾遺費冠卿序事存焉。大中中僧應物亦紀其德哉。

唐婺州金華山神暄傳十

釋神暄，俗姓留，建陽人也。幼而沈静，非問不言。客遊婺女，入開元寺，志願出家焉。無何，本郡太守入寺訪其師，其暄神彩朗練。太守善相人也，顧之數四，且曰：「是子真出塵之器，異日承受深法，千衆圍遶，必超上果，非凡氣也。」乃誦七佛俱胝神呪，昏曉不絶。納戒畢，於金華山北洞，百家巖有石穴，暄居中止息，不構庵室，作露地頭陀，復無牀榻。然有神人吐紫色雲氣而高覆之。遐望冉冉，猶獨柱觀焉。其神人時來問道，拱手白暄曰：「赤松洞之東峯有林泉卓異，師可居之否？」暄隨請往住，數年越多徵瑞。貞元二年遇志賢禪師，問暄如此持誦，魔事必生。欲滅魔怨，須識身本。身本既真，無魔無佛，豁然開悟，理事俱成，神呪功倍。元和八年，范駇中丞知仰，遣使賫乳香氈罽器皿施暄，並迴施現前大衆。次中書舍人王仲請於大雲寺爲衆受菩薩戒。十二載，平昌孟簡尚書自會稽甄請，不赴。八月，俄迴舊山，人莫詳測。倐云示滅，春秋七十六。弟子建塔焉。

一云暄在金華山北，多寒少陽。神人問曰：「師須何物？」曰：「吾在山之陰，苦於凜冽。」神曰：「小事耳。」至夜聞喧闐之聲，明旦見一小峯移矣。

唐澧州開元寺道行傳十一

釋道行，姓楊，桂陽人也。自生已來，神府聰利，肌體冰雪如也。年甫十二，心誓慕道，於南岳般若道場受學，於鍾陵求訣，自默證法，號自在三昧。由此布納蒲鞵〔一〕，用資殘息而已。就澧陽西南，伐木爲室，方丈而居，虎豹多伏於牀榻之間。後有賫材植，爲營堂宇，曾未浹旬，一皆周具。視之，寂無人焉，始知鬼神捨材輸力也。太守苦召居州治開元寺，未久。元和十五年終，年六十九，焚舍利建塔焉。

唐徐州安豐山懷空傳十二

釋懷空，姓梁氏，閬州人也。幼適本州耆闍山廣福院削染。得戒之後，遊方慕學，於大寂禪法洗然明暢。後至彭城安豐山挂錫宴默，不數載間，成大伽藍。嘗有一僧乘空而至，遶垣牆不息。或躡蓮花，或時履地，人咸〔二〕瞻覩。數日之後，禮辭空，且曰：「我三五稔却來依附。」言訖不見。空以興元元年滅度，春秋八十八。長慶元年二月，方遷入塔云。

唐洛京慧林寺圓觀傳十三

釋圓觀，不知何許人也。居于洛宅，率性疎簡，或勤梵學，而好治生。獲田園之利，時謂之空門猗頓也。此外施爲絶異，且通音律，大曆末，與李源〔一〕爲忘形之友。源父憕居守，天寶末陷於賊中，遂將家業捨入洛城北慧林寺，即憕之别墅也；以爲公用無盡財也。但日給一器，隨僧衆飲食而已。如此三年，源好服食，忽約觀遊蜀青城、峨眉等山洞求藥。觀欲遊長安，由斜谷路。李欲自荆入峽，争此二途，半年未決。李曰：「吾已不事王侯，行不願歷兩京道矣。」觀曰：「行無固必，請從子命。」遂自荆上峽，行次南浦〔二〕，泊舟，見數婦女條達錦璫，負罌〔三〕而汲。觀俛首而泣曰：「某不欲經此者，恐見此婦人也。」李曰：「自上峽來，此徒不少，奚獨泣爲？」觀曰：「其孕婦王氏者，是某託身之所也。已逾三載，尚未解挽，唯以吾未來故。今既見矣，命有所歸，釋氏所謂循環者也。請君用符呪遣其速生，且少留行舟，瘞吾山谷。其家浴兒時，亦望君訪臨。若相顧一笑，是識認君也。後十二年當中秋月夜，專於錢塘天竺寺外，乃是與君相見之期也。」李追悔此之一行，致觀到此，哀慟殆絶。召孕婦告以其事，婦人喜躍還。頃之，親族畢集，以枯魚濁酒饋于水濱。李往授符水。觀具其沐浴，新其衣裝。觀其死矣，孕婦生焉。李三日往看新兒，襁抱就明，果致一笑。李泣具告王氏。王氏厚瘞觀。明日李迴棹歸慧林寺，詢問弟子，方知已理命矣。李常念杭州之約。至期，到天竺山寺，其夜桂魄皎然，忽聞葛洪井〔四〕畔有牧童歌竹枝者，乘牛扣角，雙髻短衣，徐至寺前，乃觀也。李趨拜曰：「觀公健否？」曰：「李公真信士。我與君殊途，慎勿相近。君俗緣未盡，但且勤修不墮，即遂相見。」李無由序語，望之潛然。觀又歌竹枝，杳裹〔五〕前去，詞切調高，莫知所謂〔六〕。歎曰：「真得道之僧也！咫尺懸隔，聖凡路殊，諒有之乎？」

初源忿父遇害賊庭，時方八歲，爲羣賊所虜，流浪南北，展轉人家，凡六七年，歸於近親。代宗聞之，授河府椽。源遂絶酒肉，不婚娶，不役僮僕，常依慧林寺，寓一室，隨僧齋食。先命穴其野以備終制，時時往眠其閒。至於榮辱是非，一皆均等也。時相國李公德裕表薦之，遂授諫議大夫。于時源已年八十餘矣，抗表不起。二年而卒，長慶二年也。

系曰：圓觀未死先寄胎者，聞必不信。何耶？違諸聖教也。嘗聞閩尼多許族姓家婦女爲兒，云便來也。及終，有以朱題髀，當日有家生子，身有赤文「便來」二字焉。此類亦多。莊子所謂「曲士不可與語道者，束於教也。」其或竺乾異計有教未來，佛或别會曾談，見有我宗自許。若然者未可定執已行之教矣。其如觀也果證高深，同智論中多種不思議也，心思言議，千里難追矣。

唐江州〔一〕廬山五老峯法藏傳十四

釋法藏，俗姓周氏，南康人也。穉齡爽俊，始研尋史籍，而於醫方明得其工巧，同支法存之妙用焉。有門僧卧疾，幾云不救，藏切脉處方，信宿平復。其僧多接談玄，自爾萌出塵之意。年已長矣，懇辭親，投本郡平田山寶積院從願師下受教，納戒。後遊謁大寂禪師，言喻若石之投水。倏然北下廬山登五老峯，愛其靈異，獨止寒林，采橡栗，掬溪澗，聊延形氣，而止數年。有二仙乘雲而來，終日談論，或留宵宿，或經月不來，或繼日而至。他人有見者，旁説不同。及乎學僧臻萃，全無蹤跡。又一日告辭藏云：「且歸山去，師當好住。」由是道且馨香，檀越共營一院。寶曆中示滅，年八十二。其年三月四日入塔云。

系曰：藏隱五老峯時，二仙來終日談論者，何？通曰：「昔劉向輯列仙云：『若千人見于内典歟。』又裴、周、桐栢三真人弟子，各半學佛法，可非來問道乎？詩中草蟲之應阜螽同也。」

唐洛陽香山寺鑑空傳十五

釋鑑空，俗姓齊，吴郡人也。少小苦貧，雖勤於學而寡記持。壯歲爲詩，不多靡麗。常困遊吴楚閒，已四五年矣。干謁侯伯，所潤無幾。錢或盈貫，則必病生，用罄方差。元和初遊錢塘，屬其荒儉，乃議求餐於天竺寺。至孤山寺西，餧甚不前，因臨流雪涕，悲吟數聲。俄有梵僧臨流而坐，顧空笑曰：「法師秀才，旅遊滋味足未？」空曰：「旅遊滋味則已足矣。法師之呼，一何乖謬？」蓋以空未爲僧時名君房也。梵僧曰：「子不憶講法華經於同德寺乎？」空曰：「生身已四十五歲矣，盤桓吴楚閒，未嘗涉京口，又何洛中之説？」僧曰：「子應爲飢火所燒，不暇憶故事。」遂探囊出一棗，大如拳許，曰：「此吾國所産，食之者，上智知過去未來事，下智止於知前生事耳。」空飢極食棗，掬泉飲之。忽欠呻，枕石而寢，頃刻乃悟，憶講經於同德寺如昨日焉。因增涕泣，問僧曰：「專精未至，再爲蜀僧矣。今則斷攀緣也。」「神上人安在？」曰：「前願未滿。」「悟法師焉在？」曰：「豈不記香山石像前戲發大願乎？若不證無上菩提，必願爲赳赳貴臣。昨聞已得大將軍矣。當時雲水五人，惟吾得解脱，獨汝爲凍餒之士也。」空泣曰：「某四十許年日唯一餐，三十餘年擁一褐，浮俗之事決斷根源。何期福不完乎，坐於飢凍！」僧曰：「由師子座上廣説異端，使學空之人心生疑惑。戒珠曾缺，羶氣微存，聲渾響清，終不可致。質傴影曲，報應宜然。」空曰：「爲之奈何？」僧曰：「今日之事，吾無計矣。他生之事，警於吾子焉。」乃探鉢囊取一鑑，背面皆瑩徹，謂空曰：「要知貴賤之分，脩短之期，佛法興替，吾道盛衰，宜一鑒焉。」空覽照久之，謝曰：「報應之事，榮枯之理，謹知之矣。」僧收鑑入囊，遂挈而去，行十餘步，旋失所在。空是夕投靈隱寺出家，受具足戒。後周遊名山，愈高苦節。大和元年詣洛陽，於龍門天竺寺遇河東柳珵，親説厥由向珵。珵聞空之説，事皆不常，且甚奇之。空曰：「我生世七十有七，僧臘三十二，持鉢乞食，尚九年在世。吾捨世之日，佛法其衰乎？」珵詰之，默然無答。乃索珵筆硯，題數行於經藏北垣而去。曰：「興一沙衰恒河沙，兔而罝，犬而拏，牛虎相交與角牙，寶檀終不滅其華。」

系曰：食梵僧之棗而知宿命者，與茹雪山之藥解諸國言音同也。覽鑑而知吉凶者，與窺圖澄塗麻掌同也。食棗臨鑑，豈偶然耶？非常人之遇也。其空公題讖而答，塞柳珵之問，驗在會昌之毁教矣。時武宗勒僧尼反俗，計二十萬七千餘人，坼寺并蘭若共四萬七千有奇，故云「與一沙衰恒河沙，兔在罝，犬仍拏」，言殘害之甚。乙丑毁法，丙寅猷代，佛法喻寶檀之樹，終不絶其華蘤芬馥，故云也。苟非異人，何以藏往考來之若是乎？

唐廣州羅浮山道行傳十六

釋道行，姓梅氏，會稽人也。父爲越州衙吏。行弱齡知書，比成造秀。有僧分衛，行接之談道，頗精禪觀，遂求出家。至四明山保壽院智幽所，稟訓進脩，拾薪汲水。後遊南岳，聞江西大寂道化，往親附焉。思養聖胎，見羅浮奇異，高三千丈，有七十石室，七十二長溪。仙人仙禽，玉樹朱草，生于上，半入海中。行居于石室，默爾安禪。然或山精水怪，往往驚鳴，行視之蔑如也。有老人容貌端正，衣冠華楚，再拜稽顙云：「我居此中僅二百載，今因師住，冥感匪躬，逍遥脱苦，歸人趣受樂矣。」其感物多此類也。寶曆九載〔二〕疾終，春秋九十五。其年九月十八日入塔焉。

唐潞州普滿傳十七

釋普滿者，未知何許人也。於汾晉間，所爲率意，不拘僧體，或歌或哭，莫喻其旨。

以言斥事，往必有徵，故時人以强練萬迴待之。或入稽胡，激勸修善，至有罷弋獵者。建中初，於潞州佛舍中題詩數篇而亡去。所記者云：「此水連涇水，雙朱血滿川。青牛將赤虎，還號太平年。」題後，人莫能知。至朱泚爲涇源叛徒推擁，駕幸奉天。于時天下徵兵，關輔賊據，圍逼連戰，人方解悟。此水者，泚也。涇水者，涇州來兵始亂也。雙朱，泚與滔也。青牛者，興元元年乙丑。乙木〔一〕青也。丑，牛也。其年改元貞元，至二年丙寅，丙火赤也，寅虎也，至是賊始平，故曰還號太平年也。

唐江陵府些些傳十八 食油師

釋些些〔一〕師，又名青者，蓋是不與人交狎，口自言些些，故號之矣。德宗朝，於渚宫遊，衣服零落，狀極憨癡，而善歌河滿子。縱肆所爲，故無定檢。嘗遇醉伍伯，伯於塗中辱之，抑令唱歌。些便揚音揭調，詞中皆訐〔二〕伍伯從前陰私惡迹，人所未聞事。伍伯慙惶，旁聽之者知是聖僧，拜跪悔過焉。貞元初，多入市肆，聚羣小隨逐，楚人以興笑本矣。後不測其終。

次有僧憨狂，遊行無度。每斷中，唯食麻油幾升。如見巨器盛施之，則喜。荆渚一家特召啜麻膏，是日又在湖南齋，分身應供，號食油師焉。

系曰：些之聲爲商爲羽耶？通曰：「傳家采録，其例有二：一則按文不音，二則口授知韻。今得些者，按文也。若楚詞聲餘則蘇箇切也，若山東言少，則寫邪切焉。此師荆楚間事也，其二音以聽來教，些名同鳥獸之自呼也。」

唐吴郡義師傳十九 證智　薦福寺老僧

釋義師者，不知何許人也。狀類風狂，語言倒亂。貞元初，巡吴苑乞丐，事多先覺，人以此疑之。市肆中百姓屋數間，義師輒操斧斫剤其簷，禁之不止。其人素知其神異，禮白之曰：「弟子藉此生活，無壞我屋。」迴顧曰：「汝惜乎？」投斧而去。其夜市火連莛〔一〕而燎，唯所截簷屋數間存焉。好止廢寺中，無冬夏常積聚壞廧蓋、木佛像，悉代薪炭。又於煨火燒炙鯉魚，而多跳躍，灰坌彌漫。撫掌大笑，不具匕筯〔二〕而食。面垢不𩔥，𩔥之輒陰雨，吴人以爲占候。及將死也，飲灰汁數十斛，乃念佛而坐，士庶觀之，滿七日而死。時盛暑，色不變，支不摧。百姓舁出郊外焚之。

又京兆安國寺僧事迹不常，熟地而燒木佛。所言人事，必無虚發。此亦不測之僧也。

復次京師永壽寺釋證智，不詳生族。貞元中於京寺多發神異，而衆罔知。或晝在張瀆蘭若治田，夜歸寺中。其蘭若在漢陰金州，相距京甸七百里焉。時號智禪師，比之〔三〕長足安、法雲公也，皆能致遠於瞬息間，道家謂之縮地脉而能陟遐矣。若於色塵作神變，雖遠而近也。

次薦福寺老僧，專務誦持，罕有閒缺，言未兆事，來如目擊。大和初，相國韋公處厚好重空門，逐月別召名德僧食。老僧見韋新登庸，曰：「大奇，相公得如此好滅度處。」人皆不喻，後因奏對於文宗御前，疾作，僵仆殿階，及扶舁出殿門，氣已絶矣。方驗老僧言，死在内殿中，故云好滅度處。即開成中也。後不知其終。

唐唐州雲秀山神鑒傳二十

釋神鑒，姓韓氏，潯陽人也。穉歲淳静，而不雜群童。父爲齊安掾，且歸心釋氏，嘗於廨署陳像設，命僧徒讚唄揚音，法樂俱作。鑒則喜色盈顔，隨僧不捨，求願出家。父母無計阻之，潛投東林寺貞素律師下修學。後講通大涅槃經義，乃南格豫章，參大寂禪師。續於懷安西北山居焉。是山先是猛獸旁午，率多作害。從鑒居之，虎災弭息，遠近稱之。忽有戴平幘男子，望法座致禮勤重，倏爾無蹤。七日後有冠裳宛異者，於方丈前升空宣言曰：「此大師者，真法寶也。開人天眼目，故來報之。」其徒聞見，知鑒道高。會昌四年入滅，八月十五日藏之于塔。凡得道之人，地神報空神，展轉至于有頂，於斯見矣。

唐天台山國清寺清觀傳二十一　物外

釋清觀，字明中，臨海人也，姓屈氏。初誕彌，手足指閒有幕蹼屬相著焉，佛經所謂網漫相也。迨爲童孺，神俊挺然，乃有出塵之志。遂詣國清寺，投元璋律師執侍缾鉢，非父母不沮之，若迦樓羅鳥啄幾萬重圍矣。年十八，納形俱法，良由善根深殖，悟解天然，台嶺教文，洞明三觀，兼得深定，神異通感，皆莫我知。少覽百家，彌通三教。仍善屬文，長於詩筆。凡其邦伯輶軒，皆嚮風造謁，觀則持重若嚴君焉。見則畏伏，秖就凡杖以待貴士。或施財寶，皆迴入常住，罄無私畜。或曰：「貴人所施皆充別施，何不已用耶？」對曰：「根未能捨頭目，況世財乎？」大中初，天下寺刹中興，觀入京請大鐘歸寺鳴擊，并重懸勑額，則集賢院學士柳公權書題也。柳復有詩序，送其東歸。復請藏經歸寺。大中癸酉，江表薦饑，殍踣相望，觀遂倂糧食施之。

又山僧物外度荒，自入室禪定，謂弟子曰：「汝如不死，至禾黍熟時，當以磬引我出。」果如其言，明歲方從定起矣。

一旦溪南人命觀齋食，可去寺二十里餘。其夜溪澗泛溢，無人可渡，謂觀不來。頃尅而至，且無淹濕，作用可知也，人皆異之。遠近瞻禮，日別盈滿，喧擾可猒，乃逃往翠屏山蘭若獨棲。續天台山衆列請爲僧正，乃佯狂隱晦。州牧杜雄遂奏昭宗宣賜紫衣，觀聞之，若愁思不樂。後無疾而終焉。

唐洪州黄蘗山希運傳二十二

釋希運，閩人也。年及就傅[一]，鄉校推其慧利。乃割愛投高安黄蘗山寺出家。迨成長也，身量減王商裁一尺所，額間隆起，號爲肉珠。然倜儻不羈，人莫輕測。而乃觀方入天台，偶逢一僧偕行，言笑自若。運偷窺之，其目時閃爍，爛然射人。相比而行，截路巨磎，泛泛湧溢，如是捐笠倚杖〔二〕而止。其僧督運渡去，乃强激發之曰：「師要渡自渡。」言訖，其僧褰衣躡波，若履平陸，曾無沾濕，已到他岸矣。迴顧招手曰：「渡來。」運戟手訶曰：「咄，自了漢，早知必斮汝脛。」其僧歎曰：「真大乘法器，我所不及。縱能傷我，只取辱焉。」少頃不見。運惻怳〔三〕自失。及薄遊京闕，分衛及一家門，屏樹之後聞一姥曰：「太無猒乎？」運曰：「主不愍賓，何無猒之有？」姥召入，施食訖。姥曰：「五障之身忝嘗禮惠忠國師來。勸師可往尋百丈山禪師所，惜巍巍乎堂堂乎真大乘器也。」運念受二過，記莂攸同，乃還洪井見海禪師，開了心趣，聲價彌高。徇命居黄蘗精舍，昇平相裴公休欽重躬謁〔四〕，有詩贈焉。「曾傳達士心中印〔五〕，額有圓珠七尺身。挂錫十年棲蜀水，浮盃今日渡漳濱。一千龍象隨高步，萬里香花結勝因。願欲〔六〕事師爲弟子，不知將法付何人！」則〔七〕裴相得法，出運之門。以大中中〔八〕終于所住寺，勅謚斷際禪師，塔名廣業，語録而行于世。

校勘記

無著傳

〔一〕代州，宋本無此二字。

〔二〕永嘉人也，按清涼傳卷中無著和尚入化般若寺云：「僧無著，姓董氏，温州永嘉人也。……年十二，依本州龍泉寺大德猗律師出家」云云。較詳。

〔三〕清涼傳無從澄觀習華嚴事，而云「詣金陵牛頭山忠禪師參定心要」。

〔四〕懺悅，揚州本、大正本悅作怳，同。音釋作悅，同此。

〔五〕吉祥鳥，清涼傳作「二吉祥鳥」。

〔六〕法等，清涼傳作「法賢等」。

〔七〕因往，清涼傳作「獨詣」。

〔八〕賚荈，清涼傳作「啜茶」。茶一名荈。

〔九〕數步餘，清涼傳作「五十餘步」。

〔一〇〕均提，清涼傳作「君提」。

〔一一〕白牙牀，清涼傳作「柏木牙牀」。

〔一二〕錦墩，清涼傳墩作橔。

〔一三〕玳瑁器，清涼傳作「瑠璃盞」。

〔一四〕心念，清涼傳心作正。

〔一五〕一念浄心是菩提，清涼傳作「若人静坐一須臾」。

〔一六〕寶塔究竟碎爲塵，清涼傳作「寶塔畢竟壞微塵」。

〔一七〕般若，清涼傳若下有「字」字。

〔一八〕唲爾，原本唲作哯，從揚州本、大正本改。

〔一九〕玉玦，原本玦作缺，從揚州本、大正本改。

〔二〇〕無染無垢是真常，清涼傳作「無染無著是真如」。

〔二一〕苒苒，揚州本、大正本作冉冉，同。

〔二二〕白雲，清涼傳作「黑雲」。

〔二三〕按清涼傳記此事文繁且參差，今擇與本傳相涉者校之。

普化傳

〔一〕受性，揚州本、大正本受作秉。宋本、元本作受，同此本。

〔二〕以之，揚州本無之字。按傳燈録卷十作「暮入臨濟院喫生菜飯，臨濟曰：『遮漢大似一頭驢。』師便作驢鳴」。以文義推之，此「之」字當作「作」。

〔三〕有時，原本有作直，從宋本改。

〔四〕擎挾棺木，傳燈録云：「臨濟令人送與一棺，……便受之。」

〔五〕傳燈録云：「第四日，自擎棺出北門外，振鐸入棺而逝。」

大川傳

〔一〕從此，原本此作北，從揚州本、大正本改。

〔二〕慕鑄，慕疑當作募。

〔三〕蒱牢，揚州本、大正本蒱作蒲。按蒲牢，獸名，被擊輒大鳴，故鐘上作蒲牢，見後漢書班固傳注。蒲、蒱音借可通。

難陀傳

〔一〕喜叉，揚州本、大正本又作乃。

玄宗傳

〔一〕壽州，宋本無此二字。

〔二〕諱朗禪師，原本諱作詞，大正本同，從揚州本改。

地藏傳

〔一〕姓金氏，安徽通志作「金地藏，名喬覺」。

〔二〕瀵澮，原本澮作溘，大正本作澮。瀵澮，沸聲，見文選海賦注。溘疑俗譌，今據正。揚州本作潺潺。

〔三〕貞元十九年，費冠卿化城寺記作「貞元十年」。（九華山志卷七）

道行傳

〔一〕蒲鞵，原本蒲作蒱，從揚州本、大正本改。

懷空傳

〔一〕人咸，揚州本、大正本咸作或。

圓觀傳

〔一〕李源，太平廣記卷三百八十七引甘澤謡作「李諫議源」。

〔二〕南浦，廣記作「南泊」。

〔三〕負罌，廣記作「負瓮」。

〔四〕葛洪井，廣記井作川。

〔五〕杳裹，原本杳作香，從揚州本、大正本改。廣記此二字作「步步」。

〔六〕廣記載其歌詞曰：「三生石上舊精魂，賞月吟風不要論。慙愧情人遠相訪，此身雖異性常存。」又曰：「身前身後事茫茫，欲話因緣恐斷腸。吴越溪山尋已遍，却廻烟棹上瞿塘。」

法藏傳

〔一〕江州，宋本無此二字。

道行傳

〔一〕寶曆九載，原本曆作歷，從揚州本、大正本改。陳垣云：「寶曆止三年，此『九』字誤。」（釋氏疑年録卷四）

普滿傳

〔一〕乙木，原本木作未，從揚州本、大正本改。

些些傳

〔一〕釋些些，酉陽雜俎卷三貝編作「僧些」。

〔二〕皆訏，原本訏作許，從揚州本、大正本改。

義師傳

〔一〕連莚，揚州本、大正本莚作延。按莚、延同音通借。

〔二〕匕筯，原本匕作七，揚州本、大正本作七，實匕之誤，今正。

〔三〕比之，原本比作此，從揚州本改。

希運傳

〔一〕就傅，原本傅作傳，從揚州本、大正本改。

〔二〕倚杖，傳燈録卷九作「植杖」。
〔三〕惝怳，原本怳作悦，從揚州本、大正本改。
〔四〕傳燈録云：「裴相國休鎮宛陵，建大禪苑，請師説法，以師酷愛舊山，還以黄蘗名之。」
〔五〕曾傳達士心中印，傳燈録作「自從達士傳心印」。
〔六〕願欲，傳燈録願作擬。
〔七〕原本則上有○，從揚州本、大正本删去。
〔八〕大中中，佛祖通載卷二十三作「大中三年」。佛祖統紀作「大中九年」。

大宋高僧傳卷第二十一 此號十卷

感通篇第六之四 正傳十八人 附見三人

唐五臺山法華院神英傳一

釋神英，罔知姓氏〔一〕，滄州人也。宿緣悟道，丱歲從師，諷誦精勤，日夜匪懈。年當應法受具，後乃仗錫萍遊，尋訪知識。早通玄話，兼擅論經，相次參神會禪師〔二〕，謂英曰：「汝於五臺山有緣，速宜往彼瞻禮文殊，兼訪遺跡。」既承指授，以開元四年六月中旬到山瞻禮，於僧厨止泊。一日，食畢遊於西林，忽見一院題曰法華。英遂入中，見多寶塔一座，暐曄繁華，如法華經説同也。其四門玉石功德，細妙光彩，神工罕測。後面有護國仁王樓，上有玉石文殊、普賢之像。前有三門一十三間，内門兩畔，有行宫道場，是文殊普賢儀仗。三門外狀臺山十寺，杳然物外，觀瞻浩蕩，神情恍惚。英試出院，又見衆僧且非恒所見者，而多詭異。疑預未決，遂出門東行，可三十步，忽聞閉户鏗然，迴目視之，了無一物。英乃悲泣曰：「此大聖警悟我邪！於此地必有緣矣。」遂於髣髴多寶塔處結庵而止。乃發願曰：「我依化院建置一所住持。」日居月諸，信施如林，歸依者衆。遂召工匠，有高價者，誓不酬之〔三〕。乃於易州千里取乎玉石，用造功德，細妙光瑩，功侔所見。其壁乃王府友吴道子之跡，六法絶妙，爲世所尚。此院前後工畢〔四〕，因號法華耳。英説法住持，其齊整若剪裁焉。後無疾，召門人囑付而終，春秋七十五。今墳塔存矣。

唐五臺山華嚴寺牛雲傳二

釋牛雲，俗姓趙，鴈門人也。童蒙之歲有似神不足，遣入鄉校，終日不知一字。惟見僧尼，合掌有畏憚之貌。年甫十二，二親送往五臺華嚴寺善住閣院出家，禮淨覺爲師，每令負薪汲水。時衆輕其樸鈍，多以謔浪歸之。年滿受具，益難誦習。及年三十有六，乃言曰：「我聞臺上恒有文殊現形。我今跣足而去，儻見文殊，惟求聰明，學誦經法耳。」時冒寒雪，情無退屈，至東臺頂，見一老人然火而坐。雲問曰：「如此雪寒，從何而來？」老人曰：「吾從川下來。」雲曰：「從何道上，何無屨跡？」曰：「吾雪前來。」老人却問雲曰：「有何心願，犯雪徒跣而至，豈不苦也？」雲曰：「吾雖爲僧，自恨昏鈍，不能誦念經法。此來欲求見文殊，只乞聰明果報。」老人曰：「奇哉！」又曰：「此處不見文殊，更欲何之？」雲曰：「欲上北臺去。」老人曰：「吾意亦然。」曰〔一〕：「請師先行。」雲乃遊徧臺頂，告别老人，自西而去。薄暮，方到北臺，又見老人然火而坐，頗爲驚怪。問曰：「適於東臺相别，爲何先至？」老人曰：「師不知要路，所以來遲。」雲雖承此語，心乃猶豫，只此老人莫應文殊也？雲乃嗚足禮拜。老人曰：「吾俗人也，不應作禮。」唯貪設禮，情屬不移〔二〕，良久，老人云：「休禮，候吾入定，觀汝前身作何行業而昏鈍也。」老人閉目，倏爾開顏語雲曰：「汝前生爲牛來，因載藏經，今得爲僧而闇鈍耳。汝於龍堂邊取一钁來，與汝斸却心頭淤肉，即明快也。」雲遂得钁度與。老人曰：「汝但閉目，候吾教開即開。」因閉目，次有似當心施钁，身無痛苦，心乃豁然，似闇室立於明燈，巨夜懸於圓月也。雲開目乃見老人現文殊像，語雲曰：「汝自後誦念經法，歷耳無忘。又於華嚴寺澗東院大有因緣，無得退轉。」雲乃行悲行泣，接足而禮，未舉頭頃〔三〕，不見菩薩矣。

雲後下山，四支無損。凡曰經典，目所一覽，輒誦於口。明年夏五月，遶育王塔行道念經。至更初，乃見一道直光〔四〕從北臺頂連瑞塔基，久而不散，於光明中現寶閣一所，前有金牌，題云善住。雲憶菩薩授記之言，依光中所現之閣而建置焉。道化施行，人咸貴重。於開元二十三年無疾而終，俗齡六十三，法臘四十四矣。雲名亡上字，承文殊記識本迹爲牛，故時號之焉。

唐五臺山清涼寺道義傳三

釋道義，江東衢州人也〔一〕。開元中至臺山〔二〕，於清涼寺粥院居止，典座普請〔三〕運柴，負重登高，頗有難色。義將竹鞋一緉轉貿人荷檐，因披三事納衣。東北而行，可五里來，於楞伽山下，逢一老僧，其貌古陋，引一童子名字覺一。老僧前行，童子呼請義東邊寺内啜茶去，乃相隨入寺，徧禮諸院。見大閣三層，上下九間，總如金色，閃爍其目。老僧令遣義早還所止，山寒難住。唯諾辭出寺，行及百步，迴顧唯是山林，乃知化寺也。却迴長安〔四〕。大曆元載，具此事由奏寶應元聖文武皇帝，蒙勑置金閣寺，宣十節度助緣。遂召蓋造都料，一僧名純陀，爲度土木，造金閣一寺。陀元是西域那爛陀寺喜鵲院僧。寺成後，勑賜不空三藏焉。義不測其終。

唐五臺山竹林寺法照傳四

釋法照，不知何許人也〔一〕。大曆二年，棲止衡州雲峯寺，勤修不懈。於僧堂内粥鉢中，忽覩五彩祥雲，雲内現山寺。寺之東北五十里已來有山，山下有澗，澗北有石門，入可五里有寺，金牓題云「大聖竹林寺」。雖目擊分明，而心懷隕穫。他日齋時，還於鉢中五色雲内現其五臺諸寺，盡是金地，無有山林穢惡，純是池臺樓觀衆寶莊嚴，文殊一萬聖衆而處其中，又現諸佛淨國。食畢方滅，心疑未決。歸院問僧，還有曾遊五臺山已否？時有嘉延、曇暉二師言曾到，言與鉢内所見一皆符合，然尚未得臺山消息。暨四年夏，於衡州湖東寺〔二〕内有高樓臺，九旬起五會念佛道場。六月二日未時，遥見祥雲彌覆臺寺，雲中有諸樓閣，閣中有數梵僧〔三〕，各長丈許，執錫行道。衡州舉郭咸見彌陀佛與文殊、普賢一萬菩薩俱在此會，其身高大。見之者皆深泣血設禮，至酉方滅。照其日晚於道場外遇一老人，告照云：「師先發願往金色世界，奉覲大聖，今何不去？」照怪而答曰：「時難路艱，何可往也？」老人言：「但亟去，道路固無留難。」言訖不見。照驚入道場，重發誠願：「夏滿約往前，任是火聚冰河，終無退衂。」至八月十三日，於南嶽與同志數人惠然肯來，果無沮礙，則五年四月五日到五臺縣，遥見佛光寺南數道〔四〕白光。六日到佛光寺，果如鉢中所見，略無差脱。其夜四更，見一道光從北山下來射照，照忙入堂内，乃問衆云：「此何祥也？吉凶焉在？」有僧答言：「此大聖不思議光，常答有緣。」照聞已，即具威儀，尋光至寺東北五十里間果有山。山下有澗，澗北有一石門，見二青衣〔五〕，可年八九歲，顔貌端正，立于門首，一稱善財，二曰難陀。相見歡喜，問訊設禮，引照入門，向北行五里已來，見一金門樓。漸至門所，乃是一寺。寺前有大金牓，題曰大聖竹林寺，一如鉢中所見者。方圓可二十里，一百二十院，皆有寶塔莊嚴，其地純是黄金，流渠花樹，充滿其中。照入寺至講堂中，見文殊在西，普賢在東，各據師子之座，説法之音，歷歷可聽。文殊左右菩薩萬餘，普賢亦無數菩薩圍繞。照至二賢前，作禮問言：「末代凡夫，去聖時遥，知識轉劣，垢障尤深。佛性無由顯現，佛法浩瀚〔六〕，未審修行於何法門，最爲其要？唯願大聖斷我疑網！」文殊報言：「汝今念佛，今正是時。諸修行門，無過念佛，供養三寶，福慧雙修，此之二門，最爲徑要。所以者何？我於過去劫中因觀佛故，因念佛故，因供養故，今得一切種智。是故一切諸法般若波羅蜜甚深禪定，乃至諸佛，皆從念佛而生。故知念佛，諸法之王，汝當常念無上法王，令無休息。」照又問：「當云何念？」文殊言：「此世界西有阿彌陀佛，彼佛願力不可思議，汝當繼念，令無間斷，命終之後，決定往生，永不退轉。」説是語已，時二大聖各舒金手，摩照頂爲授記別：「汝已念佛，故不久證無上正等菩提。若善男女等願疾成佛者，無過念佛，則能速證無上菩提。」語已時二大聖互説伽陀。照聞已歡喜踴躍，疑網悉除。又更作禮，禮已合掌。文殊言：「汝可往詣諸菩薩院，次第巡禮。」授教已，次第瞻禮，遂至七寶果園，其果纔熟，其大如盌，便取食之。食已，身意泰然，造大聖前，作禮辭退。還見二青衣，送至門外。禮已舉頭，遂失所在，倍增悲感。乃立石記，至今存焉。復至四月八日，於華嚴寺西樓下安止。洎十三日，照與五十餘僧同往金剛窟，到無著見大聖處，虔心〔七〕禮三十五佛名〔八〕。照禮纔十徧，忽見其處廣博嚴浄，琉璃宮殿，文殊、普賢一萬菩薩及佛陀波利居在一處。照見已，惟自慶喜，隨衆歸寺。其夜三更，於華嚴院西樓上忽見寺東山半有五聖燈，其大方尺餘〔九〕。照呪言「請分百燈歸一畔」，便分如願。重謂「分爲千炬」，言訖便分千數，行行相對，遍於山半。又更獨詣金剛窟所，願見大聖，三更盡到，見梵僧稱是佛陀波利，引之入聖寺，語在覺救傳。至十二月初，遂於華嚴寺華嚴院入念佛道場，絶粒要期，誓生浄土。至于七日初夜，正念佛時，又見一梵僧入乎道場，告云：

「汝所見臺山境界，何故不説？」言訖不見。照疑此僧，亦擬不説〔一〇〕。翌日申時，正念誦次，又見一梵僧年可八十，乃言照曰：「師所見臺山靈異，胡不流布？普示衆生，令使見聞，發菩提心，獲大利樂乎？」照曰：「實無心祕蔽聖道，恐生疑謗，故所以不説。」僧云：「大聖文殊見在此山，尚招人謗，況汝所見境界，但使衆生見聞之者，發菩提心，作毒鼓緣耳。」照聞斯語，便隨憶念録之。時江東釋慧從以大曆六年正月内與華嚴寺崇暉、明謙等三十餘人隨照至金剛窟所，親示〔一一〕般若院，立石標記。于時徒衆誠心瞻仰，悲喜未已，遂聞鐘聲，其音雅亮，節解分明。衆皆聞之，驚異尤甚，驗乎所見不虚，故書于屋壁，普使見聞，同發勝心，共期佛慧。自後照又依所見化竹林寺題額處，建寺一區，莊嚴精麗，便號竹林焉。

又大曆十二年九月十三日，照與弟子八人於東臺覩白光數四〔一二〕，次有異雲〔一三〕靉靆。雲開，見五色通身光，光内有圓光紅色，文殊乘青毛師子，衆皆明見，乃霏微下雪及五色圓光偏於山谷。其同見弟子，純一、惟秀、歸政智遠、沙彌惟英、優婆塞張希俊等〔一四〕。照後篤犖其心，修練無曠，不知其終。絳州兵掾〔一五〕王士詹述聖寺記云。

系曰：佛成就三身，必居三土〔一六〕，顯正依報莊嚴故。菩薩未窮國土名，但云住處。修淨佛國因，隨生佛家，故華嚴經有菩薩住處品焉。經云：「唯佛一人居淨土」，此下不僭上也。若八字陀羅尼經云「文殊大願力，與佛同境界。」境界淨則説法淨，則三土義齊也。問：「諸經中佛住王舍城等可非住處邪？」通曰：「此義同名別，或可上得兼下也。又如兜率宫院是補處淨域，寶陀落、清涼支提等山，皆是菩薩淨識所變刹土也。若然者，淨土與住處義同名異耳。如法照入竹林聖寺，見文殊淨境也，諸於山嶺見老人童子等，則穢土見聖人。」

唐清涼山祕魔巖常遇傳五

釋常遇，俗姓陰，范陽人也，出家於燕北安集寺。襟懷灑落，道貌清奇，晦跡林泉，避脱聲利。大中四年，杖錫離燕，孤征朔雪，祁沍千里，徑涉五峯，詣華嚴寺菩薩堂，矚文殊睟容，施右手中指，沃以香膏，爇以星焰，光騰半日，怡顔宛然。次徧遊聖境，終始兩朞，其所覩祥瑞，不可勝紀。後至西臺，遇古聖跡曰祕魔巖，乃文殊降龍之處也。遇稽首之際，忽見輕雲金光，爛爛駭目，漸分雉堞，方勢如城，咸曰金色世界也。化事畢，復問其處，僧曰：「是地古德嘗止，國贈金光照大師，名節孤峻，神異不測，載録圖記，人具爾瞻。」遇悲喜交感，久而不已，始結茅兹地，滌慮澄神，入三摩呬多四十九日，鳥排花雨，人萃香雲，揚袂摳衣，歸依若市。乃剏興佛廟僧宇，十有七年不下山頂。日以九會雜花五部等法，翫味精課，不遺寸陰。覺聖力潛通，道出凡境，事或禮問，他見莫尋。士嚮庶歸，克念如聖。洎懿皇運末，遇易舊規，或拊掌大咍，或擊石異語，類不輕之海記，同楚客之佯狂。及禍發中原，寇盜交騁，夷撤宫壺，鑾輅蒙塵，因省師言，其若合契矣。時屬河東武皇遥嚮真德，就山致信。迨文德元年夏四月，命憲州刺史馬師素傳意邀請，遇曰：「浮世之寵辱，我何累哉？」堅拒遠徵，確乎不拔。以其年十月十八日，召門弟子曰：「爾可檢護戒足，好住餘生，吾與汝決矣。」言訖，儼然蟬蛻，俗歲七十二，僧夏五十一。門人太文等哀慟哽絕。龍紀初祀四月十八日闍維，獲設利羅凡數十粒。文公堅貯孝思，旌建靈塔，銜哀出入，投詣天府。武皇賵贈加等，文武崇烈，及嵐憲等州牧守，例刻清俸，俾助良因，建乎墳塔。即以九月二十五日封窆基隧也。

唐成都府永安傳六

釋永安，眉州洪雅人也。身裁么麽，面色黧黖，言音鄙惡，而識量寬舒，大抵不可貲也。大中八年三月中，詣成都，云造謁府帥白公敏中，請奏寺額。以其足跛，肩輿而至，人皆未嘗見其登圊而旋溺也。故時呼爲無漏師，安置聖壽寺中且十日。白中令俾差僧五六，晝夜互守之而伺察焉。內外飲食，亦略同常人，而無解衣去二行之意，詳其十辰之積，便旋何所？畢不可知。司徒白公奏額到日，便辭歸眉郡。判官盧求見之，謂爲小沙彌耳。人云「此師年已八十餘矣」。

系曰：蜀人謂安公爲無漏師者，非也。夫斷煩惱不復隨增，故永無種習，乃稱之無漏。今以飲食之餘，歸于九孔，安公止二竅不流耳。瑜伽云「無內逼惱分也。」然其位次忍住難知，啜茹如常，何緣不流二縠？觀夫對法論中有清浄依止，住食示現依止。住食二種，則羅漢菩薩佛也。若然者，安公是示現依止住食，雖食不食，滓穢奚生？必也正名，以召其體哉。

唐衢州靈石寺慧聞傳七

釋慧聞，信安人也。多勸勉檀那以福業爲最，常言未預聖位，於五道中流轉，非福何憑？嘗於瀔江鑄丈八金身像，州未聽許，銅何從致？且曰：「待大施主。」居無何，有清溪縣夫妻二人將嫁資鑑來捨，聞爲誓呪之曰：「此鑑鼓鑄若當佛心前，乃是夫妻發心之至也。」迨脱摹露像，果然鑑當佛心胸間矣。又嘗往豫〔一〕章勸化，獲黄金數鎰，俄遇賊劫掠。事急，遂投金水中曰：「慮損君子福田，請自滂漉。」捨聞，聞去，賊徒泳水求之，不得。及聞到州，金冥然已在其院中。若役人用匠，不避譏嫌。得物，見多自提，魚貫㷀肩，飼工人焉。又山路虎豹，聞或逢之，將杖叩其腦曰：「汝勿害人，吾造功德，何不入緣？」明日，虎銜野猪投聞前，弭尾而去。凡舉事皆成，歸信如流，率多奇異焉。

唐朔方靈武下院無漏傳八

釋無漏，姓金氏，新羅國王第三子也。本土以其地居嫡長，將立儲副，而漏幼慕延陵之讓，故願爲釋迦法王子耳。遂逃附海艦，達于華土。欲遊五竺，禮佛八塔，既度沙漠，涉于闐已西，至葱嶺之墟，入大伽藍，其中比丘皆不測之僧也。問漏攸往之意，未有奇節而詣天竺。僧曰：「舊記無名，未可輒去，此有毒龍池，可往教化。如其有驗，方利涉也。」漏依請登池岸，唯見一胡牀，乃據而坐，至夜將艾，霆雷〔一〕交作，其怪物吐氣蓬勃，種種變現，眩曜無恒。漏瞑目不摇，譬如建木挺拔，豈微風可能傾動邪？持久乃有巨蛇驤首于膝上，漏悲憫之極，爲受三歸而去。復作老人形來致謝曰：「蒙師度脱，義無久居。吾三日後捨鱗介苦，依得生勝處。此去南有磐石，是弟子捨形之所，亦望閑預相尋遺骸可矣。」後見長偉而夭矯，僵于石上歟。寺僧咸默許之，又曰：「必須願往天竺者，此有觀音聖像，禱無虚應，可祈告之。得吉祥兆，可去勿疑。」漏乃立于像前，入於禪定，如是度四十九日，身嬰虚腫，略無傾倚。旋有鼠兒猶彈丸許，咋左脛，潰黄色薄膿，可累斗而愈。漏限滿獲應，群僧語之曰：「觀師化緣，合在唐土，心存化物，所利滋多。足倦遊方，空加聞見，不可强化。師所知乎？」漏意其賢聖之言，必無唐發。如是却迴，臨行謂漏曰：「逢蘭即住。」所還之路，山名賀蘭，乃馮〔二〕前記，遂入其中，得白草谷，結茅栖止。無何，安史兵亂，兩京版蕩，玄宗幸蜀，肅宗訓兵靈武。帝屢夢有金色人，念寶勝佛於御前。翌日，以夢中事問左右，或對曰：「有沙門行迹不群，居于北山，兼恒誦此佛號。」肅宗乃宣徵，不起，命朔方副元帥中書令郭子儀親往諭之，漏乃爰來。帝視之曰：「真夢中人也。」洎乎羯虜盪平，翠華旋復，置之内寺供養，諒乎猴輕金鏁，鳥厭雕籠，累上表章，願還舊隱。帝心眷重，答詔遲留，未遂歸山，俄云示滅焉。一日，忽於内門右闔之上化成雙足，形不及地者數尺。閽吏上奏，帝乘步輦親臨其所，得遺表，乞歸葬舊隱山之下。即時依可，葬務官供。乃宣卸門扇，置之設奠，遣中使監護，鹵簿送導。先是漏行化多由懷遠縣，因置廨署，謂之下院。喪至此，神座不可輒舉，衆議移入，構别堂宇安之，則上元三年〔三〕也。至今真體端然，曾無變壞，所卧中禁户扇，乃當時之現瑞者，存焉。

唐杭州靈隱寺寶達傳九

釋寶達者，不知何許人也，遁是名山，高乎道望，號刹利法師。以持密呪爲恒務。其院中有印沙牀、照佛鑑。往者浙江也，驚濤巨浪，爲害實深。其潮大至，則激射今湖上諸山焉。達哀其桑麻之地，悉變爲江，遂誦呪止濤神之患。一夜，江濤中有偉人，玄冠朱衣，導從甚繁而至，謂達曰：「弟子是吴伍員復仇雪耻者，非他人也。師慈心爲物，員已聞命矣。」言訖而滅。明日，寺僧怪問：「昨夜車馬之喧爲誰？」具言其事。其冥感神理，多此類也。自爾西岸沙漲彌年，還爲百姓殖利，時所推稱，翕然敷化。後罔知所終。

系曰：印沙牀者何？通曰：「有道之士居山，必非寶器，疑其範築江沙，巧成坐榻歟？」照佛鑑者何？通曰：「即鑑燈耳。以其陸鴻漸貞元中多遊是山，述記記達師節儉而明心之調度也。」

唐代州北臺山隱峯傳十亡名　鵮鳩和尚

釋隱峯，俗姓鄧氏，建州邵武人也。稚歲憨狂，不佝父母之命，出家納法。後往觀方，見池陽南泉禪師，令取澡罐，提舉相應，爲願公所許焉，終認嗣馬禪師耳。峯元和中言游五臺山，路出淮西，屬吴元濟阻兵，違拒王命。官軍與賊遇，交鋒未決勝負。峯曰：「我去解其殺戮。」乃擲錫空中，飛身冉冉隨去，介兩軍陣過，戰士各觀僧飛騰，不覺抽戈匣刃焉。既而游徧靈跡，忽於金剛窟前倒立而死，亭亭然其直如植。時議靈穴之前，當舁就焚。屹定如山，併力不動，遠近瞻覩，驚歎希奇。峯有妹爲尼，入五臺，嗔目咄之曰：「老兄疇昔爲不循法律，死且熒惑於人。」時衆已知妹雖骨肉，豈敢攜貳，請從恒度，以手輕攘，僨然而仆。遂荼毗之，收舍利入塔，號鄧隱峯。遺一頌云：「獨絃琴子爲君彈，松柏長青不怯寒。金礦相和性自別，任向君前試取看。」

系曰：僵屍累足，於事一同。立逝坐亡，爲修三昧。此者頭揩厚載，履蹈青冥，逆恒理以難知，諒是人而不測。若斯倒置，振古一人。其妹尼之讓也〔一〕，若屈平爲女嬃之駡焉。如幻之功，善權大矣。或曰：「淮西之役，唐書胡弗載隱峯飛錫解陣邪？」通曰：「小説所傳，或得其實。是故春秋一經，五家作傳，可得同乎？」

又漢州開化寺釋亡名，先因入寺，見瑞應交現，遂誓捨身，尅苦爲期。忽於殿中焚香次，俄覩地屋皆爲琉璃色，有菩薩乘五色雲下庭中曰：「汝極堅至，必當得道，吾來證汝。」亡名叩頭禮拜，斯須不見。寺僧至云「學院内皆變琉璃色」。嘆嗟不已。其僧復勤節行焉。

又鄧州有僧亡名，年且衰朽，游行穰、鄧州間，日食二�[一]鳩，僧俗共非之。老僧終無避迴。嘗饌羞之次，有貧士求飡，分其二足與之食。食訖，老僧盥漱，雙鳩從口而出，一則能行，一則匍匐在地。貧士驚怪，亦吐其飦[二]，其鳩二足復全。其僧實不食此禽。自爾衆人崇重，號曰南陽鳹鳩和尚也。有嘆之曰：「昔青城山香闍梨飲酒啖肴，然後吐出，雞羊肉皆化作本形，飛鳴而入坑穴中，同也。」

唐興元府梁山寺[一]上座亡名傳十一

釋亡名者，不知何許人也，居褒城西數十里，號中梁山，數峯迴負，翠碧凝空，處于厥中。行終詭異，言語不常，恒見者弗驚，乍親者可怪。平常酷嗜酒而食肉，麤重公行，又綱任衆事，且多折中，僧亦畏焉，號爲上座。時群緇伍一皆倣習，唯此無懼。上座察知而興嘆曰：「未住浄心地，何敢逆行？逆行非諸人境界。且世云金以火試，待吾一日一時試過。」開成中忽作大餅，招集徒衆曰：「與汝曹游尸陀林去。」蓋城外山野多墳塚，人所棄屍於此，故云也。上座踞地舒餅裹腐爛死屍，向口便啖，俊快之狀頗嘉，同游諸僧皆掩鼻唾地而走。上座大叫曰：「汝等能餧此肉，方可餧他肉也已。」自此緇徒警悟，化成精苦焉。遠近歸信。時右僕射柳仲郢任梁府，親往禮重。終時云年可八九十。真影存于山寺。至今梁、益、三輔間止呼爲興元上座云。奇蹤異迹不少，未極詳焉。

系曰：上座始則爾之教矣，後則民胥効矣。曾不知果證之人，逆化於物，終作佛事，用警未萌。故若歸其實，乃對法論中諸大威德菩薩示現食力住故也。如有妄云得果，此例〔二〕而行，則如何野干鳴擬學師子吼者乎？

唐太原崇福寺文爽傳十二

釋文爽，不詳姓氏、何許人也。早解塵纓，抉開愛網，從師問道，天然不睡。縱困憊之極，亦唯趺坐，此行長坐頭陀也。後獨棲丘隴間，霖雨浹旬，旁無童侍，有蛇入爽手中蟠屈。時有人召齋，彼怪至時不赴，主重來請，見蛇，驚懼失聲，蛇乃徐徐而下。固命往食，爽辭過中不食。終夕，翌日有狼呀張其口，奮躍欲噬咋之狀者三，爽憫其飢火所熬，復自念曰：「穢囊無恪施汝一飡，願疾成堅固之身。汝受吾施，同歸善會。」斯須，狼乃弭耳而退。及乎卒日，空中鐘磬交響，遲久方息。門徒鄉人聚送殯之。爾日有幡數十口蔽空前導，異香普熏，舉衆悲嘆，如失恃怙焉。

唐福州保福寺本浄傳十三

釋本浄者，未詳何許人也。道氣高抗，人覩肅然。嚮聞嶺多禪宗知識，故歷參之。聞長溪縣霍童山多神仙洞府，乃經中所謂天冠菩薩領徒侶居此説華嚴性海法。採樵者多聞天樂異香，鳥獸之瑞。然山中不容凡惡，故多被斥逐。浄入山結茅爲室，有石穴謂之毒窟。浄居于穴側，其龍夭矯而出，變現無恒，遂呼召之而馴擾焉。又諸猛虎横路爲害，採樵者不敢深入，浄撫其頭，誡約丁寧，弭耳而去。嘗清宵，有九人冠幘袴褶稱寄宿，盡納諸庵内。明旦告辭，偕化爲鶴，鳴唳空中而去。浄罔知其終也。

唐成都府法聚寺法江傳十四興善寺異僧

釋法江者，江東人也，來遊岷蜀，居于法聚寺。寺即隋蜀王秀之造也。寺内有仁壽中文帝樹舍利塔。江以慈憫爲懷，多逆知其來，言無少悮。嘗在房中謂門人曰：「外有萬餘人，盡戴帽形且攣躍，從吾乞救。汝速出寺外求之。」不見人物，弟子怪師之言何其倒亂。徙倚之間，有數十人荷檐竹器中螺子至，江曰：「此之是歟？」命取錢贖之，投于水中矣。

又長安大興善寺，本隋舍衛寺也，至唐先天中火災，殿宇蕩然，唯遺基耳。明慶〔一〕中東明觀道士李榮者，本巴西人也，好事薄徒，多與釋子爭競優劣。榮來玄都觀，因率黃冠指其灰燼而嘲之曰：「道善何曾善？言興且不興。如來燒赤盡，唯有一群僧。」僧中有憤其異宗譏誚者，急募〔二〕勸重新締構，復廣於前。十二畝之地，化緣雖日盈千萬，計未能成。僧衆搔首躊躕，未知何理克成。忽有一僧，衣服麤弊，形容憔悴，負一破囊入緣，言速了佛殿，步驟而去。啓視之，則黃金也，校末之一千兩矣。時人奇之，由此檀施日繁，殿速成矣。

唐彭州九隴茶籠山羅僧傳十五

釋羅僧者，蜀聖寺中得果位人也。嘗寢疾於五臺山，同會僧人俱不測也，而瞻視之，曾無怠慢。將及九旬而病愈，臨訣之際曰：「深感所苦，而煩看視，今遂平復，由師之力。我住在劒外九隴郡之茶籠山爾。」異日遊方，無忘相訪也。」暮歲而至蜀，歷訪群峯，徧訊老樵輩，且曰未嘗聞茲山名。乃嘆曰：「噫，病禪之妄也？」將廻，遇山童曰：「某是彼巖之聚沙者。」即前導而去，俄覩殿塔儼空，房廊環肅，果值昔之卧病者，迎門敘故。日將暮矣，而謂之曰：「茲寺非得漏盡通不能至此。爾以我宿緣一詣遘止。言寄宵乎，斯爲未可。爾其克勤修證，至此胡難？」乃命舊童送師歸去。其僧廻望，但見巖壁峭峻，杉檜莽蒼而已。則開成中也。時悟達國師知玄著傳之。次得僧可思，尤閑地理，命爲玄作他日安塋兆之地，得景丹前峯，其山若雉堞狀，雖高低起伏，而中砥平。俄有里人耆老曰：「古相傳云茶籠山矣。」

唐明州奉化縣契此傳十六

釋契此者，不詳氏族，或云四明人也。形裁腲脮，蹙頞皤腹，言語無恒，寢卧隨處。常以杖荷布囊入鄽肆，見物則乞，至于醯醬〔一〕魚葅，纔接入口，分少許入囊，號爲長汀子布袋師也。曾於雪中卧，而身上無雪，人以此奇之。有偈云：「彌勒真彌勒，時人皆不識〔二〕」等句。人言慈氏垂迹也。又於大橋上〔三〕立，或問：「和尚在此何爲？」曰：「我在此覓人。」常就人乞啜〔四〕，其店則物售。袋囊中皆百一供身具也。示人吉凶，必現相表兆。亢陽，即曳高齒木屐，市橋上豎膝而眠。水潦，則係濕草屨。人以此驗知。以天復中終于奉川〔五〕，鄉邑共埋之。後有他州見此公，亦荷布袋行。江浙之間多圖畫其像焉。

唐鄴都開元寺智㬓傳十七

釋智㬓，不知何許人也。少而英偉，長勤梵學，凡諸經論，一聽入神。其所講宣也，音辯瀏亮。每臨臺座，自謂超絶。所患者聽衆無幾。虞其以水傳器，器器不空，緊我獨無，乃辜佛意。遂負箱帙徧歷名山，以詢智者。末至衡岳寺，憩息月餘。嘗於寺閑齋，獨自尋繹疏義，復自咎責曰：「所解義理，莫違聖意乎？」沈思兀然，偶舉首見老僧振錫而入，曰：「師讀何經論？窮何義理？」詧疑其名岳之内，車轍原中，羅漢混凡，曾何可測？乃自述本緣，因加悔責。又曰：「儻蒙賢達指南，請受甘心，鈐口結舌，不復開演矣。」老僧笑曰：「師識至廣，豈不知此義？大聖猶不能度無緣之人，況其初心乎？師只是與衆生無緣耳。」詧曰：「豈終世若此乎？」老僧曰：「吾試爲爾結緣。」遂問詧「今有幾貲糧耶？」詧曰：「自北徂南，裂裳裹足，已經萬里，所賫皆罄竭矣。見受時九條衣而已。」老僧曰：「只此可矣。必宜鬻之，以所易之直，皆作麋餅、油食之調。」詧如言作之，約數十人食，遂相與至坰野之中，散掇餅餌，焚香長跪呪曰：「今日食我施者，願當來之世與我爲法屬，我當教之，得至菩提。」言訖，烏鳥亂下啄拾。地上螻螘蠅蠁莫徵其數。老僧曰：「爾後二十年，方可歸開法席。今且周遊，未宜講説也。」言訖而去。詧由是精進道力，不倦研摩，義味滋多，志在傳授。至二十年，却歸河北，盛化鄴中，聽衆盈千數人，皆年二十已來，其老者無二三人焉。

系曰：中有末位，變定難移。今世所修，必招當果。今智詧依異僧之教，令二十年後待聽徒，一如其言，如此則當生修當生果，當去〔一〕故弗誣矣。詩曰：「俟河之清，人壽幾何？」將知永壽之人，河清屢見矣。

唐鳳翔府甯師傳十八

釋甯師者，岐陽人也，亡其名，時以姓呼之耳。往來無恒止，出處如常僧。昭宗即位初年，居山寺中，忽暴終，安卧體暖，忽忽如爛寢焉。僧徒環守，不敢殯斂。三日而蘇，衆驚奔問之。曰：「我爲冥司追攝，初見一判官云：『和尚壽在而無禄。』乃召吏，語之與撿覆。吏曰：『只有乾荷葉三石。』因令注於簿。又命一人引之巡歷觀遊去。乃入一門，見數殿各有牓。於是徙步至一殿，署云李克用。於牖閒窺有一黑龍，眇一目，中立鐵柱，連鏁縶維之。次一殿署曰朱全忠，乃青豻白額虎，鏁繫如初，而前有食噉人血狼籍之狀。次署曰王建，黄金牀上卧一白兔焉。次署曰李茂貞，具冠冕如王者，左右數侍女焉。次署曰楊行密，窻牖庳黑，不能細瞻。問使者曰：『此諸怪狀者何邪？』曰：『將來王者也。』旁廂數殿，望之黯黯，使者不容。引去，還至本所判官廳事，謂使者曰：『好送師廻，但多轉念功德經。』甯問曰：『孰是功德經？』曰：『金剛般若是歟！此經冥閒濟拔，功力無比。』」及乎蘇醒，四顧久之，乃述前事。聞者駭然，遂聞于官。後岐帥怪宏迂而妄，都不之信。厥後茂貞果封秦王。李克用枉濫殺戮，號獨眼龍也。朱氏革于唐命，殘害安忍，傅翼擇肉，非虎而何？蜀王建屬兔，阻兵自固。天祐丁卯，僭僞號以金飾牀也。諸皆符合。甯自此每斷中，唯荷葉湯而已。其諸食饌，逆口不飡。秦隴之人往往請甯入冥，預言吉凶，更無蹉跌。或請齋，争辦浄池嫩荷，號爲入冥和尚，終于歧下。

系曰：入冥之説與夢略同。穆王將化人歡宴，秦穆得上帝蓊鶉，形在人間，神游上界，前言既發，後事必然。是知六候八徵，諒非虚也。甯師入冥，與後唐馬珣見天符下以潞王爲天子無異。甯所見殿中物象題牓，終符其述。謂之爲夢想，夢想有徵；謂之爲神遊，神遊不謬。將知覺夢惟一，明昧有殊，如攝論云如夢等覺時，一切處唯有識也。有若古莽國多眠，五旬一覺，以夢爲實，以覺爲妄。若然者，覺之所爲，爲夢之先兆也，而取實於夢中真實也。夢覺反用，其猶一歟。甯師非妄者，果梁革唐命，二李、王、楊皆與天子抗衡。諸殿遠望者，得非餘割據群雄偏霸者乎？所食荷葉，與隋僧法慶同。故幽冥等録中康何德〔一〕次李山龍入冥而返，説事皆驗焉。經云：「猶如睡夢人，知一切諸物，有身不移本處」是也。

校勘記

神英傳

〔一〕罔知姓氏，清涼傳卷中神英和尚入法華院云：「俗姓韓氏。」

〔二〕參神會禪師，清涼傳云：「遠詣南嶽，參神會和尚。」

〔三〕誓不酬之，清涼傳作「不酬工直，所須隨緣」。

〔四〕前後工畢，清涼傳云：「院成工畢，費盈百萬。」

牛雲傳

〔一〕清涼傳卷中牛雲和尚求聰明日上有「雲曰同去得否」句，意較完備。

〔二〕唯貪設禮情屬不移，清涼傳作「雲但設拜，情更不移」。

〔三〕未舉頭頃，宋本、元本頃作傾，音之誤。清涼傳作湏，形之誤。

〔四〕直光，清涼傳作真光。

道義傳

〔一〕清涼傳卷中道義和尚入化金剛閣寺此下有「受業於衢州龍興寺」。

〔二〕開元中至臺山，清涼傳云：「開元二十四年四月二十三日遠自江表，與杭州僧普守同遊至臺山清涼寺粥院安止。」

〔三〕典座普請運柴，清涼傳云：「有主事僧白普請於東嶺負薪。」「普」謂杭州僧普守，與道義偕遊五臺者。按此傳失載普守事，而云「典座普」，一若典座僧名普者，誤矣。疑「普請」二字當互乙，而上文「開元中」下補「偕杭州僧普守」六字，意始足。

〔四〕清涼傳載此事文繁，事有參差。

法照傳

〔一〕不知何許人也，清涼傳卷中法照和尚入化竹林寺作「本南梁人也」。

〔二〕湖東寺，清涼傳作「湘東寺」。

〔三〕數梵僧，清涼傳數作「數十」。

〔四〕數道，清涼傳作「數十道」。
〔五〕二青衣，清涼傳衣下有「童子」二字。
〔六〕浩瀚，原本瀚作澣，從揚州本及清涼傳改。
〔七〕虔心，大正本虔作處，疑涉上處字而誤。
〔八〕二十五佛名，揚州本、大正本及清涼傳二作三。宋本、元本作二十五，同此本。按三十五佛名見於佛説決定毗尼經。又不空譯有三十五佛名禮懺文。十往生經有二十五菩薩，謂擁護念佛行者之菩薩。此二説皆可通，但比照名數，似以「三十五」爲近。
〔九〕其大方尺餘，清涼傳作「其大如盌」。
〔一〇〕亦擬不説，清涼傳作「亦未宣布」。
〔一一〕親示，清涼傳示作遇。
〔一二〕數四，清涼傳作「十二」。
〔一三〕異雲，清涼傳作「黑雲」。
〔一四〕優婆塞張希俊等，清涼傳作「行者張希、童子如静等」。
〔一五〕兵掾，清涼傳作「參軍」。王士詹記文略見該傳尾。
〔一六〕三土，原本作「三二」，從揚州本、大正本改。

慧聞傳

〔一〕豫章，原本豫作預，從揚州本、大正本改。

無漏傳

〔一〕霆雷，宋本雷作電。

〔二〕乃馮，原本馮作馬，從揚州本、大正本改。馮讀作憑。宋本作思。

〔三〕上元三年，按肅宗上元止二年，三疑二之誤。

隱峯傳

〔一〕讓也，揚州本、大正本讓作攘，與上文攘字相應。但讓字亦通。

〔二〕鵮鳩，大正本鵮作雉，同。太平廣記卷九十六引雲溪友議作鶻鳩。

〔三〕其飰，廣記作飯，同。

亡名傳

〔一〕梁山寺，宋本、元本篇題無此三字。按本傳文梁上當有中字。

〔二〕此例，揚州本此作比。

法江傳

〔一〕明慶，按明慶即顯慶（見紀元編），乃唐高宗年號，當公元六五六至六六一年。上文先天乃玄宗年號，當公元七一二至七一三年。寺燬于先天時，何能先於顯慶中履其殘基？此當有誤。

〔二〕急募，原本募作慕，從揚州本改。

契此傳

〔一〕醓醬，傳燈録卷二十七布袋和尚傳醬作醢。

〔二〕傳燈録此偈作「彌勒真彌勒，分身千百億，時時示時人，時人自不識」。

〔三〕橋上，傳燈録作「街衢」。

〔四〕乞啜，傳燈録作「乞其貨」。

〔五〕天復……奉川，傳燈録作「梁貞明三年丙子三月，師將示滅於嶽林寺東廊下，……安然而化。」與此傳異。

智晉傳

〔一〕當去，揚州本、大正本無此夾注二字。宋本、元本有，同此本。按「當去」，謂當字讀去聲，疑爲校書者所注。

甯師傳

〔一〕康何德，宋本何作阿。按辯正論卷八注引幽明録記康阿得死後還蘇事，與此語相合。「阿得」與「何德」音形相近易誤，當是一人。而上「幽冥」之冥疑是「明」之音訛（太平廣記中亦有誤「幽明」作幽冥者）。新唐書藝文志小説家有劉義慶幽明録三十卷，其書已佚，舊籍中時引及之。

大宋高僧傳卷第二十二

感通篇第六之五 正傳十三人 附見五人

後唐韶州靈樹院如敏傳一

釋如敏，閩人也。始見安禪師，遂盛化嶺外，誠多異迹。其爲人也，寬綽純篤，無故寡言，深悯迷愚，率行激勸。劉氏偏霸番禺，每迎召敏入請問，多逆知其來，驗同合契。廣主奕世奉以周旋，時時禮見，有疑不決，直往詢訪。敏亦無嫌忌，啓發口占，然皆准的，時謂之爲乞願，乃私署爲知聖大師。初敏以一苦行爲侍者，頗副心意，呼之曰所由也。一日，隨登山脊閒，却之，潛令下山，迴顧見敏入地焉。苦行隱草中覆其形，久伺之乃出，往迎之，問曰：「師焉往乎？」曰：「吾與山王有舊，邀命言話來。」如是時或亡者，乃穴地而出，嚴誡之曰：「所由無宜外説，洩吾閑務。」後終于住院，全身不散。喪塔官供，今號靈樹禪師真身塔是歟。

系曰：靈樹如遇大安，必壽臘縣長，出人常限。疑此亦所聞異辭矣。

後唐天台山全宰傳二

釋全宰，姓沈氏，錢塘人也。孩抱之間，不喜葷血，其母累覩善徵，勸投徑山法濟大師削染。及修禪觀，亭亭高竦，不雜風塵，慕十二頭陀以飾其行，諺曰宰道者焉。迨乎諸方參請，得石霜禪師印證，密加保任，入天台山闇巖以永其志也。伊巖與寒山子所隱對峙，皆魑魅木怪所叢萃其閒。宰之居也二十餘年，惡鳥革音，山精讓窟。其出入經行，鬼神執役，或掃其路，或侍其旁，或代汲泉，或供采果，時時人見，宰未嘗言。後天成五年，徑山禪侶往迎歸鎮國院居，終于出家本院焉。

晉巴東懷濬傳三

釋懷濬者，不知何許人。其爲僧也，憨而且狂，乃逆知未兆之事，其應如神。乾寧中，無何至巴東。濬且能草聖，筆法天然，或於寺觀店肆壁書佛經道法，以至歌詩鄙俚之詞，靡不集其筆端矣。與之語，阿唯而已。里人以神聖待之。刺史于公患其惑衆，繫獄詰之，乃以詩通狀辭，意在閩川之西東，然章句靡麗，州將異而釋之。又詳其旨，疑在海中，得非杯渡之流乎？行旅經過，必維舟而謁焉，辯其上下峽之吉凶，貿易經求物之利鈍。客子懇祈，唯書三五行，終不明言，其事微密驗。時荆南大校周崇賓謁之，書遺曰：「付皇都勘。」

爾後入貢，因王師南討，遂縶南府，終就戮也。押牙孫道能謁之，書字曰「付竹林寺」。其年物故，營葬於古竹林寺基也。皇甫鉉知州，乃畫一人荷校〔一〕，一女子在旁。尋爲取民家女，遭訟，錮身入府矣。有穆昭嗣者，波斯種也，幼好藥術，隨父謁之，乃畫道士乘雲提一匏壺，書云「指揮使高某牒衙推」，穆生後以醫術有効，南平王高從誨令其去道從儒，簡授攝府衙推。屬王師伐荆州，濬乃爲詩上南平王曰：「馬頭漸入揚州路，親眷應須洗眼看。」是年高氏輸誠於淮海，遂解重圍。其他異跡多此類也。嘗一日題庭前巴蕉〔二〕葉云：「今日還債業，州縣無更勘窮。」往來多見，殊不介意。忽爲人所害，身首異處，刺史爲其茶毗焉。

晉閬州光國院行遵傳四

釋行遵，福州閩王王氏之仲子。後唐莊宗即位，入洛進方物，因留京邸。同光末，會明宗將入，兵亂相仍，乃自翦飾，變服爲僧，竄身巴蜀。逮晉開運中狀貌若七十餘，然壯力不衰。或詢其年臘，則必杜默。於閬中寓光國禪院，院徒以律法住持，人不之知遵之能否。有李氏子家命齋，飲噉之次，欻起出門叫噪，若有所責。謂李曰：「今夜有火，自東南至于西北街，鄰居咸令備之。」是夕果然煨燼無遺。衆聚問其故，曰：「昨一婦女衣紅秉炬而過，老僧恨追不及耳。」又於趙法曹家，指桃樹下云：「有如許錢。」不言其數，趙乃召人發之，畚鍤方興，適遇客至，爲家僮所取。喧喧之際，盡化爲青泥。人各争得百餘，後圬墁之，門壁〔一〕壞，往往而有焉。遵或經人塚墓，知其家吉凶。至於風角鳥獸，聞見之間，預言災福，後必契合，故州閭遠近，咸以預言用爲口實。終于晉安玉山，緇徒爲其荼毗焉。

晉襄州亡名傳五

釋亡名，不知何許人也。觀方問道，不憚艱辛。勝境名山，必約巡訪矣。天福中，至襄州禪院挂錫，與一僧循良守法，同九旬禁足。其人庠序言多詭激，稱名曰法本，朝昏共處，心雅相於，若久要之法屬焉。法本云：「出家習學，即在鄴都西山竹林寺。寺前有石柱，他日有暇，必請相訪。」其僧追念前約，因往尋問。洎至山下村中，投一蘭若止宿，問彼僧曰：「此去竹林寺近遠？」僧乃遥指孤峯之側曰：「彼處是也。古老相傳，昔聖賢所居之地，今但有名存耳，故無精廬浄舍立佛安僧之所也。」僧疑之，詰旦〔二〕而往，既覩竹叢，叢中果有石柱，茫然不知其涯涘。僧憶法本臨别之言，但扣其柱，即見其人。遂以小杖擊柱數聲，乃覺風雲四起，咫尺莫窺，俄爾豁開，樓臺對聳，身在三門之下。逡巡，法本自内而出，見之甚喜。問南中之舊事，説襄鄧之土風，乃引度重門，升祕殿，領參尊宿，若綱任焉。顧問再三，法本曰：「早年襄陽同時禁足，曾期相訪，故及山門也。」尊宿曰：「善。可飯後請出，在此無座。」言無凡僧之位次也。食畢，法本送至三門相别。既而天地昏暗，不知所向。頃之，宛在竹叢石柱之側，餘並莫覩。其僧出述其事，罔知伊僧其終焉。

系曰：入竹林僧，何人也？通曰：「遇仙之士，亦仙之士，聖寺之遊，豈容凡穢？一則顯聖寺之在人間，一則知聖僧之參緇伍。無輕僧寶，凡聖混然。此傳新述於數人，振古已聞於幾處。且如北〔二〕齊武平中，釋圓通曾瞻講下僧病，其僧夏滿病差，約來鄴中鼓山竹林寺，事跡略同。此蓋前後到聖寺也。

漢洛陽告成縣狂僧傳六 曹和尚

釋狂僧者，晉開運中徧於邑下乞石礦灰，日夜驅荷入大、小留二山中，謂行人鄉叟曰：「要造宮闕。」然莫之測也，皆謂爲「風狂，有何准據？」如是運至數千石，封閉甚固。其後鄉人不意此僧絕乎蹤跡。屬乾祐初，漢祖既入今東京即位，不逾年而崩。當是時也，詔卜睿陵於大留山下，計慮者云：「甎瓦數百萬，此山之內可陶而燒。其如礦灰烏可得乎？」俄有里胥曰：「此地元有僧積藏灰可數千石，准用應足。」按行使山陵畢，用無孑遺，其僧也非狂，由此方證之矣。

又鎮州釋曹和尚者，恒陽人也，不常居處，言語糾紛。敗襦穿屨，垢面黯膚，號風狂散逸之倫也。齊趙人皆不測，而多重旃。或召食，食畢默然而去，其狀猶不醉而怒歟？府帥安重榮作鎮數年，諷軍吏州民例請朝廷立德政碑。碑石將樹之日，其狀屹然。曹和尚指之大笑曰：「立不得，立不得。」人皆相目失色，主者驅逐，曹猶口不絕聲焉。至重榮潛萌不軌，秣馬利兵，垂將作逆，朝廷討滅，碑尋毀之。凡所指斥，猶響答聲也。後不測所終。

周僞蜀淨衆寺僧緘傳七 大慈寺亡名

釋僧緘者，俗名緘也，姓王氏，京兆人。少而察慧，辭氣絕羣。大中十一年，杜審權下對策成事祕書監馮涓即同年也。乾符中，巢寇充斥，隨流避亂。至渚宫〔一〕投中令〔二〕成汭，汭攻淮海，不利，遂削髮出家。屬雷滿據荆州，襄州趙凝攻破之。梁祖遣高季昌誅滅焉，江陵遂屬高氏。緘避地夔峽〔三〕間。後唐同光三年入蜀，尋訪馮涓，已死矣。遂居淨衆寺，而髭髮皓然，且面色紅潤，逍遥然，人不測其情僞。有華陽進士王處厚者，乙卯歲於僞蜀落第，則周顯德二年也，入寺寫憂於松竹間，見緘。緘曰：「得非王處厚乎？」處厚驚曰：「未嘗相狎，何遽呼耶？」緘曰：「偶知耳。」遂說本唐文宗大和初生，止今一百三十餘載矣。處厚曰：「某身跡奚若？」「子將來之事極於明年。而今而後，事可知矣。」意言蜀將亡也。囑令勿洩。明日再尋，杳沉〔四〕聲跡。一日，復扣關自來云：「暫去禮峨眉，結夏於黑水方還。」緘於案頭拈文卷覽之，則處厚府試賦藁，曰：「考乎真僞，非君燭下之文。何多誑乎？」遂探懷抽賦藁示之，「此豈非程試真本乎？」處厚驚竦不已，乃曰：「僕試後偶加潤色，用補燭下倉卒之過也。師何從得是本也？」緘曰：「非但一賦，君平生所作之者，皆貯之矣。」明日訪之，携處厚入寺之北隅，同謁故太尉豳公杜琮之祠坐於西廡下，俄有數吏服色尨雜，自堂宇閒綴行而出，降階再拜。緘曰：「新官在此，便可庭參。」處厚惶懅而作。緘曰：「此輩將爲君之驅策，又何懼乎？寧知泰山舉君爲司命否？仍以夙負壯圖，未酬前志，請候登第後施行。」復檢官禄簿，見來春一牓人數已定，君亦預其閒，斯乃陰注〔五〕陽受也。策人世之名，食幽府之禄，此陽注陰受也。」處厚震駭，不知所裁，但問「明年及第人姓名爲誰耶？」緘索紙筆，立書一短封與之，誡之嚴密藏之，脱洩，禍不旋踵。須臾吏散。緘携手出廟，及暝而去。至春試罷，緘來處厚家，留一簡云：「暫還弊廬，無復再面也。」後往寺僧堂中問之，已他適矣。乃拆短封視之，但書四句云「周成同成，二王殊名。王居一焉，百日爲程。」及乎牓出，驗之有八士也。二王，處厚與王慎言也，王居一焉。惡其百日爲程，處厚唯狎同年，置酒高會，極遂性之歡。由是荒亂不起，是夜暴亡。同年皆夢處厚藍袍槐笏，驅殿而行。驗其策名之榮，止一百二十日也。詳其緘之生於文宗大和初也，成身在宣宗大中，王處厚遇之已一百三十餘歲也。

次僞王蜀城都大慈寺僧亡名〔六〕恒諷誦法華經，令人樂聞。時至分衛，取足而已。身微所苦，有示方藥。伊僧策杖入青城大面山採藥。沿溪越險，忽然雲霧四起，不知所適。有頃，見一翁，僧揖之，序寒暄，問「何以至此！」僧曰：「爲採少藥也。」翁曰：「莊舍不遠，略迂神足，得否？」僧曰：「迷方失路，願隨居士。」少頃雲散，見一宅宇陰森。既近，翁曰：「且先報莊主人矣。」僧入門覩事，皆非凡調。問曰：「還齋否？」曰：「未食。」焚香且覺非常鬱悖，請念所業經。其僧朗聲誦經，勉令誦徹部。所饋齋饌，皆大慈寺前食物。齋畢，青衣負竹器以香草薦之，乃施錢五貫，令師市胡餅之費。翁合掌送出。或問云：「此孫思邈先生也。」到寺已經月餘矣。其錢將入寺，則黄金貨泉也。王氏聞之，收金錢，别給錢五百貫。其僧散施之，將知仙民恒在名山。次嘉州羅目縣有訴孫山人賃驢不償直，乞追攝。問小童云：「是孫思邈也。」縣令驚怪，出錢代償。其人居山下，及出縣路，見孫公取錢二百以授之，曰：「吾元何汝於此，何遽怪乎？」得金錢僧不知其終所。

周杭州湖光院師簡傳八

釋師簡，姓趙氏，丹丘人也。弗循戒範，放肆恬然，擁破納衣，多誦詞偈。好懸記杭越間災福，初無信者，驗猶合符。於一行景淳，山經地理，别得徑門，常言昔泰山道辯相塚得術，餘無取焉。喜爲人遷山〔一〕相塚，吉凶如其言。居無定所，多遊族姓家，言腹飢，便求雞肉餐。此外得美酒，啜數杯而去，初無言謝。然長於勒書，大字題牌，寺觀門額，書成相之，吉凶隨言，久近驗之。始居杭西湖旁院，無疾而終。後有行客自長沙市中見，携手話舊，寄言與崇壽院主，「汝先負錢若干，今放汝我眠牀蓊薦下層，有紙裹肉脯屑，必應腐敗，爲棄之。」院僧依言，果然見之，因寫貌供養。簡曾言「尖頭屋已後火化去。」及州南塔戊午歲被天火爇之，應言無爽矣。

大宋明州乾符寺王羅漢傳九

釋王羅漢者，不測之僧也。酷嗜胾肉，出言若〔一〕風狂，後亦多驗云。嘗曝衣，有盜者將欲搴之，低頭佯睡。有物，人就之乞，終無吝色。及開寶初年六月内忽坐終，三日後漆布之，忽聞兩頰間嗚咤聲，皆云潰爛。夜寄夢與數人曰：「布漆我昏悶，如何開焉？」明日，召漆工剥起，肉色紅白，有圓粒舍利墮落，收而供養。至今肉身存于本寺。時僧正贊寧作碑紀異。漢南國王錢氏私易名爲密修神化尊者。

大宋潭州延壽院〔一〕宗合傳十道因

釋宗合，閩越人也，遊嶽泛湘，以求知識焉。其爲僧也，介立而寡慾，羣居終日，唯笑而已。南楚之人且多信重。後居延壽院，故諫議大夫賈公玭判軍府聞之，往謁見，言話不接。輿人議曰「得道之人，豈入恒量度中耶？」賈乃堅請往文殊院住持。爾日登座，聊舉禪要而散。明日，告衆曰：「有故暫出，諸賢不宜留難。」其裝束若行脚狀，渡彭蠡，至黄州驛前，屹然立終。遐邇奔競觀禮。時馬鋪使臣爲營喪務，造塔於立終處，則開寶二年也，今號真身院是歟。

又澠池大安寺釋道因，不知何許人也。遊處澠池、瀍、澗之間，自言：「出家人守儉，則少干人。與畜類爲同行，則無是非盈耳。」嘗養一烏犬，出入起卧，不相忘捨。每食以鐵鉢就火而炊，糜熟〔一〕，與犬同食。或前或後，行止奇異，人莫能測。一旦僧亡，犬亦坐斃。今大安寺塑其像，而肉身兩存，開寶中也。洛下崇信，香花滿龕焉。

大宋邛州〔一〕大邑靈鷲山寺點點師傳十一

釋點點師者，不知何許人也。孟氏廣政中，隱邛南大邑山寺，多遊鄽肆中。雖事削染，恒若風狂。或與人接，必指點而言，故目是稱焉。有命齋食者，酒肉不間，率以爲常，俚人亦不之厭也。日之夕矣，乃市黄白麻紙筆墨，寘懷袖以歸。行數里，沈酣而至瞑矣。所居之室，雖有外户，且無四壁。入後闔扉，人不得造。初鄰僧小童，躡足伺之，見秉爥箕踞，陳紙筆於前，訶責大書，莫曉其文字。往往咄嗟如決斷處置。久之，明闇閒熟視閃爍，若有人森列狀如曹吏，則襦裳非世之服飾。觀者怖懼而退。詰旦，微詢其事，怒而弗答。居數載，邛笮之人咸神異之，後不知其終。

系曰：點點師而能劾鬼〔二〕，别無高絜軏生物善，亦與古人判冥司事者同邪？通曰：「所作在心，如不從正道力中生，則與五斗米道同。如不從有心符禁中起，則感鬼神歸信驅策之耳。故善戒經云：『若須神通應感化度，爲示神足。』莊嚴論中菩薩以神通變化而爲戲喜。又或此是辟支行位人也，故論云：『獨覺依彼。』彼村落乞食，以身濟度，不以語言，示現種種神通境界，爲令誹謗者歸向故。」

大宋天台山智者禪院行滿傳十二

釋行滿者，萬州南浦人也。羈貫成童，厥性明黠，篤辭所親，求爲佛子。受戒方畢，聞重湖間。禪道隆盛，石霜之門，濟濟多士，遂往求解。屬諸禪師棄代，滿往像章，觀諸法席，既得安然。次聞天台靈聖之跡，由是結束遊之，悽華頂峯下智者院，知衆僧茶竈。見人怡懌，居幾十載，未覩其愠色。卧一土牀，空其下，燒糞掃而煖之。每日脱衣就牀，則蚤虱螯螯〔一〕焉唼之，及餧飼得所，還著衣如故。或人潛捫其衣，蚤虱寂無蹤矣。先是居房檻外有巨松，横枝之上寄生小樹。每遇滿出坐也，其寄生木必嫋嫋而側，時謂此樹作禮茶頭也。或不信者，專伺滿出，則紛紛然。滿去，則屹立亭亭，更無動摇。雖隨衆食，量少分而止。四十年内，人未見其便溺。以開寶〔二〕中預向人説「我當行矣」。令衆僧念文殊名號相助，默焉坐化，春秋年可八十餘。滿多作偈頌以唱道焉。

大宋魏府卯齋院法圓傳十三鑛師　李通玄

釋法圓，俗姓郝，真定元氏人也。宿殖之緣，出塵無滯。後唐長興二年，投本府觀音院勤勤誦習，師與落髮，間歲受滿足戒。後策杖負囊，巡禮諸方。至韶山挂錫，看大藏經焉。晉開運三載，却來本生地，寓天王院。越來年，契丹犯闕，戎王耶律德光迴至常山欒城而死。永康王兀谷代爲蕃國之主。時旋軍自鎮州董戎北返，留酋長麻荅耶律解里守于下京，即常山也。晉之臣寮兵士盡在斯矣。漢兒將帥謀逐醜虜，其計未決。兩分街巷，漢人在蕃之中者，蕃人先發，無少長皆被屠戮之。天王院八僧殊死，圓預其數也。其時見殺者尤衆。初圓引頸兩受刃，如擊木石然。圓呼曰：「猛乞一劍。」遂身首異處。至暮，圓如夢中忽覩晚照，亦微悟被戮，意之自謂死已。冥寞亦見日月，逡巡舉一臂試捫其頸，乃覺如故。再三疑之，不敢摇動，慮其分落也。又謂血凝所綴，重捫之，遶頸有痕，縫如綫許大，終身如此。時城中既逐出蕃部，稍定，傍人扶起，詰朝歸院。院僧方將食粥，見圓，謂爲鬼物，一皆奔散。遲久，審得其實，喜言再生，遠邇觀禮，且歎希奇。常山之人競陳供施。圓自後復往諸方，居無定所。暨周顯德中，寓大名府成安縣卯齋院温尋藏教。以開寶六年，忽謂衆曰：「人生虚幻，何能久長？物極則遷，生死涅槃，必無少別。」遂不數日而長逝。黑白之衆，若喪所親。及送就茶毗日，感舍利若黍粟之皀〔一〕粒焉。春秋七十四，法臘五十一。時范魯公質親問圓厥由，深加鄭重。再詢履行，則大藏經已兩過披讀矣。

又福州楞伽寺鑛師者，海壇戍卒之子。厥初母氏懷娠，冥然不喜葷羶。洎乎誕育，歧嶷異常，不嚌魚肉。年及八歲，甘嗜野菜，若鉏斸種者，即言殺傷物命。每見家廚烹燀毛鱗，則手掬沙灰，投于爨鑊，貴其不食。自言：「開元寺塔，隋朝中我造也。」多説未萌事，後皆契合。便請出家，因披法服，頂有香氣，如爇沉檀，號爲聖僧。時侍御史皇甫政爲留後，請入府署，因作肉餡子百數，唯一是素者，盤器交錯，悉陳于前，意驗其凡聖耳。纔臨筵，徑拈素者啖之，餘者手拂而作。時皇甫部曲一皆驚歎。每出街巷，衆人圍遶。自言「壽止十三，當定歸滅。」至是果終。遂於寺前火化，傾城士女哭泣，依輪王法，樹浮圖焉。

復次唐開元中太原東北有李通玄者〔二〕言是唐之帝胄，不知何王院之子孫。輕乎軒冕，尚彼林泉，舉動之間，不可量度。身長七尺餘，形貌紫色，眉長過目，髭鬚如畫，髮紺而螺旋，唇紅潤，齒密緻。戴樺皮冠，衣大布縫掖之制。腰不束帶，足不躡履，雖冬無皴瘃〔三〕之患，夏無垢汗之侵。放曠自得，靡所拘絆。而該博古今，洞精儒釋，發于辭氣，若鏗巨鐘。而傾心華藏，未始輟懷。每覽諸家疏義繁衍，學者窮年無功進取。開元七年春〔四〕，賷新華嚴經，曳筇自定襄而至并部盂縣之西南同穎鄉大賢村高山奴〔五〕家，止於偏旁中造論，演暢華嚴，不出户庭，幾于三載。高與鄰里怪而不測。每日食棗十顆，栢葉餅一枚，餘無所須。其後移於南谷馬家古佛堂側，立小土屋，閑處宴息焉。高氏供棗餅亦至。嘗賷其論并經往韓氏莊，即冠蓋村也。中路遇一虎，玄見之，撫其背，所負經論搭載去土龕中，其虎弭耳而去。其處無泉可汲用，會暴風雨，拔老松去，可百尺餘成池，約深丈許，其味香甘，至今呼爲長者泉。里人多因愆陽臨之，祈雨或多應焉。又造論之時，室無脂燭。每夜秉翰於口，兩角出白色光長尺餘，炳然通照，以爲恒矣。自到土龕，俄有二女子衣幘布，以白布爲幓頭〔六〕，韶顔都雅，饋食一奩于龕前，玄食之而已。凡經五載，至於紙墨供送無虧，及論成亡矣。所造論四十卷，總括八十卷經之文義。次決疑論四卷，綰十會果因之玄要，列五十三位之法門。一日，鄉人聚飲酒之次，玄來謂之曰：「汝等好住，吾今去矣。」鄉人驚怪，謂爲他適。乃曰：「吾終矣。」皆悲泣戀慕，送至土龕，曰：「去住常也。」鄉人下坡，迴顧其處，雲霧昏暗，至子時儼然坐亡龕中，白色光從頂出，上徹太虛。即開元十八年〔七〕暮春二十八日也，報齡九十六〔八〕。達旦，數人登山，見其龕室内蛇虺填滿，莫得而前。相與啓告，蛇虺交散。耆少追感，結輿迎于大山之北，甃石爲城而葬之。大曆九年六月内，有僧廣超到蘭若收論二本，召書生就山繕寫，將入汾川流行。其論由兹而盛。至大中中，閩越僧志寧將論注於經下，成一百二十卷。論有會釋七卷〔九〕，不入注文，亦寫附於初也。宋乾德丁卯歲，閩僧惠研重更條理，立名曰華嚴經合論，行於世，人所貴重焉。

系曰：北齊内侍劉謙之隨王子入臺山焚身，謙之七日行道，感復丈夫相，冥悟華嚴義，乃造論六百卷，久亡。至李長者之化行晉土，神變無方，率由應以此身而爲説法也。或曰：「李論中加乎十會，經且闕焉，依梵字生解可非迷名耶？何長者説法之有？」通曰：「十會理有，宜俟後到之經。所解南無，言離中虚也。此配法觀心也，若知觸物皆心，方了心性。故經云：『知一切即心自性，則成就慧身不由他悟。』此乃心境如如，則平等無礙也。觀李之判教該博，可不知華言義耶？嘗聞幽州僧惠明鳩諸僞經并華嚴論同焚者，蓋法門不相入耳。僞經可爇，李論難焚，伊非小聖境界也。亦猶楊墨之説，與儒相違。行方外者，復憎孔孟。水火相惡，未始有極。苟問通人，分曹並進，無相奪倫哉。」

論曰：丹成轉數，服則登仙。慧鍊功夫，驗之果證。若或名未標於録籍，力未合於經王，烏以輕舉此身，出過凡世，徒秖眩曜肉眼，驚忙猿心。所謂釋氏之儔，高下異爾。亦乃譬同羣象也，牙能觝觸，鼻善卷舒，力却九牛，奔過駟馬矣。别有阿耨池岸、香醉山陰象，則鼓雙翼以飛騰，用七支而巧便，與夫海山之象，百倍絶倫，厥號藹羅伐拏，象中龍也。諒知沙門有所感通，斯之謂歟！若夫能感所通，則修行力至，必有天神給侍是也。能通所感，則我施神變，現示於他是也。能所俱感通，則二乘極果無不感通也。昔梁慧皎爲傳，創立神異一科，此唯該攝究極位之聖賢也。或資次徵祥，階降奇特，當收不盡，固有缺然。及乎宣師不相沿襲，乃釐革爲感通，蓋取諸感而遂通，通則智性，修則感歟，果乃通也。覈斯理長，無不包括，亦猶斑固增加九流，變書爲志同也。復譬聖人重卦，不亦愈於始畫者乎？然則前不仰觀俯察，後何變通？此非宣師之能，據嘉祥變例而能矣。原夫室静生虚白，心静則神通。儒玄所能，我道奚若？引發静慮，自在現前，法不喧囂，萬緣都泯。智門開處，六通由是生焉。動相滅時，五眼附茲照矣。目連運用，彰何第一之名？那律觀瞻，有是半頭之見。迷盧入其芥子，海水噏於毫端。不思議時，凡夫之心口兩喪；神通生處，諸佛之境界一如。復次，我教法中以信解修證爲准的。至若譯經傳法，生信也。義解習禪，悟解也。明律護法，修行也。神異感通，果證也。孰言像末無行果乎？亦從多分説也。秖如檀特刻杖，表侯景之西歸；河禿指天，知文襄之南面。光師入安樂之行，弟子證三昧之門。泗上僧伽，十九類身之應現；萬迴尊者，五千餘里之往來。諸方更有其異名，此刹彌觀其奇迹。難拘定態，莫檢恒形。從願海而起身，元惟智積；自意生而分質，素是康僧。岸覩菩薩之迎生，英致秦襄之就食。留年不測，示跡無方。或揚化於數朝，或受齡於三百。或令竈祠而墮，或得御笛而迴，珪戒嶽神，安救唐相。或漉龍貎而至，或擎鑠骨而征。入聖寺門，認諸葛亮。或神光出口，或怪物沈河。豐干識其文殊，無相免其任俠。夢送浮圖而渡海，身分窑窟以安禪。或放毫相之光，或令公主之誕，或獲珠之爍爍，或擾虎之眈眈。或記宰臣，或移巢鵲。壽過百歲，身隱五臺。或識草書，或求聽衆。或隱形而留影，或見母而便生。或題異辭，或語媿獸。記韋公之滅度，驚張濆之夜歸。不濡其服而渡溪，不泄其穢而恒食。或倒立而死，或直吐其鳩。或身首異處而還連，或半年坐亡而復起。若以法輪啓迪，多作沙門之形；設如異迹化成，或作老叟之貌。寒山拾得瘡痍可惡，疥癘堪嫌。或逆迕於恒流，或譸張於下類。伊皆難測，孰曰易知？將逆取順之由，反權合道之意耳。

或曰：「感通之説近怪乎？」對曰：「怪則怪矣，在人倫之外也。苟近人情之怪，乃反常背道之徒歟！此之怪也，非心所測，非口所宣，能至其涯畔矣。令神仙鬼物皆怪者也。仙則修練成怪，鬼則自然爲怪，佛法中之怪則異於是。何耶？動經生劫，依正法而修致，自然顯無漏果位中之運用也。知此怪正怪也。在人情則謂之怪，在諸聖則謂之通。感而遂通，故目篇也。故智論云：『以禪定力，服智慧藥。』得其力已，遂化衆生，復置世界於一毛，凝海水〔二〕爲五味，故曰緣法察境，唯寂乃照。始驗佛門龍象，間代一生，出而攝諸，不慙愧也矣。」

校勘記

懷濬傳

〔一〕荷校，揚州本、大正本校作杖。宋本、元本作校，同此本。按校爲刑具，荷校，負刑具於肩。周易噬嗑「何（同荷）校滅耳」。與此義合。杖疑形之誤。

〔二〕巴蕉，揚州本、大正本巴作芭。宋本、元本作巴，同此。

行遵傳

〔一〕門壁，宋本、元本門作間。

亡名傳

〔一〕詰旦，原本旦作且，從揚州本、大正本改。

〔二〕北齊，揚州本、大正本北作此。宋本、元本作北，同此本。按武平爲北齊高緯之年號，作此者非。

僧緘傳

〔一〕渚宮，原本渚作者，從揚州本、大正本改。

〔二〕中令，原本令作今，大正本同，從揚州本及宋本改。

〔三〕夔峽，原本夔作憂，俗字，今從揚州本、大正本改。

〔四〕杳沉，原本杳作香，從揚州本、大正本改。

〔五〕陰注，原本注字壞作生，從揚州本、大正本改。

〔六〕亡名，揚州本、大正本此二字作正文，不作小注。

師簡傳

〔一〕遷山，原本遷作迁，俗字，從揚州本、大正本改。

王羅漢傳

〔一〕言若，原本若作無，從揚州本、大正本改。

宗合傳

〔一〕延壽院，宋本篇題無此三字。

〔二〕糜熟，揚州本、大正本糜作麋，通用。

點點師傳

〔一〕邛州，原本作「卬州」，各本同。按臨邛之邛，舊籍常作卭或卬，三字實異。邛州，唐屬劍南道，當今四川邛崍、大邑等縣地，與此傳地理相合。「卬州」或「卭州」，皆無其地，當是字訛。今正。下同，不重。

〔二〕劾鬼，原本劾作刻，從揚州本、大正本改。

行滿傳

〔一〕蟄蟄，揚州本、大正本作蟄蜇。宋本、元本作蟄蟄，同此本。按「蟄蟄」見詩周南螽斯篇，毛傳：「和集也。」作「蟄蜇」者非。

〔二〕開寶，周叔迦云：「行滿爲荆溪弟子，荆溪卒於唐建中，下距開寶將二百年，宋僧傳、佛祖統記作行滿卒於開寶，殊誤。據法聰無量壽經記，有行滿元和十二年跋，自稱老僧，疑開寶爲開成之誤。」（釋氏疑年録卷五尾附記）

法圓傳

〔一〕皀粒，揚州本、大正本皀作皁。音釋亦作皁，云：「在早切，黑色也。」按説文皀字云：「穀之馨香」也。……或説皀，一粒也。」二義於此文皆可通。作皁者疑非。

〔二〕李通玄者，按唐李長者通玄行蹟記云：「唐李長者皇枝也，諱通玄，但言滄州人。」（金石續編卷十七）

〔三〕皴鞡，揚州本、大正本鞡作戰。音釋亦作皹，云：「舉云切，凍裂也。」宋本、元本作鞡，同此本。

〔四〕開元七年春，按馬支長者事迹作「開元二十七年至太原」（華嚴經合論卷首），與諸家異，核年壽不合。

〔五〕高山奴，佛祖通載卷十七作「高仙奴」。

〔六〕幓頭，按幓字各本如此，義不可通，當是帞之形誤。帞頭，斂髮之巾，或作幧頭。行蹟記、佛祖通載並云「以白巾幪首」，正與帞頭相合。

〔七〕開元十八年，佛祖通載作「開元二十八年順世」。

〔八〕報齡九十六，佛祖通載作「九十五」。

〔九〕會釋七卷，佛祖通載作「會釋二卷、十門玄義排科釋略及緣生解述十明論各一卷」。

論

〔一〕凝海水，原本凝作疑，從宋本改。

大宋高僧傳卷第二十三

遺身篇第七 正傳二十二人　附見二人

唐汾州僧藏傳一

釋僧藏者，西河人也。弱齡拔俗，氣茂神清，允迪循良，恪居下位。迨霑戒善，密護根塵。見仁祠必禮之，逢碩德則盡禮。苟遇僧俗施拜，乃俯僂而走，如迴避令長焉。若當衆務也，則同浄人，屈己猶臧獲焉。見他人故衣，則潛加澣濯，别事紐縫。至于炎暑，乃脱衣入草莽間，從蚊蚋蝱蛭唼齧，蠆芥血流，忍而汗洽。而恒念彌陀佛號，雖巧曆者不能定筭數矣。確志冥心，未嘗少缺。及預知報盡，謂瞻病者曰："山僧多幸，得諸天人次第來迎。"藏又言："吾瞑目聞往浄土，聚諸上善人散花，方迴此耳。正當捨壽。"合掌念佛，安然而終矣。

唐漢東山光寺正壽傳二 慥禪師

釋正壽者，不知何許人也。風儀峻整，節槩高强，肩錫曳囊，宗師皆謁。然以因緣相扣，附麗有歸，於南塔慥禪師門，決開疑網，密修資益。後壽杜默于隨部山寺，人皆不識。

時譙王重福者，中宗次子也，神龍初韋庶人譖云「與張易之兄弟構成重潤之罪」，遷均州，刺史密加防守，不聽視事。韋后臨朝，添兵士捍衛。及韋氏被誅，睿宗即位，轉集州刺史。未行，然忽忽不樂，而歸心於慥禪師，爲其造生藏塔，舉高七十尺，極爲宏壯。于時慥師疾已危篤，譙王使問師「後孰繼高躅？」慥曰：「貧道有正壽在。」王問諸僧：「誰爲正壽？」或曰：「和尚有弟子在山，光迹韜晦。」王遣使召到，壽白慥師曰：「喜王爲檀越，其塔已成，某欲爲先試，得否？」慥曰：「善，爲吾試。」是時壽攝衣合掌入塔，斂容瞑目，結加趺坐，便即滅度，全身不散，時號爲試塔和尚。譙王聞已，歎嗟終日曰：「弟子猶爾！」乃別議改圖，爲慥禪師營構焉。

系曰：先人有奪人之心，壽公先其慥矣，夫直往者必能逕來也。業累弗羇，樊籠弗罣，脱羈開罣，生死自由。既然自由，已躋果位矣。俗諦觀之，壽公出藍之青也矣。而能秉心矯跡，出其師之前，一日千里，其是之謂乎！

唐五臺山善住閣院無染傳三

釋無染者，不委氏族何許人也。從中條山受業，講四分律、涅槃經、因明、百法論，善者從之。恒念：「華嚴經至説諸菩薩住處東北方金色世界，文殊菩薩與一萬聖衆從昔已來止住其中而演説法，或現老人，或爲童子。近聞佛陀波利自西國來，不倦流沙，無辭雪嶺，而尋聖跡。高宗朝至臺山思量嶺，啓告扣禮，乃見老人〔一〕，即文殊也。利雖云面接，未決心疑，令知往西國取經，詣金剛窟，入文殊境界，於今不迴。古德既爾，吾豈無緣乎？」

染乃從彼發跡，偏訪名公。或遇禪宗，窮乎理性。或經法席，探彼玄微。以貞元七年到臺山善住〔二〕閣院。時有僧智頵爲臺山十寺都檢校，守僧長之初也。遂挂錫棲心，誓不出山。每念文殊化境，非凡者之可勝，豈宜懈怠？冬即採薪供衆，夏即跣足登遊，春秋不移，二十餘禩。前後七十餘徧，遊歷諸臺，覩化現金橋、寶塔、鍾磬〔三〕、圓光，莫窮其際。且曰：「松柏之鼠，不知堂密中有美樅乎？」言更有愈於諸瑞，吾得少，未爲足也。最後於中臺東忽見一寺，額號福生，内有梵僧，數可萬計。染從頭禮拜，遞互慰勞，見文殊亦僧也，語染曰：「汝於此有緣，當須荷衆，勿得唐捐，有願無行而已。」言訖化寺衆僧，寂無所覩。染歎而言曰：「覩兹靈異，豈可徒然！此危脆身，有何久固？」乃遵言廣興供施，每設一百萬僧，乃然一指，以爲記驗焉。漸及五百萬數，遐邇委輸，若海水之入歸塘焉。及千萬供畢，十指然盡。

迨開成中〔四〕，白大衆曰：「吾於此山薄有因緣，七十二徧遊諸聖跡，人所不到，吾皆至止。又不出兹山，已報深願，幸莫大焉！奈何衰老，今春秋七十四，夏臘五十五，及存餘喘，欲於中臺頂上焚一炷香告辭十方如來，一萬菩薩。或息我以死，誰甘相代？況諸人等，並是菩薩門人，龍王眷屬，蒔栽善種，得住此山，夙夜精勤，羈勤三業，龍華三會，共結要期。此時下山，勿有留難。」合掌曰「珍重」而去。衆初不喻其意，皆言早迴。染乃但攜餅錫，惟爇名香，遂命季氏〔五〕趙華將蠟布兩端、麤麻一束、香汁〔六〕一斗，於中臺頂從旦至暮，禮拜焚香，略無暫憩，都不飲食，念佛虔誠，聲無間斷。已至深更，趙氏怪其所以，陟彼崔嵬，見染不移舊止，轉更精專。染謂趙曰：「吾有密願，汝與吾助緣，不得相阻。爲取蠟布、麻、油，將來纏裹吾身，於夜半子時，要然身供養諸佛。吾若得道，相度汝也。」趙氏諫之，苦勸不止。將布纏身，披麻灌油，從頂而鍊〔七〕，言曰：「將吾灰骨當須飄散，無使顯異。」趙氏一從其命，略無移改，從頂而鍊，至足方仆矣。趙氏歎曰：「昔聞藥王然身，今見上人，奇哉！痛哉！」後門人收真骨，於梵仙山南起塔，至今在矣。

唐成都府福感寺定蘭傳四

釋定蘭，姓楊氏，成都人也。本闤闠間兇惡屠沽類，天與厥性，悔往前非，誓預六和，化行三蜀。當爾時也，咸歸信焉。造伽藍一，號聖壽歟。其緣未發，乃藏於傭保中耳。而父母早亡，無資可以追往，每遇諱辰，蘭悲哭咽絕。輒裸露入青城山，縱蚊蚋蝖蠅唼咋膚體，且云「捨内財也，用答劬勞。」蜀中有黑白蟆，形如粟，咂人口及肉，而少見者。次則刺血寫經，後則鍊臂，至于拔耳剜目，餧飼鷙鳥猛獸。既而行步非扶導而觸物顛躓。後有異人，掌擎物若珠顆然，内空背中，斯須瞻矚如故。冥告曰：「南天王還師眼珠矣。」遠近驚駭。常謂人曰：「吾聞善戒經中名爲無上施，吾願勤行，速要上果矣。」大中三年，宣宗詔入内供養，仰其感應之故，以優禮奉之。弟子有緣，恒執事左右。六年二月中，又願焚然肩膊。帝累勸勉，年耆且務久長修練。蘭不奉詔，遂焚焉而絶。有緣表請易名建塔，勅謚覺性也，塔號悟真也。蜀都止呼定蘭塔院，于今香火不絶云。

唐福州黄蘗山建福寺鴻休傳五景先

釋鴻休，不知何許人也。神宇標挺，玄機斡運，居閩黄蘗山寺，叢萃毳客。示教之外，侃然怡樂。恒言：「宿債須償，償盡則何憂何懼？物我俱逍遥矣。」人皆不喻其旨。及廣明之際，巢寇充斥。休出寺外，脱納衣於松下磐石之上，言曰：「誓不污清浄之地。」而安詳引領待刃，刃下無血，賊翻驚異，羅拜懺悔焉。門弟子景先闍維其屍，收舍利七顆，囊而寶之。有篤信者以菽粒如數易之，追之靡及，遂往筮焉，占之曰：「死生貴賤，罔分吾卦。在靡在之，失寧失矣。孰知其然也？」洎獲，寘之于塔，分之七粒，緘于瑠璃器中，瑩然光色。時僧清豁著文作頌紀德焉。

唐鄂州巖頭山全豁傳六

釋全豁，俗姓柯氏，泉州人也。少而挺秀，器度宏遠而踈略。禮清源誼公爲師。往長安〔一〕，造西明寺，照公與受滿足法。即於左街保壽寺〔二〕聽尋經律，決擇綱宗，垂成講導，振錫南指。詣武陵德山。藥病相應，更無疑滯。後居所鄰洞庭，地曰卧龍，乃築室而投憩焉。徒侶影隨。又居唐年山，山有石巖巉崪，立院號巖頭歟。凡所施用，皆削繁總，兀然而坐，在衆圍繞，曰：「汝何不思惟？家中有多少事，實於逆順之境證得超越之相者。」豁值光啓已來，中原多事，諸侯角立，狂賊來剽略，衆皆迴避，豁惟晏如。賊責〔三〕弗供饋，忿怒俾揮刃之，曾無懼色。當光啓丁未歲夏四月八日〔四〕。門人權葬，葬後收焚之，獲舍利七七粒。僖宗賜謚曰清嚴，塔號出塵。葬事，檀越田詠兄弟率財營構，南嶽釋玄泰撰碑頌德，提唱斗峻，時號巖頭法道，難其領會焉。

系曰：休、豁二師，何臨難無苟免乎？通曰：「凡夫之難，是菩薩之易。經生累捨，此烏怪哉？昔安世高累累償債，去若拂塵。業累纔輕，苦依身盡，換堅固之體耳。神仙或從刃殞者，謂之劒解，況其正修證果之人？覩待道理，不以不令終爲恥也。」

唐吴郡嘉興法空王寺元慧傳七

釋元慧，俗姓陸氏，晉平原内史機之裔孫也。父丹，文林郎雲騎尉温州糾曹，慧即仲子也。髫齡穎悟，長而温潤，畏作枯龜，思爲瘦鴈。以開成二年辭親，於法空王寺依清進爲弟子。會昌元年，往恒陽納戒法，方習毗尼。入禮五臺，仍觀衆瑞。二年，歸寧嘉禾居建興寺，立志持三白法，諷誦五部曼拏羅，於臂上爇香炷。五年，例遭澄汰，權隱白衣。大中〔二〕初，還入法門。至七年，重建法空王寺。又然香於臂，供養報恩山佛牙。次往天台山，度石橋，利有攸往，略無憂虞焉。咸通中，隨送佛中指骨舍利，往鳳翔重真寺。鍊左拇指，口誦法華經，其指不踰月復生如故。乾寧三年，偶云乖悆。九月二十八日，歸寂于尊勝院，報齡七十八，僧臘五十八。弟子端肅等奉神座葬之吴會之間，謂爲三白和尚焉。其禮拜誦持，不勝其計，如别録也。

系曰：鍊大拇指，火盡灰飛，如何於焦炭之末，骨肉隨生不久如故？此與火中蓮花，同種而異態耳。何謂三白？通曰：「事理二種。一白飯、白水、白鹽，事也。二身不偏觸，口誦真經，意不妄緣。此三明白，非黑業也。故享此名歟。」

唐京兆菩提寺束草師傳八

釋束草師者，無何而至京兆平康坊内菩提寺。其爲人也，形不足而神俊，吟嘯自得，罕接時人，且不言名姓。常負束藁，坐卧於兩廊下，不樂住房舍，或云此頭陀行也。經數年，寺内綱任〔二〕勸其住房。或有誚其狼藉，曰：「爾厭我邪？世不堪戀，何可長也？」其夕遂以束藁焚身，至明唯灰燼耳，且無遺骸，略盡污塗之臭〔一一〕，又無延燎驚咤之聲。計其少藁，不能焚此全軀。既無孑遺，然其起三昧火而自焚也。衆皆稱歎，民多觀禮焉。京邑信士遂塑其灰爲僧形，置于佛殿偏傍，世號束草師，禱祈多應焉。

系曰：處胎經中菩薩禪定攝意，入火界三昧，愚惑衆生謂爲菩薩遭劫火燒，是也。比丘實未及此，無象此以惑人。如能用少芻藁能焚巨骸，則可信矣。故書曰：「民無胥譸張爲幻。」吁哉！

唐南嶽蘭若行明傳九

釋行明，俗姓魯，吴郡長洲人也。幼從師于本部，後遊方問道，然其耿介軒昂，嘯傲自放。初歷五臺、峨嵋，禮金色銀色二世界菩薩，皆隨心應現。由此登天台，陟羅浮，入衡嶽，遊梓潼。屬唐季湘之左右割裂争尋，常而未息，靡有寧歲。於是棲祝融峯下，有終焉之志。止七寶臺，與玄泰布納爲交契。其性之好惡，泰亦罔抗其輕重焉。嘗謂道友曰：「吾不願隨僧崖焚之於木樓，不欲作屈原葬之於魚腹。終誓投軀，學薩埵太子超多劫而成聖果，可不務乎？」屢屢言之，都不之信。忽於林薄間，委身虓虎前，争競食之，須臾肉盡。時泰公收其殘骸焚之，而獲舍利。乃擷花酌水，爲文祭之。辭中明其勇猛，能捐内財，破慳法，成檀度，未捨、已捨、當捨三輪頓空，取大果若俯拾芥焉。

系曰：佛勑比丘施衆生食，二世順益，感果非輕。若其明公，成大檀度，遠慳貪也。成大勇猛，得無畏也。成三輪空，無爲功德也，成難捨心，淨佛土也。一擲其軀，其利博哉！譬猶善賞者費少而勸多，其是之謂乎？

晉太原永和三學院息塵傳十

釋息塵，姓楊氏，并州人也。父遷貿有無，營利而已。其母氏嘗夢人服裝偉麗，稱寄宵宿，便覺娠妊。生而有異，童稚不羣。每聞鐘唄之音，凝神側耳。年方十二，因夢金人〔一〕瑰奇之狀，引之入精盧。明旦告白二親，懇求出家。未允之前，泣而不食。父母憫其天然，情何厭塞，遂曲順之。即投草堂院，從師誦淨名經菩薩戒，達宵不寐。將周一祀，捨本諷通。年當十七，便聽習維摩講席，粗知大義。及乎弱冠，乃圓上品，執持律範，曾無缺然。年二十三，文義斡通，於崇福寺宗感法師勝集傳授。復學因明、唯識，不虧敷演，學徒穎脱者數人。崇福寺辯才大師從式最爲高足。於天祐二年，李氏奄有河東，武皇帝請居大安寺淨土院，四事供養。專覽藏教，修練上生業，設無遮大齋，前後五會。塵嘗以身飼狼虎，入山谷中，其獸近嗅而奔走。又於林薄裸體，以啖蚊蝱。乃遊仙巖岳寺，養道棲神。復看大藏經匝，設齋，然一指，伸其報慶。彼寺有聖觀音菩薩像，長爓七燈，香花供獻。後被諸生就請下山，城内傳揚大論，四序無輟。逐月設沐浴，臨河就沼，投飼水族。

以已嗟嚫，旋贖羽毛，沈潛高明，以遂生性。或施牢獄人食，或賑惠貧乏，或捐旛蓋於浄明、金藏二塔。後唐長興二年，衆請於大安國寺後建三學院一所，供待四方聽衆。時又講華嚴新經，傳授於崇福寺繼暉法師。由是三年不出院門，一字一禮華嚴經一徧，字字禮大佛名經，共一百二十卷。復練一指，前後計然五指。時晉高祖潛躍晉陽，最多欽重。洎乎龍飛，塵每入洛京朝覲，必延内殿從容，錫賚頗豐。帝賜紫服并懿號，固讓方俞。塵聞鳳翔府法門寺有佛中指骨節真身，乃辭帝往岐陽瞻禮，覩其希奇，又然一指。塵之雙手唯存二指耳。續於天柱寺，就楚倫法師學俱舍論。方經數日，微有疾生，至七月二十七日辰時枕肱而逝，俗年六十三，臘四十四。平常唯衣大布，不蓄盈長。六時禮佛，未曾少缺。隴坻之間聞其示滅，黑白二衆具威儀送焚之，得舍利數百粒。弟子以靈骨歸于太原，晉祖勑葬于晉水之西山，小塔至今存焉。

系曰：塵師捐捨，詎能愈其精進乎？脱落浮榮，豈能勝其義解乎？若然者，不可以一名名矣。厥猶瞻蔔花焉，色黄而美〔二〕，則真金謝其色；香芬而遠，則牛頭愧其香。多名生乎一體者，其塵公歟！

晉天台山平田寺道育傳十一

釋道育，新羅國人也，本國姓氏未所詳練。自唐景福壬子歲來遊于天台，遲迴而挂錫於平田寺衆堂中。慈愛接物，然終不捨島夷言音。恒持一鉢受食，食訖，略經行而常坐，脇不著席。日中灑掃殿廊，料理常住，得殘羨之食，雖色惡氣變，收貯于器，齋時自食。與僧供湢浴煎茶，遇薪木中蠢蠢，乃置之遠地，護生偏切。所服皆大布納，其重難荷。每至夏首秋末，日昳，乃裸露胸背胜腨，云飼蚊蚋蝱蛭雜色蟲螫齧，至於血流于地。如是行之四十餘載，未嘗少廢。凡對晤賓客，止云伊伊二字，殊不通華語。然其會認人意，且無差脱。頂髮垂白，眉亦龍焉。身出紺赤色舍利，有如珠顆，人或求之，隨意皆獲。至晉天福三年戊戌歲十月十日，終于僧堂中，揣其年八十餘耳。寺僧舁上山後焚之，灰中得舍利不可勝數。或有得巨骨者。

後唐清泰二年，曾遊石梁，迴與育同宿堂内。時春煦，亦燒榾柮柴以自熏灼，口中嘮嘮，通夜不輟。或云凡供養羅漢大齋日，育則不食。人或見迎羅漢時問：「何不去殿内受供？」口云「伊伊去」。或云「飼蟲」。時見群虎嗅之，盤桓而去矣。

晉江州廬山香積庵景超傳十二

釋景超，不知何許人也。素持戒範，若護浮囊。性惟天直，言不面從。及乎遊方役足，選勝棲身，至于廬峯，便有息行之意。惟誦法華，鞠爲恒務。九江之人且多景仰。嘗禮華嚴經一字拜之，計已二徧，乃燒一指，爲燈供養，慶禮經周矣。次禮法華經，同前。身膚內隱隱出舍利，磊落圓瑩。或有求者，坐席行地，拾之無筭。天福中卒于庵中。今墳塔在乎廬阜，遊者致禮，嗟嘆而已。

系曰：言遺身者必委棄全軀，如薩埵王子是歟。今以指爲燈，以肱擎炷，何預斯例，莫過幸否？通曰：「練指斷肱，是遺身之加行也。況復像末，尤成難事。其猶守少分之廉隅入循吏傳同也。」

晉鳳翔府法門寺志通傳十三

釋志通，俗姓張氏，右扶風著姓家之子也。早知遺世，克務淨門，選禮名師，登于上品，諸方講肆，徧略留心。後唐之季，兵革相尋，自此駕已東巡，薄遊洛下，遇嚩日囉三藏，行瑜伽教法，通禮事之。乃欲陟天台、羅浮，遂辭。三藏曰：「吾比求翻譯，屬中原多事。子議南征奈何路梗何？」通曰：「泛天壍其如我何？」三藏曰：「苟去吴會間，可付之梵夾，或緣會傳譯。」通曰：「已聞命矣。」以天福四年己亥歲，天王錫命于吴越，遂附海艦達浙中。時文穆王錢氏奉朝廷之故，具威儀樂部，迎通入府庭供養，於真身塔寺安置，施賚豐腆。

通請往天台山。由是登赤城，陟華頂，既而於智者道場挂錫。因覽西方淨土靈瑞傳，變行廻心，願生彼土，生常不背西坐。山中有招手石者，昔智顗夢其石上有僧臨海上舉手相招召之狀。顗入天台見其僧名定光，耳輪聳上過頂，亦不測之神僧也。及相見，乃問顗曰：「還記得相招致否？」顗曰：「唯。」此石峻峙〔一〕，顧下無地。通登此投身，願速生淨土。奮軀而墮一大樹中，枝軟幹柔，若有人扶接焉，殊無少損。乃再叩榼投之，落于巖下蒙茸草上，微有少傷，遲久蘇矣。衆僧謂爲豺虎所啖，及見其猶殗殜然，舁就本道場。初通去不白衆，遂分人各路尋覓，至螺溪，民村有巫者言事多驗，或就問焉。神曰：「伊僧在西南方，現有金鎧神扶衛不死，我到彼神氣盡矣，固難近也。」皆符協神言。

後往越州法華山，默修淨業，將欲化去，所止房地生白色物，如傅粉焉。未幾，坐牀而終〔二〕，遷座闍維，有五色煙覆于頂上，法華川中咸聞異香焉。

系曰：昔薄拘羅有五不死，今通公二不死。昔法充〔三〕投千仞香爐峯而不亡，通且同矣。得非天龍負翼不損一毛乎？而能延彼連持色心未斷者何？俾其增修淨土業耳。

晉朔方靈武永福寺道舟傳十四

釋道舟，姓管氏，朔方迴樂人也。髫年聰雅，庠序有儀，雖誦詩書，樂聞釋典，決志出家于龍興寺孔雀王院。爰得戒珠，漸圓心月，吟哦唄讚，嘹亮可聽。乃率信士造永興寺〔一〕，功成不宰。辭靈帥韓公洙，入賀蘭山白草谷，立要持念，感枯泉重湧，有靈蛇游泳于中。遂陟法臺談講也，道俗蜂屯，檀施山積。讚唱音響，可遏行雲，獷悍之人，若鵾鴞之革韻。乃刺血畫大悲千手眼立像。屬其亢陽，則絶食瞑目，要期雨〔二〕之通濟，方議充腸。中和二年，聞關輔擾攘，乃於城南念定院塔下，斷左肱焚之，供養大悲像。願倒冒干戈，中原塞上，早見弭兵。言畢，迅雷風烈洪澍焉。又嘗截左耳爲民祈雨，復斷食七日請雪，皆如其願。至于番落，無不祇畏。以天福六年辛丑歲二月六日，其夜未央，結加趺坐，留累門人方畢而絶。享齡七十有八，遺骸不散，如入禪定，遂加漆紵焉。建隆中，郭忠恕者博覽群籍小學，尤長篆隸，爲能多事，凌轢因過，投于北裔，詢舟前烈，著碑頌焉。

漢洛京廣愛寺洪真傳十五

釋洪真，姓淳于氏，滑州酸棗人也。幼悟塵勞，決求出離，介然之性，雲鶴相高。師授法華經，隨文生解，鎧甲精進，伏其恚忿。或霑檀施，迴面捨旃，誦法華經約一萬部，詣朝門表乞焚全軀，供養佛塔。帝命弗俞。時政出多門，或譖云惑衆，或言不利國家，下勑嚴阻。真嘆曰：「善根殖淺，魔障尤强，莫余敢止。」遂退廣愛寺，罄捨衣盂，作非時施願畢。當年無疾坐滅，經數日，顔貌如生。遷就荼毗，唯舌根不壞，益更鮮紅。時衆觀之，嘆希有事！春秋五十二。伊洛之間重之如在。

周錢塘報恩寺惠明傳十六

釋惠明，俗姓蔣，錢塘人也。研覈三學，漸入精微。後登閩越，殆至臨川，禮文益禪師，深符正理，悟先所宗不免生滅情見。後迴浙，隱天台白沙，立草寮，有雪峯長慶之風，到者皆崩角摧鋒，謂明爲魔説。漢乾祐中自山出，時翠巖參公率諸禪伯於僧主思憲院，定其臧否。明之口給，無能挫衂。尋漢南國王錢氏造大報恩寺，請以住持，假號圓通普照禪師。然行玄沙正眼，非明曷能致此？顯德中卒，時酷暑，俾欲葬之。有弟子永安曰：「知師唯我也。」請焚之，得舍利五色，一皆圓浄。

初明鍊指爲燈，於天台供養。後相繼燒三指，而勤持課，脇踈衽席，時説法焉。性且剛直，言多忤物，是其所短也。

周晉州慈雲寺普静傳十七

釋普静，姓茹氏，晉州洪洞人也。少出家于本郡惠澄法師，暗誦諸經，明持秘呪，思升白品，願剪青螺。既下方壇，而循律檢，往禮鳳翔法門寺真身。乃於睢陽聽涉赴龍興寺講訓，徒侶若鱣鮪之宗蛟龍焉。又允琴臺請轉梵輪，安而能遷。復於陳、蔡、曹、亳、宿、泗，各隨緣奬導。迴於今東京揚化，善者從之。晉天福癸卯歲，心之懷土，還復故鄉。遂斷食發願，願捨千身，速登正覺。至周顯德二年，遇請真身入寺，遂陳狀於州牧楊君，願焚軀供養。楊君允其意，乃往廣勝寺，傾州民人或獻之香果，或引以旛花，或泣涙相隨，或唄聲前導。至四月八日，真身塔前廣發大願曰：「願焚千身，今千中之一也。」徐入柴庵，自分火炬。時則煙飛慘色，香靄愁雲，舉衆嘆嗟，羣黎悲泣。享壽六十有九，弟子等收合餘燼供養焉。

大宋衡陽大聖寺守賢傳十八

釋守賢，姓丘氏，泉州永春人也。少而聰達，淵懿沉厚，誓投吉祥院從師披剪焉。後遊學栖雲門禪師道場，明了心決，趨彼衡陽，衆推説法，納衣練若之人，若百川之會于朝夕池矣。賢不衣繒纊，布衣皮袴而已。度伏臘必無更易，脇不著席，唯坐藤牀，瞑目通宵。除有問者，隨其啓發，雍容自持。乾德中，告衆曰：「吾有債願未酬，心終不了。」明日，入南窯山，投身飼虎。弟子輩去尋，見雙脛皮袴纏且存耳。收闍維之，得舍利無數。報齡七十四。今小浮圖藏遺體焉。

大宋天台山般若寺師藴傳十九

釋師藴，金華人也。厥性真率，不好封植，遇事屬情，有多訐直。梁龍德中，與德韶禪師結侶遐征，遊訪名師勝境，至於北代清涼山，冥心巡禮。後登蒼梧野，陟祝融峯。然韶師或隨或否。迴于浙，來還棲息韶師法會。其爲人也，稠人廣衆，往往滑稽，有好戲噱者則狎之，膠漆如也。故高達之者，置之於度外矣。唯韶師默而識之，謂人曰：「蘊公癡狂，吾不測其邊際焉。」因有疾，求僧作懺悔文，誦經及密呪各論幾百藏爲度，方知其密持之不懈。嘗謂道友曰：「吾生無益於人，欲投宴坐峯，不然石梁下，所願早預賢聖之儔也。」其道友多沮其計。以開寶六年七月内，無疾坐終，如入禪定。時炎蒸，停屍二七日，身無欹側，竅無氣穢。及遷神座，就寺之東隅闍維，煨燼中收舍利外，舌根不壞。灰寒拾之，如紅芙蕖色，柔軟可憐。或曰：「伊僧別無奇異，此物偶存。」乃重燔爇其舌，隨同火色，遲久還如蓮葉。遂議結小塔于寺中緘藏。後有不信者重燒鍛，凡數十過矣。蘊生不言姓氏年齒，人以貌取之，則年八十餘矣。

大宋杭州真身寶塔寺紹巖傳二十

釋紹巖，俗姓劉，雍州人也。母張氏始娠，夢寤甚奇。及生也，神姿瓌偉。至長也，器度宏深。七歲苦求出家於高安禪師，十八進具於懷暉律師，凡百經書，覽同温習。自是遊諸方聖跡，洎入吴會，棲息天台、四明山，與德韶禪師共決疑滯於臨川益公，遂於錢塘湖水心寺挂錫。恒諷持法華經無晝夜，俄感陸地庭間生蓮華。舉城人瞻矚。巖亟命搴而蹂之。以建隆二年辛酉，經願云滿，誓同藥王焚身以供養。時漢南國王錢氏篤重歸心，苦留乃止。尋潛遁，投身曹娥江，用飼魚腹。會有漁者拯之，云有神人扶足，求溺弗可，衣敷水面，而驚濤迅激，巖如坐寶臺。然水火二緣俱爲未濟，恒怏惋其懷。乃於越法華山安置。續召於杭塔寺，造上方淨院以居之。開寶四年七月有疾，不求藥石，作偈累篇示門徒，曰：「吾誦經二萬部，決以安養爲期。」加趺坐亡，享齡七十三，法臘五十五。喪事官供，荼毗于龍井山，獲舍利無筭。遺骨若玉瑩然。遂收合作石函，寘于影堂。大寧軍節度使贈太師孫承祐爲碑紀述焉。

大宋天台山文輦傳二十一

釋文輦，永嘉郡平陽人也。邂逅求師，受業于金華，納具足律儀畢，翹勤篤勵，三乘之學，一皆染漸。因往縉雲明昭禪師法會，不事繁云，揚眴之間，決了無滯。末遇天台山德韶禪翁，唱宗一大師之道。輦復諦受無疑，不爲異緣牽轉。故三十載隨韶師，聽其進否。嘗謂人曰：「悟入之緣，猶蠖屈之於葉也，食黃則身黃，食蒼則身蒼，其屈伸之狀無變。吾初見明昭乃若是，今學玄沙又如是，此所謂殊塗而同歸。今更取佛言爲定量之。」乃覽大藏經三周徧，自是已來，逍遥無滯。以太平興國三年，忽自操其斧，言伐其檀，巧結玲瓏，重攢若題湊焉。號曰浮圖，中開户，入内趺坐。自持火炬，誓之曰：「以此殘喘焚之，供養十方佛諸聖賢。」言訖，發焰亘空，其煙五色，旋轉氤氲，猶聞誦經之聲，須臾始絶。觀者號哭，灰寒，收舍利不知顆數。春秋八十四。初犨嘗謂善建寺僧説：「吾死已，無占伽藍可食之地，弗如自焚供養。望諸賢此時聚柴積下念佛，助我往生，只此相煩耳。」今善建寺中累石爲小塔焉。

系曰：小乘教以自殺犯重戒，前諸方便罪，是以無敢操炬就燎者。然自殺二例，一畏殺，須結蘭吉。二願往生，强猛之心，命終身往，蘭吉可能作礙邪？復次，大心一發，百年闇室，一登能破，何罪之有？是故行人無以小道而拘大根者乎？

大宋臨淮普照王寺懷德傳二十二

釋懷德，本江南人也。髫年離俗，謹願飾身，誦通法華經，得度。自爾雖登講肆，終以誦持爲專務。晚遊泗上，禮僧伽塔像。屬今上遣高品李神福賫旛花上供，并感應舍利至，葬于新塔下基深窟中。德遂誓焚軀供養。先罄捨衣囊，供身之物齋僧一中。然後自衣紙服，身纏油蠟，禮辭僧衆，手持雙燭，登柴積中，發火誦經。觀者莫不揮涕。德至火熾熛高，其身聊側，猶微聞誦經之聲。一城之人無不悲悼者。淘汰舍利甚多，乃太平興國八年四月八日也。使臣廻奏，上爲之動容焉。

論曰：界繫之牢，不無我所。浮生之命，連在色身。皆自貴而輕他，悉己多而彼少，而增靳固，但長慳貪。若驪龍之吝珠，猶犛牛之愛尾。孔惜翠羽，麝護香臍也。其如儒氏彝倫，孔門徽典，以己私之肌體，曰父母之髮膚，不敢毀傷，恒知保慎。復有好自標遇，三年不見於門生；且事尊嚴，一坐不垂於堂廡。及乎心遊方外，教脱域中，或大善之克成，非小慭之能絆。許友以死，殺身成仁，漸契不拘，將鄰直道。至有黜禮樂，薄忠信，去健羨，飲淳和，乃有洗耳辭榮，抱石沉水。與儒則一倍相反，於釋則分寸相鄰。佛乃爲物捐軀，利生損命。與其不拔脛毛爲利也，伏臘殊時；與其惜父母之親體也，參辰各見。如此乃驗教之深淺，行之是非。譬猶出泉貨而既多，入息利而不少。我世尊因地也初唯滅口，次則脱身，車服越共弊之心，象馬過借人之乘。輟食菜之地，判受封之城，用若拂塵，捨猶脱屣。復次，喽膚待飫，剜目副求，或指然一燈，或身均百臠，救羸虛之虎，化長偉之魚。因超劫歸彌勒之前，先成佛享釋迦之位。皆從旋習，始外財而終内財；及熟善根，變難捨而成易捨。夫輟外財，外財難捨，難捨，凡夫也。捐内財，内財易棄；易棄〔一〕，菩薩也。須知三世諸佛，同讚此門，是真實修，是第一施。豈不見僧崖菩薩安詳陟於柴樓，大志道人慷愷焚其腕骨？人皆難色，彼有易容。蓋累世之曾爲，致今生之又捨，捨而復捨，估七寶以非珍；空而又空，以三輪之絶軌。乘茲度岸，是曰真歸。得金剛堅固之身，留玉粒馱都之應。

今之録也，藏則當乎炎暑，裸餧蚊蝱；壽則試其浮圖，坐中圓寂。定蘭感天王而還眼，鴻休拒大盜以償寃。明飼獸而破慳，超然燈而爇指。加其舌根不壞，身溺不沉，入薪塔而自焚，露赤軀而受咋，以前諸德也。念業異熟，爲所依趣。知身是幻，幻體何憑？悟質如漚，漚形暫起。幻從心造，假僞相尋。漚散水澄，浮沈互有。是故大聖幾生所計，小乘潤生盡期。貴息苦依，思除我倒。非謂視同糠粃，觀若塵㑊。譬之寄習學於茅廬，附彎弧於土埰，爲選登雲之路，爲求出塞之功。然後賜宅一區，門羅八戟，方云貴士，始利封侯。以其乳哺之囊，轉得那羅之器，亦復如是。

或曰：「用斯聲教，化我中華，得非韓吏部所患非楊即墨，而況加其佛乎？攻乎異端，斯害孔熾。」對曰：「正談仁義，則道德相懸。正説苦空，則忠信可薄。還借韓之譬。況坐井窺天，非天之咎。孔門大旨，『未能知生，焉能知死？』莊子曰：『勞我以生，息我以死。』若觀鼓盆而歌，似知不死焉。二教曾不言人死神明不滅，隨其善惡業緣受報，故有好醜。若由業因也，是用將麤易細，以弱商强，售莧陸之脆形，博花鬘之珍服，既熏當種而起現行，生勝已生，報强前報。刳肉眼而招佛眼，割凡軀而貿金軀，尼拘之子至微，蔭車之形不少。是爲真語，非謂食言。菩薩利他，適足以學。」或曰：「夫行然錬，善人則不疑。其有不善之人，慣嘗刲割，謂疼痛爲詼諧；堪受凌遲，謂炙炮爲戲劇。或斆人而偶作，或誑世而强爲。此則栽何善根，自求辛螫耳。」對曰：「雖則頑民喜忍，惡少耐傷。且經念以然燒，或淺誠而餧飼，冥招善報，已種良因。以浮泛心，得浮泛報。昔有女子戲披袈裟，婆羅門醉著法服，其緣會遇，道果終成也。」或曰：「義淨傳譯，重累再三，令勿然練。伊人親遊西域，備熟方宜，至乎教乘，罔不詳究。不許毀傷，何邪？」對曰：「此專縛阿笈摩之教，安能沮壞摩訶衍法耶？設或略捨內財，決定當圓檀度，故莊嚴論云：『若能施自身命，則爲希有，成菩薩檀度也。』將知四輪出世，十善行時，有道則堯下足淳民，奉孝則曾家生令子。我聖上踐阼之四載，兩浙進阿育王盛釋迦佛舍利塔，初於滋福殿供養，後迎入內道場，屢現奇瑞。八年二月望，詔於開寶寺樹木浮圖，僅登千尺，先藏是塔于深甃中，此日放神光，亘燭天壤。時黑白衆中有鍊頂指者，有然香炷者，宣賜物有差。苟非大權菩薩、大福天王，安能激勸下民而捐身寶者乎？直令此地螺髻見而珍寶成，還覺其時鷲峯淨而土田變。范雲綴史，紀數色之徵祥；王劭編文書幾州之葬塔。隋分舍利，唐瘞真身。比乎我朝，田隴與鐵圍爭其疆畔耳。此篇所載，成傳開宗。令能忍難忍之人，既亡若在；使捨身受身之者，雖死猶生。圖五芝於草木之前，列四瑞於鱗毛之表。詩曰：『儀形文王，萬邦作式』者也。」

校勘記

無染傳

〔一〕老人，清涼傳卷中亡身徇道僧俗篇作「化老人」。

〔二〕善住，清涼傳善上有正字。

〔三〕鍾磬，清涼傳鍾作聖。

〔四〕開成中，清涼傳中下有「夏四月」三字。

〔五〕季氏，清涼傳作「信士」。

〔六〕香汁，清涼傳汁作油。

〔七〕而鍊，揚州本、大正本鍊作煉，通用，下同。

全豁傳

〔一〕往長安，傳燈録卷十六往作住。

〔二〕保壽寺，傳燈録保作寶。

〔三〕賊責，原本責作青，從揚州本、大正本及傳燈録改。

〔四〕傳燈録云：「壽六十。」

元慧傳

〔一〕大中，原本大作入，從揚州本、大正本改。

束草師傳

〔一〕綱任，酉陽雜俎續集卷五作「綱維」。

〔二〕略盡污塗之臭，酉陽雜俎作「無血膋之臭。」

息塵傳

〔一〕金人，原本人作仁，從揚州本、大正本改。

〔二〕而美，原本美作矣，從宋本改。

志通傳

〔一〕峻峙，原本峙作持，從揚州本、大正本改。

〔二〕坐禪牀而終，按淨土往生傳卷下謂晉天福七年卒。

〔三〕昔法充，原本昔作于，從揚州本、大正本改。

道舟傳

〔一〕永興寺，按篇題「永福寺」，而傳中未見，疑即此「永興寺。」不能定其孰是。

〔二〕期雨，原本雨作兩，從揚州本、大正本改。

論

〔一〕易棄易棄，原本二棄字並作拚，拚與翻同，義不合，今從揚州本、大正本改。

大宋高僧傳卷第二十四

讀誦篇第八之一 正傳二十一人 附見三人

隋行堅傳一

釋行堅〔一〕者，未知何許人也，常修禪觀，節操惟嚴，偶事東遊，路出泰山，日之夕矣，入嶽廟，謀之度宵。令〔二〕曰：「此無別舍，唯神廊廡下可以。」然而來寄宿者，必罹暴死之殃。「吾師籌之。」堅曰：「無苦。」不得已從之，爲藉藁於廡下。堅端坐誦經，可一更，聞屋中環珮之聲。須臾，神出，衣冠甚偉，部從焜煌。向堅合掌，堅曰：「聞宿此者多死，豈檀越害之耶？」神曰：「遇死者特〔三〕至，聞弟子聲而自死焉，非殺之也。願師無慮。」堅固延坐談説，如食頃間，因問之曰：「世傳泰山治鬼，寧有之邪？」神曰：「弟子薄福有之，豈欲見先亡乎？」堅曰：「有兩同學僧已死，願得見之。」神問其名，曰：「一人已生人間，一人在獄受對，不可喚來，師就可見也。」堅聞甚悦，因起，出不遠，而至一處，見獄火光焰甚熾。使者引堅入牆院中，遥見一人在火中號呼，不能言語，形變不可復識，而血肉焦臭，令人傷心。堅不忍歷覩，慜然求出。俄而在廟廡下，復與神坐如故。問曰：「欲救同學，有得理邪？」神曰：「可，能爲寫法華經，必應得免。」既而將曙，神辭僧入堂。旦而廟令視堅不死，怪異之。堅去，急報前願，經寫裝畢，齎而就廟宿。神出如初，歡喜禮拜，慰問來意，以事告之。神曰：「弟子知已。師爲寫經，始書題目，彼已脱免，今生人間也。然此處不潔，不宜安經，願師還送入寺中。」言訖，天曉，辭決而去，則大業年中也。堅居處不恒，莫知終畢。

隋天台山法智傳二

釋法智者，不詳何許人也。髫年離俗，應法升壇，松直淩空，玉堅絶污，凡百講肆，靡不留神。晚歲以逕直之門，莫如念佛，每謂人曰：「我聞經言犯一吉羅，歷一中劫，入于地獄，可信。又聞經説一稱阿彌陀佛，滅八十億劫生死重罪，則未之信。」人難云：「何故生大邪見？俱是佛言，急須念佛，久則三昧現前。」乃於國清寺兜率臺上晝夜精勤念佛。忽預辭道俗云：「生西方去，令親識爲吾設齋終日。」於中夜無疾而化，時有金色光明來迎，照數百里。江上船中，謂言天曉，遲久方明。始知智之往生矣。

唐京兆禪定寺慧悟傳三

釋慧悟，未詳氏族。隱太白山中，持誦華嚴經，服餌松術。忽於一時見一居士來云：

「相請。」居士騰身入空，令悟於衣襟中坐，攝以飛行。至一道場，見五百異僧翔空而至，悟奄就末行。居士語曰：「師受持華嚴是佛境界，何得於小聖下坐？」遂却引於半千人之上。齋訖，居士曰：「本所齋意在師一人，雖有五百羅漢來食，皆臨時相請耳。」齋訖，遂送還本處，有如夢覺。即高宗永徽年中也。

唐京兆大慈恩寺明慧傳四

釋明慧，不知何許人也。簡默恭己，約志蠲明，耐〔一〕乎寒餒，誓求大乘。精進之鎧介躬，睡眠之魔退跡，是以初中後夜念誦經行。時玄奘三藏在京兆北坊部玉華宮翻大般若經畢，麟德元年示滅。其夜子時，慧旋遶佛堂，忽見北方有白虹四道從北亘南，横跨東井〔二〕，直勢貫慈恩塔院，歷歷分明。慧心怪焉，即自念曰：「昔如來滅度，白虹十二道從西貫于太微，於是有雙林之滅。今有此相，將非玉華法師有無常事邪？」申旦向衆述其所見，衆咸怪之。至九日，凶問至京，正符所見。慧彌增篤勵，老而無懈，未知終所。

周〔一〕太原府崇福寺慧警傳五

釋慧警，姓張氏，祁人也。少而聰悟，襁褓能言，一一親鞫愛，鄰黨號爲奇童。屬新譯大雲經，經中有懸記女主之文，天后感斯聖莂，酷重此經。警方三歲，有教其誦通，其含嚼紆鬱，調致天然也。遂徹九重，乃詔諷之。帝大悦，撫其頂，勅授紫袈裟一副，後因出家。氣貌剛介，學處堅固，充本寺上座。拯頓頹綱，人皆畏憚。或於街陌見二衆失儀，片招譏醜，必議懲誡，斷無寬理。後修禪法，虚室生白。終時已八十餘齡矣。九子母院有遺影，并賜紫衣存焉。

唐太原府崇福寺崇政傳六

釋崇政，侯姓，本府人也。幼齡敏達，固願出家，誦經通一千餘紙。耆宿嘆賞，謂之爲經藏焉。神氣沈約，儀容整麗，秀眉廣目，挺志高奇。雖通群籍，所精者俱舍論，相國王公縉躬請政宣講。于時談叢發秀，美曲流音，屬聽無厭，雖移辰歷晷，謂如食頃焉。其剖判尤長，無得形似矣。代宗皇帝下詔徵爲章信寺大德，稱疾不赴。終于本院，春秋五十八云。

唐太原府崇福寺思睿傳七

釋思睿，姓王氏，太原人也。夙通禪理，復貫律宗，慈悲仁讓，忤無愠容。睿素嬰羸瘵，乃立志法筵，專祈藥上，恪勤不懈。尋見感徵，忽心力勇鋭，辨猶瓶注。因誦十輪經，日徹數紙，翌日倍之，後又倍之，自爾智刃不可當矣。開元中杖錫嵩少問道。時義福禪師禪林密緻，造難其人，一言相入，若石投水，既飲甘露，五載而還。趺坐居定，日不解膝，遠邇擊問，求其玄理，如堵牆焉。春秋六十六，卒于所住院。

系曰：誦經不貴多，要在神解。慧警三歲通大雲經，差爲奇俊。崇政終通千紙，得力在乎不奉詔赴章信新寺。睿公諷徹十輪，後咨禪道，故經偈云：「雖誦千章，不如一句」者，如渡溪杖策，到岸必捨焉。

唐上都青龍寺法朗傳八

釋法朗，姑蘇人也。禀質温潤，約心堅確，誦觀音明呪，神効屢彰。京闕觀光，人皆知重。龍朔二年，城陽公主有疾沈篤，尚藥供治，無所不至。公主乃高宗大帝同母妹也，友愛殊厚，降杜如晦子荷。荷死，再行薛瓘。既疾緜困，有告言朗能持祕呪，理病多瘳。及召朗至，設壇持誦，信宿而安，賞賚豐渥。其錢帛珍寶，朗迴爲對面施。公主奏請改寺額曰觀音寺，以居之。此寺本隋靈感寺，開皇三年置。文帝移都，多掘城中陵園塚墓，徙葬郊野，而置此寺。至唐武德四年廢，至此更題額。朗尋終于此寺焉。

唐河東僧衒傳九 啓芳 圓果

釋僧衒，并州人也。本學該通，解行相副。年九十六，遇道綽禪師著安樂集講觀經，始迴心念佛。恐壽將終，日夜禮佛一千拜，念彌陀佛八百萬徧。於五年間，一心無怠。大漸，告弟子曰：「阿彌陀佛來授我香衣，觀音、勢至行列在前，化佛徧滿虚空。從此西去，純是淨土。」言訖而終。

時有啓芳法師、圓果法師於藍田縣悟真寺一夏結契，念阿彌陀佛，共折一楊枝於觀音手中，誓曰：「若得生佛土者，願七日不萎。」至期鮮翠也。又夢在大池内東面有大寶帳，乃飛入其中，見僧云「但專念佛，並生此也。」又見觀音垂脚而坐。啓芳奉足頂戴，見一池蓮花，彌陀佛從西而來。芳問佛曰：「閻浮衆生依經念佛，得生此否？」佛言：「勿疑，定生我國也。」且見極樂世界平坦如鑑，娑婆世界純是山川〔一〕。音樂寶帳，直西而去。有一僧名法藏，御一大車來迎。芳見自身坐百寶蓮花，成等正覺，釋迦牟尼佛與文殊讚法華經。復見三道寶階向西直往，第一道階上並是白衣，第二階有道俗相參，第三階唯有僧也，云皆是念佛人往生矣。芳、果二師躬云已見云。

唐荆州白馬寺玄奘傳十

釋玄奘，江陵人也。通大小乘學，尤明法華正典，别是命家。自五十載中，日誦七遍，嘗因淨室焚香，感天人來傾聽。齋講之時，徵祥合沓。與道俊同被召，在京二載。景龍三年二月八日，孝和帝於林光殿解齋，時諸學士同觀盛集。奘等告乞還鄉，詔賜御詩，諸學士大僚奉和。中書令李嶠詩云：「三乘歸浄域，萬騎餞通莊。就日離亭近，彌天別路長。荆南旋杖鉢，渭北限津梁。何日紆真果，重來入帝鄉？」中書舍人李乂〔一〕云：「初日承歸旨，秋風起贈言。漢珠留道味，江璧返真源。地出南關遠，天迴北斗尊。寧知一柱觀，却啓四禪門。」更有諸公詩送，此不殫録。奘歸鄉，終本寺焉。

唐成都府靈池縣蘭若洪正傳十一 守賢

釋洪正，俗姓常氏，未詳何許人也。居于岷蜀間蘭若，往因有疾，所苦沉綿，從復平寧。發誓恒誦金剛般若經，日以二十過爲準。精持靡曠，時鄰僧守賢夜坐，見二鬼使手操文牒，私相謂曰：「取攝僧洪正。」一使曰：「爲其默念般若，傍有大奇荷護，無計近得。」又患責限遲延，今別得計。見有直府東門者姓常，又與僧同名，復曾爲僧來，共爾攝去，以塞違殿也。」守賢聞之驚異，且志其事。明日，密問門子，常洪正已死。守賢先持彌陀經，後改業焉。洪正後不測其終。

系曰：寧有同名異實者，可互死耶？業不可移，此可移也。與其俗巫畫肖己形，言可以代衰厄，同也。通曰：「琰摩王或是菩薩，以同名，善者則捨，不善者攝之。此或是罪霜倏晞，正增年壽，故得捨旃。又其惡器方滿，復當終期，故斯取也。苟以互實而取者，行教化焉，捨斯之外，非常理所能知也已！」

唐沙門志玄傳十二

釋志玄者，河朔人也。攻五天禁呪，身衣枲麻布耳。行歷州邑，不居城市寺宇，唯宿郊野林薄。玄有意尋訪名迹，至絳州，夜泊墓林中。其夜月色如晝，見一狐從林下將髑髏置之於首〔一〕，搖之落者不顧，不落者戴之。更取芀草墮葉，遮蔽其身，逡巡成一嬌饒女子，渾身服素練，立于道左。微聞東北上有鞍馬行聲，女子哀泣，悲不自勝。少選，乘馬郎遇之，下馬問之曰：「娘子野外深更號咷，何至於此耶？」女子掩淚，紿之曰：「賤妾家在易水，前年爲父母娉與此土張氏爲婦，不幸夫壻去載夭亡，家事淪薄，無所依給。二親堂上，豈知妾如此孤苦乎！有一于此，痛割心腑，不覺哀而慟矣。妾思歸寧，其可得乎？郎君何怪問之？」乘馬郎曰：「將謂娘子哀怨別事，若願還鄉，某是易定軍行，爲差使迴還易水，娘子可乘其䮫乘。」女子乃收淚感謝，方欲攀踏次。玄從墓林出曰：「君子，此女子非人也，狐化也。」彼曰：「僧家豈以此相誣？莫别欲圖之乎？」玄曰：「君不信，可小住。吾當與君變女子本形。」玄乃振錫，誦胡語數聲，其女子還爲狐走，而髑髏草蔽其身。乘馬郎叩頭悔過：「非師之救，幾隨妖死。」玄凡救物行慈，皆此類也。

唐鳳翔府開元寺元皎傳十三

釋元皎，靈武人也。有志操，與衆不群，以持明爲己務。天寶末，玄宗幸蜀，肅皇於靈武訓兵，計剋復京師，爲物議攸同，請帝即位，改元至德。及二年，返轅指扶風，帝素憑釋氏，擇清尚僧首途，若祓除然。北土西河所推，皎應其選，召入受勑旨，隨駕仗内赴京。尋勑令皎向前發，至于鳳翔，於開元寺置御藥師道場。更擇三七僧，六時行道，然燈歌唄，讚念持經，無敢言疲，精潔可量也。忽於法會内生一叢李樹，有四十九莖，具事奏聞，宣内使驗實。帝大驚喜曰：「此大瑞應。」四月十八日，檢校御藥師道場念誦僧元皎等表賀，答勑曰：「瑞李繁滋，國之興兆。生在伽藍之内，足知覺樹之榮。感此殊祥，與師同慶。」皎之持誦，功能通感，率多此類。加署内供奉焉。

唐京師千福寺楚金傳十四

釋楚金，程氏之子，本廣平郡，今爲京兆之盩厔人也。母高氏夜夢諸佛，因而妊焉。生實法王之子也。行素顔玉，神和氣清。七歲諷法華，十八通其義。三十，構塔曰多寶〔一〕。四十，入帝夢於九重〔二〕，玄宗覩法名下見金字，詰朝使問，罔不有孚。于時聲騰京輦，遂慕〔三〕人構塔，累級而成，有同反掌。嘗於翠微悟真，捫蘿靈趾，乃曰：「此吾棲遁之所。」遂奏兩寺各建一塔，咸以多寶爲名。此外吟詠妙經六千餘徧。寶樹之下，髣髴見於分身；靈山之中〔四〕，依俙覩於三變。心無所得，舌流甘露。瑞鳥金碧，棲於手中；天樂清泠，奏于空際。凡諸休應，皆不有之。乃曰法〔五〕象王之法駕，迴人主之宸睠，承明三入，揚法六宮，后妃長跪於御筵，天花分散而不著。明皇題額，肅宗賜幡，豈榮冠於一時，亦庶幾於佛在也！以乾元二年七月七日子時，右脇示滅焉。薪盡火滅，雪顔如在，昭乎上生於安養之國矣。春秋六十二，法臘三十七。天子憫焉，中使弔〔六〕焉。勅驃騎大將軍朱光暉監護，即以其法葬于城西龍首原法華蘭若，塔之。

初金髻年寫法華經，不衣縑繒，寒加艾納而已。弟子慧空、法岸、浩然皆隨象王之子也。紫閣峯草堂寺飛錫碑文，吴通微書。至貞元十三年四月十三日左街功德使開府邠國公竇文場奏「千福寺先師楚金是臣和尚，於天寶初爲國建多寶塔，置法華道場，經今六十餘祀。僧等六時禮念，經聲不斷，以歷四朝，未蒙旌德。」勅謚大圓禪師矣。

唐台州湧泉寺懷玉傳十五

釋懷玉，姓高，丹丘人也。執持律法，名節峭然。一食長坐，蚤虱恣生，唯一布衣，行懺悔之法課。其一日念彌陀佛五萬，口通誦彌陀經三十萬卷。至天寶元年六月九日，俄見西方聖像數若恒沙，有一人擎白銀臺，從窻而入。玉云：「我合得金臺。」銀臺却出，玉倍虔志。後空聲報云：「頭上已有光暈矣。請加趺結彌陀佛印。」時佛光充室，玉手約人退曰：「莫觸此光明。」至十三日丑時，再有白毫光現，聖衆滿空。玉云：「若聞異香，我報將盡。」弟子慧命問：「師今往何剎？」玉以偈云：「清浄皎潔無塵垢，蓮花化生爲父母。

我修道來經十劫，出示閻浮厭衆苦。一生苦行超十劫，永離娑婆歸浄土。」玉説偈已，香氣盈空，海衆遍滿，見阿彌陀佛、觀音、勢至身紫金色，共御金剛臺來迎。玉含笑而終，肉身現在。後有讚云：「我師一念登初地，佛國笙歌兩度來。唯有門前古槐樹，枝低只爲挂銀臺。」一云是台州刺史段懷然詩也。

唐兖州泰嶽大行傳十六

釋大行，齊州人也。後入泰山，結草爲衣，採木而食。行法華三昧，感普賢現身。行自歎曰：「命且無常，必歸磨滅，未知來世何處受生！」遂入藏内信手探經，乃獲西方聖教，遂專心思念阿彌陀佛。三七日間，於半夜時，忽覩琉璃地，心眼洞明，見十方佛猶如明鑑中像。後時詔行入内宫，寢於御殿，勑賜號常精進菩薩，受開國公。乃示微疾，右脇而終。葬後開棺，見儀貌如生，異香芬鬱焉。

唐洛陽廣愛寺亡名傳十七

釋亡名，滎陽人也。居止洛中廣愛寺，以精習毗尼，慎防戒法，避其譏醜，罕有缺然。上元中東歸寧省，路及滎陽，道宿于逆旅。方解囊脱屨，欲漉水盥塵。次有僧至，頗見貌剛而率略，與律師並房安置。其後到僧謂主人曰：「貧道遠來，疲頓餧乏。」主人有美酒酤滿罌，粱肉買半肩，物至酬直，無至遲也。」主人遽依請辦，僧飲啖之，都無孑遺。其律師呵之曰：「身披法服，對俗士恣行飲啖，不知慚愧。」〔一〕其僧不答，初夜索水盥漱，端身趺坐，緩發梵音，誦華嚴經，初舉題目，次言「如是我聞」已下。其僧口角兩發金色光，聞者垂泣，見者嘆嗟。律師亦生羡慕，竊自念言「彼酒肉僧，乃能誦斯大經！」比至三更，猶聞誦經，聲聲不絶，四袟欲滿，口中光明轉更增熾，遍於庭宇，透於窻隙，照明兩房。律師初不知是光，而云「彼客何不息燈，損主人油燼？」律師因起如廁，方窺見金色光明自僧之口兩角而出。誦至五袟已上，其光漸收，却入僧口。夜將五更，誦終六袟，僧乃却卧。須臾天明，律師涕泣而來，五體投地，求哀懺過，輕謗賢聖之罪。律師喜遇異人，後加勤苦，卒成高名，莫知終地。

唐成都府雄俊傳十八

釋雄俊，俗姓周，成都人也。善講説，無戒行，所受檀信，非法而用，且多狡詐，唯事踈狂。又經反初服，入軍壘，而因逃難，還入緇行。大曆中，暴亡入冥。見王者訶責畢，引入獄去，俊抗聲大呼曰：「雄俊儻入地獄，三世諸佛即成妄語矣。曾讀觀經，下品下生者造五逆罪，臨終十念，尚得往生。俊雖造罪，不犯五逆；若論念佛，莫知其數。佛語若有可信，暴死却合得迴。」與雄俊傳語云「若見城中道俗告之，我已得往生西方。」言畢承寶臺直西而去。

系曰：一念憶識自身稱佛名不少，垂入獄而還返者，以强善心而轉弱惡故。是故行人須知口誦，莫如心持往生，淺力當如是學也。俊語流出民間，必死者重蘇傳此語也。

唐吉州龍興寺三刀法師傳十九

釋三刀法師者，本姓曹〔一〕，廬陵人也。天然之性，嗜於蔬食。羈貫成童，志願出家。于時自江以西，從安史之亂。南方不寧，多事土扶，故强兼弱，兵革未休。大曆七年十一月，廣州吕大夫被翻城〔二〕，奉洪州路嗣恭牒吉州刺史劉寧徵兵三千人，同收番禺。法師舊名伯連，其爲人也强渥而貌惡，且心循良，恒持誦金剛經，以筒盛經，佩之于身，誓不婚娶。然不揚此善于他，惟密行愈至。無何，被括爲軍。呈閲之時，又選充行營小將，非其所好，遂亡命焉〔三〕。時徵兵頗急，牒諸處要害捕逐，於本州洋口擒送。劉寧令於朱木橋處死〔四〕，三下刃俱折。劉怪問之，遂言素志捨家，恒持經法，如斯怯懦，恐衄軍威，是以亡耳。問「經何在？」曰：「被獲時遺墜。」遂令搜取，果數百步外得之，竹筒有刃痕而幾絕。劉拱手稱嘆久之，乃縱其爲僧。奏聞，勑下本道號三刀法師，配本郡龍興寺。後加精進，卒于住所。

唐湖州法華寺大光傳二十

釋大光，俗姓唐氏，生于邑之安吉也。母梅氏寄〔一〕孕而夢協靈祥，在娠乃惡葷臭焉。既誕能言，不爲戲弄。未齔〔二〕之歲，思求佛乘矣。願念法華，三月通貫，經聲一發，頑鄙革心。及遂出家，而尋登戒，西遊京邑，朝見肅宗。帝召對禁中，拱而嘆曰：「昔夢吴僧，口持大乘，五光隨發，音容宛若，適朕願兮。」因賜名大光。屬帝降誕節，齋于定國寺，因賜墨詔，許天下名寺意往者住持。令中官趙温送于千福寺住持經道場。其誦經作吴音，遼遼通於聖聽，帝甚異其事，令中官而宣諭焉。

後居藍田精舍，先期而寺僧夢天童來降，曰：「大光經聲通于有頂。」光一日宴坐，自見神手從天而下撫其心，乃憶先達抱玉大師嘗誌斯言，令高其法音，當有神之輔翼。又别夕夢神僧乳見於心，命光口吮，自爾功力顯暢，形神不勞。又尋山探幽，偶墜窮谷，龍泉莫測，淪溺其間，心靈了然，都無惑亂。因思本經多寶塔，爲誠願持此支品十萬遍，恍然奮身脱泉，若有神捧焉。

後詔住資聖寺〔三〕，此寺趙國公長孫無忌宅，龍朔二年爲文德皇后追福造。長安七年〔四〕，遭火蕩盡，唯於灰中，得數部經，不損一字。以事奏聞，百姓捨施，數日之間已盈鉅萬，遂再造其寺。光覽此經，倍加精進。後以偏感有親在吴，未答慈力，表乞歸省養，詔旨未允。遂生有妄之疾，策蹇强力，將投于淵。驢伏不前，群烏拂頂，心既曉覺，疾亦隨瘳。乃以經頂荷行道，忽有詔許還。

既止烏程，構營寶塔，日持花偈成報往願焉。永泰元年，浙西廉使韋元甫表請光爲六郡別勑道場持念之首。

大曆癸丑歲，顔魯公真卿領郡。相國李紳父爲烏程宰，紳未朞歲，乳病暴作而不啼，不鑒者七辰。召光至，命乳母洗滌焚香，乃朗諷經分別功德品。遂超席而坐，拱手開眸，光授飲杯水，令强乳哺之，疾乃徐愈。光笑而謂曰：「汝何願返之遄速乎？」因以光名易紳小字。貞元中，紳重遊霅上，泊舟之次，光早遲竚于溪側，而笑言戲撫之，若稚孺焉。後紳刺于吴興，飲醉于館，光引宿於道場。夜分將醒，白光滿室，朗然若晝，往覘光公宴坐，梵音方作。光起面門如開，毫相經音向息，光色隨斂。紳歸京相辭，光曰：「汝得徑山之言，吾則無以爲諭。行矣自愛，去留有時。他日位處廟堂，以教法爲外護乎？」

永貞元年十二月黑月既夕，示滅于持經道場，獸號鳥墜，山木驚振。異香芬馥，信宿不消。刺史顔防深愴悼之。

光一納四十歲無浣濯，而戒香鬱然。一飯七十載，徵驗絶多。故相李公紳素於空門寡信，頗規僧過，而敦重光公，自著碑題云「墨詔持經大德神異碑銘，布衣楊夔書」云。

唐荆州天崇寺智燈傳二十一

釋智燈，不知何許人也。矜莊已行，嚴厲時中，守護戒科，恒持金剛般若，勤不知倦。貞元中，遇疾而死。弟子啓手〔一〕猶熱，不即入木。經七日還蘇，云：「初見冥中若王者，以念經故，合掌降階，因問訊曰：『更容上人十年在世，勉出生死。』因問：『人間衆僧中後食薏苡人〔二〕爲藥食，還是已否？』曰：『此大違本教。』燈報云：『律中有正非正開遮之條如何？』王曰：『此乃後人加之，非佛意也。』」遠近聞之，渚宫僧至，有中〔三〕後無有飲水者。

系曰：小乘尚開食五淨物，薏苡非五穀正食也。疑其冥官因機垂誡，嫌于時比丘太慢戒法，故此嚴警開制。實諸佛常法也，非後人之加釀焉。

校勘記

行堅傳

〔一〕行堅，按太平廣記卷九十九引冥報記作「隋大業中有客僧」，不著姓名。

〔二〕令曰，廣記令作「廟令」二字。

〔三〕特至，廣記特作將。

明慧傳

〔一〕耐乎，原本耐作耐，從揚州本、大正本改。

〔二〕東井，原本井作并，揚州本、大正本皆同。按「東并」義不順。此傳所記實本於大慈恩寺三藏法師傳，傳云：「見北方有白虹四道，從北亘南貫井宿，直至慈恩塔院。」則并乃井之形誤，東井即井宿也。今據正。

慧警傳

〔一〕周太原府，揚州本、大正本周作唐。宋本、元本作周，同此本。

僧衒傳

〔一〕山川，原本川作州，從揚州本、大正本改。

玄奘傳

〔一〕李乂，原本乂作又，從揚州本及宋本、元本改。

志玄傳

〔一〕於首，原本首作自，從揚州本、大正本改。

楚金傳

〔一〕構塔曰多寶，飛錫楚金禪師碑作「構多寶於千福。」（金石萃編卷一百四）

〔二〕入帝夢於九重，按岑勛多寶塔碑云：「天寶元載，創構材木，肇安相輪。禪師理會佛心，感通帝夢。」（金石萃編卷八十九）是構塔之初，感通帝夢，非構塔十年而後感夢也，故下文云「募人構塔，碑亦云：『（帝）賜錢五十萬、絹千匹，助建修也。』」此蓋從飛錫碑文，大略言之耳。

〔三〕慕人，按慕當作募，或爲募之借字。

〔四〕靈山之中，飛錫碑中作上。

〔五〕乃曰法，飛錫碑此下作「本無名，焉用彼相？長而不宰，其在兹焉。若非法華三昧，稟自衡陽；正觀一門，傳乎台嶺；安能迂」，下接「象王之法駕」云云，文氣始完，此傳疑有闕文。

〔六〕弔焉，原本弔作弟，從揚州本、大正本改。飛錫碑亦作弔。

亡名傳

〔一〕慙懃，揚州本、大正本懃作赧，同。

三刀法師傳

〔一〕本姓曹，按太平廣記卷一百五引廣異記作「俗姓張，名伯英」。此傳下文云：「舊名伯連，」姓名與之均異。

〔二〕大曆七年……被翻城，按兩唐書代宗本紀及資治通鑑記此事在大曆八年九月，此年代疑有乖舛。廣記僅云「乾元中，爲壽州健兒」，不及時事。乾元爲肅宗年號，又先於大曆。

〔三〕遂亡命焉，廣記作「以其父在潁州，乃盜官焉往以迎者。」

〔四〕劉寧令……處死，廣記作「刺史崔昭令出城腰斬」。

大光傳

〔一〕寄孕，原本寄作志，從揚州本、大正本改。

〔二〕未齓，原本齓作齔，從揚州本、大正本改。

〔三〕資聖寺，原本寺作等，從揚州本及宋本改。

〔四〕長安七年，按長安爲武則天年號，止四年，此「七」字當誤。

智燈傳

〔一〕啓手，酉陽雜俎續集卷七手下有足字。

〔二〕薏苡人，揚州本、大正本人作仁，雜俎亦作仁。按此可通用。

〔三〕有中，雜俎作「僧衆中」。

大宋高僧傳卷第二十五

讀誦篇第八之二正傳二十一人　附見五人

唐并州石壁寺明度傳一

釋明度，未知何許人也。經論涉學，三業恪勤。誦金剛般若資爲浄分，慈濟爲心。迨貞觀末，有鴿巢于屋楹，乳養二鷇。度每以餘粥就窠哺之，復呪之曰：「乘我經力，羽翼速成。」忽早學飛，墮地俱殞，度乃瘞之。旬餘，夢二小兒曰：「兒等本受卵生小類，蒙上人爲養育，誦持廻向，今轉生人道，距此寺東十里間某家是也。」度默誌之，至十月滿，往訪此家，男婦果孿生二子。入視之，數日遂呼曰：「鴿兒」，一時廻頭應諾。歲餘能言，皆得成長。度未知終所。

唐梓州慧義寺清虛傳二

釋清虛，姓唐氏，梓州人也。立性剛決，桀黠難防，忽廻心長誦金剛般若。三業偕齊，無有懈怠。嘗於山林持諷，有七鹿馴擾，若傾聽焉，聲息而去。又鄰居失火，連甍灰燼，唯虛之屋，飈燄飛過，略無焦灼。

長安二年，獨遊藍田悟真寺上方北院，舊無井泉，人力不及，遠取於澗，挈缾荷甕，運致極勞。時華嚴大師法藏聞虛持經靈驗，乃請祈泉。即入彌勒閣内焚香，經聲達旦者三，忽心中似見三玉女在閣西北山腹，以刀子剜地，隨便有水。虛熟記其處，遂趨起掘之，果獲甘泉，用之不竭。四年，從少林寺坐夏。山頂有一佛室，甚寬敞，人無敢到者，云鬼神居宅焉。嘗有律師恃其戒行，夜往念律，見一巨人以矛刺之，狼狽下山，逡巡氣絶。又持火頭金剛呪僧，時所宗重，衆謂之曰："君呪力無雙，能宿彼否！"曰："斯焉足懼？"於是賫香火入坐持呪。俄而神出，以手擎足，投之澗下，七日不語，精神昏倒。虛聞之曰："下趣鬼物敢爾？"即往彼如常誦經，夜聞堂東有聲甚厲。即念十一面觀音呪，又聞堂中似有兩牛鬭，佛像皆振。呪既亡効，還持本經一契，帖然相次，影響皆絶。自此居者無患，神遂移去。

神龍二年，準詔入内祈雨。絶二七日雪降，中宗以爲未濟時望，令就寺更祈請。即於佛殿内精禱，并煉一指。纔及一宵，雨周千里，指復如舊。纔遇大水，寺屋皆墊溺，其院無苦，若無滂没。凡諸異驗，皆如此也。

唐睦州烏龍山淨土道場少康傳三

釋少康，俗姓周，縉雲仙都山人也。母羅氏因夢遊鼎湖峯，得玉女手捧青蓮授曰：「此花吉祥，寄於汝所，後生貴子，切當保惜！」及生康之日，青光滿室，香似芙蕖。迨綳褓之年，眼碧脣朱，齒得佛之一相，恒端坐含笑。時鄉中善相人也，目之，「此子將相之才，不語，吾弗知也」。年甫七歲，抱入靈山寺中，佛生日禮聖容，母問康曰：「識否？」忽發言云：「釋迦牟尼佛。」聞皆怪之，蓋生來不言語也。由是父母捨其出家。年十有五，所誦之經已終五部。於越州嘉祥寺受戒，便就伊寺學毗尼。五夏之後，往上元龍興寺，聽華嚴經、瑜伽論。

貞元初，至于洛京白馬寺殿，見物放光，遂探取爲何經法，乃善導行西方化導文也。康見歡喜，呪之曰：「我若與淨土有緣，惟此軸文斯光再現！」所誓纔終，果重閃爍中有化佛菩薩無筭。遂之長安善導影堂内乞願見善導。真像化爲佛身，謂康曰：「汝依吾施設，利樂衆生，同生安養。」康如有所證，南至江陵果願寺，遇一法師，謂康曰：「汝欲化人，徑往新定，緣在於彼。」言訖不見，止有香光望西而去。洎到睦郡，入城乞食，得錢誘掖小兒，能念阿彌陀佛一聲，即付一錢。後經月餘，孩孺蝗慕，念佛多者即給錢。如是一年，凡男女見康，則云「阿彌陀佛」。遂於烏龍山，建淨土道場，築壇三級，聚人午夜行道，唱讚二十四契，稱揚淨邦。每遇齋日雲集，所化三千許人。登座，令男女弟子望康面門，即高聲唱阿彌陀佛。佛從口出，連誦十聲，十佛若連珠狀，告曰：「汝見佛身，即得往生。」以貞元二十一年十月示衆囑累，止勸急修淨土。言畢加趺，身放光明而逝。天色斗變，狂風四起，百鳥悲鳴。烏龍山也一時變白。今墳塔存于州東臺子巘，歲久唯餘方石。石傍之土，相傳療疾，州民凡嬰衆病，悉焚香取土，隨服多差。石之四隅若車轍焉。漢乾祐三年，天台山德韶禪師重建其塔，至今高敞，時號後善導焉。

系曰：康所述偈讚，皆附會鄭衛之聲，變體而作，非哀非樂，不怨不怒，得處中曲韻。譬猶善醫以餳蜜塗逆口之藥，誘嬰兒之入口耳。苟非大權入假，何能運此方便，度無極者乎？唱佛佛形從口而出，善導同此作佛事，故非小緣哉。

唐江州〔一〕開元寺法正傳四會宗

釋法正，不知何許人也。寬曠其懷，慎修厥行。司辰于三業，御史于六根，以其日諷金剛般若三七過，執持恭恪，罔或云懈。長慶初，得疾暴終。云倏至幽冥，引見王者，問曰：「師生平藝何福田？獲何善果？」正以誦經爲對。王乃揖上殿令登繡座，請誦七通。王已下侍衛靡不合掌，階下榜掠搒擊論愬，寂若無聲。念畢後，遣一人引正令還人間，王降階揖送云：「上人更得三十年在世，勿廢誦持。」隨吏行數里，至一巨坑，俾正俯窺，爲吏推墮，若隕空焉，颯然蘇起。初正死唯面不寒，起述其事，變心遷善者不一。正後年暨八十餘，卒于住寺。

次荆州功安縣釋會宗，俗姓蔡。初泛爾爲僧，别無他伎。忽經中蠱病，乃骨立，因苦發心，志誦金剛般若經以待盡。爾至五十過，夢有人令開口，喉中引出髮十餘莖，其夜又有夢吐蟦長一寸〔二〕。月餘，因此遂愈，當長慶初也。荆山僧行覩見其事〔三〕。宗不測終所。

唐京兆大興善寺守素傳五

釋守素者，立性高邁，與群不同。居京興善寺恒以誦持爲急務。其院幽僻，庭有青桐四株，皆素之手植。元和中，卿相多遊此院。青桐至夏中無何發汗，頗污人衣，如輠脂焉，而不可浣。時相國鄭公絪嘗與丞郎數人避暑，且惡其滴瀝，謂素曰：「弟子爲師伐此樹，各殖一松，可乎？」及暮，素戲呪之曰：我種汝二十餘年，汝以汗之淋漉〔一〕，爲人所惡，同惡木之不可休其下也。來歲若然，我必薪之。」自爾絶蹤矣。

素誓不出院，誦法華經三萬七千部。夜恒有猯子馴擾，來聽經。齋時則烏鵲就掌取食也。僧以食誘，群羽皆驚噪而逝。長慶初，有僧玄幽題此院云：「三萬蓮經三十春，半生不踏院門塵。」當時以爲佳句也。素之終代，罔得詳焉。

系曰：刺漆樹者恒患其少滴，愛故難求。斬魏樹者患其多辛，惡之易得。嗟爾青桐發汗，世所罕聞。及乎素公詆呵，明年絶跡。豈有出家弟子不如其無情樹木乎？既不能爲漆與物隔其污，爲魏與食加其味乎？苟認師友之彈呵，取令〔二〕完淨，傳曰：「過則勿憚改。」本教則悔罪清淨，如本無異，思之。

唐幽州華嚴和尚傳六

釋華嚴和尚，不知名氏。居在幽州城北，恒持華嚴經以爲淨業，時號之，全取經題呼召耳。其所誦時，一城皆聞之，如在庭廡之下。萬歲通天年中，韓國公張仁愿之爲幽州都督也，夜聞經聲，品次歷歷然。及爾晨興，謂夫人曰：「昨宵城北道人諷誦，若在衙署前也，還聞已否？」夫人曰：「是何地遠可得聞乎？」張君曰：「如其不信，可各遣小豎走馬往覆之。」果無差謬。張君請召入城，及相見，謂張君曰：「有願胡不報乎？」答曰：「現造袈裟五百，緣布施羅漢去。」華嚴曰：「勿去餘處，但送往州西馬鞍山竹林寺内施僧。」及遣使賫香衣物登佛龕山，已去，覓竹林寺且無蹤迹。如是深入，陟高山，見一翁問之，曰：「但〔一〕隨吾來。」倏覩雲開寺現，景物非凡世所有。入寺散袈裟畢，而少二人。彼老宿曰：「可賫還二分，一與張仁愿，一與華嚴和尚。」自此方知華嚴和尚是竹林聖寺中來，使留一宿，出已經年。行化既久，及終坐亡，肉身不萎敗。范陽之人多往乞願。時有徵應塔，近因兵革而廢矣。

系曰：一口宣誦，何能入遠近人人耳耶？通曰：「近則若願持經，善法力故。遠則一音演説，隨類聞解。其人是聖寺員位，斷可知矣。」

唐河中府栢梯山文照傳七

釋文照，不知何許人也。本敦樸遲訥之人耳，然見佛像則悦懌。一旦詣栢梯寺，禮曇延法師畫影出家，專念諸經，罔知詮顯。常憤受性昏濁，忽若假寐，見曇延法師身長一丈，目光四射，謂照曰：「爾所欲者，吾安能致之？吾有聰明經一卷，求之於彼，必謹而持，取感應若俯拾地芥耳。」即袖中出以授之，則金剛般若也。登即執讀，七過而便驚寤，經猶在目。然後念通無滯，如久習焉。其喉舌間曲折浮沈，尋變入節，非常調也。自此聰敏日新，辯給在口，時謂爲觀音附麗于厥躬也。且曰：「我師是周隋國師。」凡所纂集義疏，必乘夢寐而神授我，無愧爲資矣。

唐陜府法照傳八

釋法照，不知何許人也。立行多輕率，遊方不恒。長慶元年，入逆旅避雨，逡巡轉甚泥淖，過中時乞食不得。乃咄遣童子買彘肉炙，夾胡餅數枚，麤食略盡，且無恥愧，旁若無人。客皆詬罵，少年有欲毆者。照殊不答。至夜，念金剛經，本無脂燭，一室盡明，異香充滿。凡二十一客皆來禮拜謝過，各施衣物。照踞坐若無所覩。後不知終所。

唐蘄州廣濟縣清著禪院慧普傳九

釋慧普，姓宋，本郡蘄水人也。性地疎朗，敏利桀然，既奉尸羅，冰雪任操。元和十二年，樂廣濟山秀地靈，願棲于此。始謀誦大涅槃經，歷稔彌年，卒通四十二卷。聞者憮然曰：「四袟大經，若爲温習，非揣量而可庶幾乎！」或疑其妄言徹部，有亂次舉品題以試驗之，且無澁滯，少遼緩之，無不弭伏。普亦不戒意，躬刀耕火種，趣足而已。卉服布裘，度其伏臘，日夜經聲不絶。如是涉三十載，邑人學者，莫不推重，增修院宇。以大中三年冬，無疾，集衆告違，加趺坐終，儼若凝思。弟子以香泥纏飾，遷于山椒塔中，號涅槃焉。于今香火不絶。

唐今東京客僧傳十

亡名，長慶中自遠而至，狀輒麤暴。見寺中浄人，咄曰：「與吾將錢沽酒。」寺僧見之，怒其勿遮戒檢，辱我僧坊，其何以堪。遂奪其缾，擊寺外栢樹，缾則鏗然已碎，其酒凝滯不流，著樹如緑玉焉。摇之不散，嗅之無臭，寺僧驚怪，顧客「何爲」？客曰：「某常持金剛般若，須預飲此物一杯，則諷吟瀏亮，率以爲常，非此不可。上人勿怪。」寺僧遲迴之際，愀然其容，將器就樹盛之，其酒盡落器中，略無孑遺。觀者如堵，奄然流啜，斯須器竭而酣暢。不知其僧往復何所。

唐上都大温國寺靈幽傳十一

釋靈幽，不知何許人也。僻静淳直，誦習惟勤。偶疾暴終，杳歸冥府。引之見王，問「修何業」？答曰：「貧道素持金剛般若，已有年矣。」王合掌屢稱善哉，俾令諷誦。幽吮脣播舌，章段分明。念畢，王曰：「未盡善矣。何耶？勘少一節文。何貫花之線斷乎？師壽命雖盡，且放還人間十年，要勸一切人受持斯典。如其真本，即在濠州鍾離寺石碑上。」如是已經七日而穌。幽遂奏奉勑令寫此經真本，添其句讀，在「無法可説是名説法」之後是也。

系曰：春秋夏五，不敢輕加。佛教宜然，無妄釀矣。通曰：「靈幽獲鍾離寺石經，符合無苦。如道明所添糅，使人疑豫，必招詐僞，率易改張，稱有冥告，誡之哉。」

唐荆州法性寺惟恭傳十二靈歸

釋惟恭，不詳何許人也。少孺出俗于法性寺，好尚偪下，多狎非法〔一〕之友。雖乖僧行，猶勤持誦金剛般若，罕離脣齒。酒徒博侶，交集門庭，虛誑云爲，曾無廉恥。後遇病且死。同寺有靈巋，其跡相類，號爲一寺二害也。巋偶出，去寺一里所，逢六七人〔二〕少年甚都，衣服鮮潔，各執樂器如龜兹部，問靈巋曰：「惟恭上人何在？」巋即語其處，疑其寺行香樂佛也。及曉，廻入寺，聞鐘聲，云「恭卒」。所見者乃天樂耳〔三〕。蓋承經力，必生浄刹，亦以其跡勉靈巋也。巋感悟折節，緇門崇重，終成高邁焉。

唐明州德潤寺遂端傳十三

釋遂端，姓張，不知何從而來德潤寺求師。其爲人也，質直清粹，不妄交遊。師授法華經，誦猶宿構，人皆駭嘆。至乎老齒，勤而無懈。十二時間恒諷不輟。咸通二年，忽結〔一〕加趺坐而化，須臾口中出青色蓮花七莖。遠近奔走，皆至觀禮。邑人同心造龕，窆於東山之下。二十餘年，墳塋屢屢光發，後開視之，形質如生。衆迎還寺，漆紵飾之，今號真身院存焉。伊寺者，吴太子太傅都鄉侯闞澤書堂，後捨爲伽藍，其題額取澤字也〔二〕。

系曰：端終口出優曇鉢華，是乎？聞諸輪王出世海中道上方生是花，今像末豈有是邪？通曰：「爲感其人而應，則不可以時拘也。譬猶麟非中國之物，感明王而至同也。」

唐越州諸暨保壽〔一〕院神智傳十四

釋神智，婺州義烏人也，俗姓力。力氏之先，黄帝臣牧〔二〕之後。漢有魯郡相力歸，因官居兖，遂爲魯人也。祖考皆田畯，而以朴素相沿。智少有貞操，愬樂捨家，就雲門寺惟孝爲師。年十二，一食斷中，持大悲心呪，應法登戒，峻勵恪勤。俄屬會昌滅法，智形服雖殊，誓重爲僧，磨不磷而涅不緇，于時見矣。大中初年，復道。巡遊暨陽，考于禪室，且曰：「甞廷之魚，潛于藪澤，宜哉。此處吾之藪澤也。」恒呪水盃以救百疾，飲之多差。百姓相率，日給無筭，號大悲和尚焉。大中中，入京兆，時昇平相國裴公休預夢智來，迨乎相見欣然。相國女郎鬼神所被，智持呪，七日平復。遂奏請院額曰大中聖壽，仍賜左神策軍鍾一口、天后繡幢、藏經五千卷。裴君爲書殿額。智以光啓丙午歲十二月，終于東白山，春秋六十八，法臘四十八。遷座歸暨陽南山入塔焉。

梁揚州禪智寺從審傳十五

釋從審，不詳氏族，幼入江都禪智寺，捨家誦經數萬餘言。其寺即隋煬帝之故宫也。咸通五年，受具戒於燕臺奉福寺律席經筵，遍知嘗染，後併三衣成五納。諸名山勝概，無不遊覽。末歸淮甸，推爲僧首。五六年間，一皆嚴肅。然恒誦浄名經，未愆日計。以貞明二年三月十八日搆疾，迨十九日禺中微息而終，顔貌如常。荼毗，獲舍利三十粒，堅明通鍛無耗。疊石爲墳，錡源沙門靈護述墳銘云。

梁温州大雲寺鴻楚傳十六

釋鴻楚，字方外，姓唐氏，永嘉人也。生而符彩，且異群兒。及甫髫齡，器度宏曠。楚之外昆弟皆出俗越之龍宫伽藍，遂祈二親，亦願隨往。網疎魚脱，籠揭鶴飛，杜若殖于蘭洲，新繒染于絳色，互相切直，誦習彌通，年二十三，方升上品無作。及迴本郡，時州將朱褒知其名節，欽揖愈勤。唐大順中以城南有廢大雲寺荒墟，表聞昭宗，欲重締構。帝俞其請。於是百工俱作，楚躬主之。施利程功，不愆于素，而講經禮像，無相奪倫。

武肅王錢氏，乾化初年於杭州龍興寺開度戒壇，召楚足臨壇員數，因奏薦梁太祖，賜紫衣并號，固讓弗聽，終不披著。自言涼德，何稱法門命數之服？時詩人鄭説南遊，訪鴻靜法師，邂逅與楚會。體知高行，杼詩贈楚云：「架上紫衣閑不著，案頭金字坐長看。」

楚寬慈，人未嘗見其愠色。神氣清爽，厥頤豐下，且皤其腹。目不邪視，顧必迴身。世俗之言，不輕掉舌。所講法華經，計五十許座。一日，楚之講堂中忽生蓮華，重跗複葉，香氣芬萼。以長興三年壬辰六月五日，無疾而化。俗齡七十五，法臘五十二。道俗孺慕。其年遷塔于慈雲右岡焉。

楚講貫外，深夜行道誦經。將逝夕，燈光忽暗，經聲絶微，告門人曰：「勞爾給使，吾將往矣。」其所卧之榻中先有白蛇，其大若肱，恒同卧處。長誡童侍，無妄驚擾。生常撰上生經鈔，刺血寫法華經一部，至今永嘉人謂爲僧寶中異寶焉。

後唐温州小松山鴻莒傳十七

釋鴻莒，姓唐氏，永嘉人也。早出家于越州龍宫寺。始則誦法華經全部。得度，裹足往趨長安學律，因讀化度寺碑。時有舉人旁聽，見莒目贍多行，異之，知能背碑，請莒誦之。儒生覆其文，了無一悮。又相將去崇聖寺，亦然，而多强記，輩流所推。言歸故鄉，請受二衆依止。其細行也，生來未嘗叱其狸犬，豈況諸餘乎？然晝夜行道誦經，有鬼神扶衛，或爲然燭，或代添香，皆鬼物也。

天成三年戊子，水澇之後，報之以大旱，民薦饑饉。有强盜入其室，莒待之若賓客，躬作粥飯，飼之曰：「徐徐去，山深無人。汝曹爲天災所困耳。」盜者拜受而去。弟子中欲襲其不備，莒曰：「非我弟子，我捨此永入深山矣。」諸子罷輕襲之意。

長興癸巳歲中，恬然無疾，加趺儼然長逝。至三更，手敲龕門者三，弟子哭泣啓開，云：「吾告汝等，與吾换新衣裳，緣佛土諸上善人嫌吾服章不净。」易畢便終，七日頂暖。時院中有巨犬三，能猛噬。遷塔日隨人馴狎。時山中麏鹿飛鳥相參，犬無摯猛，獸不驚奔。葬後，有虎遶墳號叫。其感物之情如是。有弟鴻楚，並高行，爲時所重。

後唐鳳翔府道賢傳十八

釋道賢，不知何許人也。持諷孔雀王經以爲日計，末則受瑜伽灌頂法，持明之功愈多徵應。嘗夜夢佛携賢行，步步蹈履濃雲，若乘剛焉。每行不知幾百里，而指之曰：「此摩竭陀國，此占波國，南印度、西印度、迦濕彌羅等國。」且行且記，喜躍不勝。及寤覺，冥解五天梵音，悉曇語言。時西域僧到岐下，蔥嶺北諸胡僧往往僞稱五印人，賢以一接語言，先斥之曰：「汝是某國人。」北戎南梵，無敢紿之〔一〕。隴坻道俗，皆禀承密藏，號阿闍梨也。

迨長興末，明宗晏駕，立從厚爲帝。鳳翔清泰不恭其命。遣王思同帥師伐之，清泰乃嬰城自守。清泰問賢曰：「危甚矣，如何？」對曰：「召竇八郎，可逆知勝負也。」清泰出乘城撫衆，其竇八介甲持戈來馬前，作迎鬬之狀。跳躍已，解甲投戈而走。賢曰：「此外敵必降之象也。」果如斯説。清泰乃擁兵而東，召賢俱行，入洛，即帝位歟。改元曰清泰。賢奏曰：「年號不佳，何邪？水清石見。」至二年，勑移并州晉高祖爲天平軍，乃阻兵自固，潛連契丹，長驅入洛，清泰自焚，果「石見」之應矣。晉兵未至，賢先終于洛，今兩京傳大教者，皆法孫之曾玄矣。

竇八郎者，岐人也，家且富焉。自荷器甕水，言語不常，唯散髮披衣狂走，與李順興相類。或遇牛驢車，必撫掌而笑。迨死，焚之，火聚中盡化金色胡蝶而飛去。或手掬衣扇行之，歸家供養焉。

漢江州廬山若虛傳十九亡名〔一〕

釋若虛，隱于廬山，數年持經，不出石室。江南國主李氏欽尚其道，累徵，終不降就。唯言「老僧無能，寧銷王者歸心？若更相呼，竄入深山矣。」或衣物則避讓，香則受之。以乾祐中盛夏坐終，身不沮壞，今溢城人供養影相焉。

又潭州釋亡名，恒誦法華經，口無他語。長沙文昭王馬氏特加禮重，召入天策府湘西院供養。然其語事，詭異堪驚。一旦召知佛殿僧，令急襞掠佛像，各就兩廂。僧皆謂爲狂發，相目而笑。舉止極甚總切〔二〕。須臾，自入正殿內據佛座而坐，奄然而化。舉州道俗，争禮焚香，漢乾祐中也。

周會稽郡大善寺行瑫傳二十

釋行瑫，姓陳氏，湖州長城人也。考曰良，母陶氏，鍾愛之心與諸子異。然其敏利，又於群童桀然而出。父母多途，礙其出家之志，終弗能禁。唐天祐二年依光遠師求于剃染。年十有二，誦法華經，月奇五辰而畢軸。次維摩經盡。如道安朝請經而暮納本焉，尋於餘杭龍興寺受滿足戒，遂往金華雙林寺智新傳南山律鈔，弭節服膺，流輩推揖。常食時至，以不瞀〔一〕之米與菜茹投小鼎中，參煑而食。此外斷無重味。義解之心，理棼破木，都無難色。嘗謂人曰：「所好甚者，不見他物之可好。吾之好也，樂且無荒也。」後唐天成中，寓于越，樂若耶山水，披覽大藏教，服枲麻之衣。募道俗〔二〕置看經道場於寺之西北隅。構樓閣堂宇，蔚成別院，供四方僧，曾無匱乏。以顯德三年壬子秋七月示疾，終于此院，報齡六十二，法臘四十四〔三〕。

瑫性剛正，無面諛，無背憎，足不趨豪貴之門，囊不畜盈餘之物，房無閉户，口無雜言。亦覽群書，旁探經論，慨其郭迻音義疎略，慧琳音義不傳，遂述大藏經音疏五百許卷，今行于江浙左右僧坊。然其短者，不宜稱疏。若言疏，可以疏通一藏經，瑫便過慈恩百本幾倍矣。其耿介持律，古之高邁也矣。

大宋東京開寶寺守真傳二十一 沙彌彌伽 道蔭

釋守真，永興萬年人也。俗姓紀，漢許帝信之鴻緒。乃祖乃父，素履貞吉，弈葉孝行，充塞閭里，故鄉人美其孝焉。遂目之曰紀丁蘭也，真即其後矣。洎黄寇干紀，僖宗蒙塵，車駕避鋒而西幸，咸鎬失守而没賊，因而徙家居于蜀矣。及冠也，偶遊聖壽寺見修進律師行出物表，語越常度，乃解帶卸冠，北面而事之。七支既備，先謁從朗師，學起信論；次依性光師，傳法界觀；後禮演祕闍梨，授瑜伽教，並得心要，咸盡指歸。自明達諸法，宣暢妙典，四十年間略無怠矣。而賜號曰昭信焉。講起信及法界觀共七十餘遍，皆以燈傳燈，用器投器。嗣乎法者二十許人，開灌頂道場五遍，約度僧尼士庶三千餘人，開水陸道場二十遍。常五更輪，結文殊五髻教法，至夜二更輪，四方無量壽教法，稱阿彌陀尊號，修念佛三昧，期生淨域。一日，謂弟子緣遇曰：「如來不云出息不保入息。吾之壽也幸矣，汝之年也耄矣，今欲順俗從世，預設二塔，其可得乎？」緣遇稽首而對曰：「廣度長老捨院之右地請建塔者有年矣，今大師屬其意，長老致其美，因緣冥契，安可而止。」於是鳩工而營之，自十月琢磨，至十一月徹續。以開寶四年秋八月九日命衆念佛，佛聲既久，令止，奄然而歸寂，俗壽七十八，僧臘五十三。其月二十一日焚葬於北永泰門外智度院側。其獲舍利光潤，各將供養之。

次沙彌彌伽者，于闐國人也，專誦華嚴經，曾無間息。聖曆年中，天帝釋請迎伽上天誦持，乃曰：「每被阿脩羅見擾，故屈師來，請爲誦宣華嚴經，以禳彼敵。」遂陞座，朗諷是經。時脩羅軍衆聞經乃現威神，一時而化去。

又沙彌道蔭常念金剛經，寶曆〔一〕初，因他出夜歸，虎暴中路，忽遇哮吼跳躑于前。蔭知不免，乃閉目而坐，唯默念是經，心期救護，虎遂伏草守之。達曙，村人來往，乃視虎，其蹲處涎流於地焉。蔭後持誦益加，高行矣。

論曰：入道之要，三慧爲門。若取聞持，勿過讀誦者矣。何耶？始惟據本，本立則道生。次則捨詮，詮留則月失，比爲指天邊之桂影，而還認馬上之鞭鞘。如此滯拘，去道彌遠。然則機有新發，跡或乍移，須令廣覽多聞。復次，背文高唱，在乎品位，先號法師。故經云：「受持讀誦，解説書寫，如法修行」是也。

原夫經傳震旦，夾譯漢庭，北則竺蘭始直聲而宣剖，南惟僧會揚曲韻以諷通。蘭乃月氏之生，會則康居之族。兩家左右，二見否臧，無爲冰上之狐，免問候傍之路。通曰：「西竺僧持部類行事不同，或執親從佛聞，更難釐革。或稱我宗自許，多決派流。或直調而質乎？或歌聲而巧矣。致令傳授各競師資，此是彼非，我真他謬，終年矛盾，未有罷期。故有若美一期之唄暱，誦三契之伽他，感車馬而不行，動人天之共聽，此曲折聲之効也。若乃盤特少句，薄拘短章，止憂忘以鼓脣，胡暇巧而揚舌？猶登中聖，或致感徵，此直置聲之驗也。今以一言蔽之，但有感動龍神能生物善者，爲讀誦之正音也。」或曰：「常聞光音天之語言，則是梵音未委，那爲梵音邪？請狀貌以示之。」通曰：「諸陀羅尼，則梵語也。唄暱之聲，則梵音也。」或曰：「如天下言音令人樂聞者，與襄陽人爲較，準彼漢音也。音附語言，謂之漢音漢語。則知語與音別，所言唄暱者是梵音，如此方歌謳之調歟？且梵音急疾，而言則表詮也。分曉舒徐引曳，則唄暱也。」或曰：「此只合是西域僧傳授，何以陳思王與齊太宰撿經示沙門耶？」通曰：「此二王先已熟天竺曲韻，故聞山響及經偈，乃有傳授之説也。今之歌讚，附麗淫哇之曲，沾灃之音，加釀瓌辭，包藏密呪，敷爲梵奏，此實新聲也。如今啓夾，或曰開題，秪知逐句隨行，那辨真經僞造？豈分支品，未鑒別生，能顯既知，所詮須體。當聞捨筏，適足歸宗。達其阿字之門，圖其法身之體，此讀誦之至也。其有難通帚字，多遊族家，急令口誦於一經，且爲身參於不衆。賴能暗誦，免呼粥飯之僧；如偶澄清，緩裹歸家之幞。」或曰：「國朝度戒，何責經乎？豈不聞羯磨之辭，止云年滿，衣鉢具足，不言念經。爲增上緣耶？」通曰：「此滅法無知之徒言耳。上根感戒，果證相隨，何以經紙數考試耶？脱捨下根之誦持，入法止闒茸〔一〕白丁矣。南山大師云：『纔登解髮，便須通覽。』又後周初，多度僧尼，勑靈藏銓品行業，若講若誦，卷部衆多，隨有文義，莫不周鑑，時共測量。通經了意，最爲第一。此乃精選誦經通義，爲入道之階漸也。不見此文，深爲痛惜。梁傳目此爲經師，宣師不沿而革，號爲讀誦。今采諸師從唐至宋，取其多善，宗歸乎高。則有感神宿廟，度苦因經。法智往生，感金光之照野；明慧行道，占虹氣之貫天。或受請居羅漢之前，或持明救城陽之疾。得御詩之餞送，見勢至之來迎。使者攝而不能，妖狐媚而自變。猗歟元皎，致李樹之叢生；焯爾楚金，感帝王之入夢。圓光在頂，三昧現前。遇誦華嚴，放金光於口角，後遊地獄，乘寶座於西方。三刀斷勢，傷於竹筒；千福經聲，入於帝耳。燈〔二〕返不湌於薏苡，康聲無斷於連珠。或添齡於三十許年，或茎蟲於數十莖髮。或經音徧於燕壘，或本足在於鐘離，或樂象龜茲，或口開菡萏，或鬼神避呪，或陸地生蓮。或夢華胥而悉解梵音，或坐佛座而便歸圓寂。如斯上德，若此法師，殖璧隨方，貫花有次。身爲金鼓，擊之成懺悔之音；口若玉簫，吹之出神仙之曲。因依相授，徒倚獨宣，可謂皮裏法華，足行經藏。俾法者之不斷，善付三乘；皆成佛之無餘，還宣八辯者也。詩曰：『伐柯伐柯，其則不遠。』望吾曹無忘取則於此焉。」

校勘記

法正傳

〔一〕江州，酉陽雜俎續集卷七作「江陵」。按本篇尾云：「荆山（雜俎山作州）行覩見其事」，則作「江陵」者爲是。

〔二〕一寸月餘，雜俎作「一肘餘」三字。疑此「寸月」二字本是「肘」字，誤離爲二也。

〔三〕荆山僧行覩見其事，按雜俎記法正、會宗事爲二則。會宗下云：「荆山僧行堅見其事」；法本下云：「荆州僧常靖親見其事。」此合二文並言之，略有違異。

守素傳

〔一〕淋麗，揚州本、大正本麗作灑，宋本、元本作麗，同此本。按淋麗爲雙聲連綿詞，與淋灑同。

〔二〕取令，原本令作今，從揚州本及宋本、元本改。

華嚴和尚傳

〔一〕但隨，揚州本但作且（大正本譌作旦）。宋本、元本作但，同此本。

惟恭傳

〔一〕非法，宋本、元本法作益。

〔二〕六七人，酉陽雜俎續集卷七作「五六人」。

〔三〕所見者乃天樂耳，雜俎作「因説向來所見，其日合寺聞絲竹聲，竟無樂人入寺」。

遂端傳

〔一〕忽結，原本忽作怱，從揚州本、大正本改。

〔二〕取澤字也，揚州本、大正本此下有「今普濟寺是也」小注六字。宋本、元本亦無彼六字，同此本。

神智傳

〔一〕保壽，宋本壽作聖。

〔二〕臣牧，原本牧作妝，從揚州本、大正本改。

道賢傳

〔一〕給之，原本給作紿，從揚州本、大正本改。

若虚傳

〔一〕亡名，揚州本、大正本名下有僧字。

〔二〕總切，揚州本總作怱，同。大正本作怨，怨之形誤。宋本、元本作忿。

行瑫傳

〔一〕不謵，揚州本、大正本謵作槧。宋本、元本作謵，同此本。按謵字見龍龕手鑑，同讋。

〔二〕募道俗，原本募作慕，從揚州本改。

〔三〕按傳燈録卷十八有福州僊宗院行瑫，泉州人，姓王氏，核其行實，與此傳不合，當另是一人，法名偶同耳。附辨於此。

守真傳

〔一〕寶曆，按酉陽雜俎續集卷七有小注云：「一云長慶。」

論

〔一〕闒茸，原本茸作茸，從揚州本、大正本改。闒茸見漢書司馬遷傳。謂低賤也。

〔二〕燈，原本誤作證。此句所敍爲唐天崇寺智燈之事，見本書卷二十四智燈傳。

大宋高僧傳卷第二十六

興福篇第九之一 正傳十四人 附見二人

周京師法成傳一

釋法成，本姓王，名守慎，官至監察御史。屬天后猜貳，信酷吏羅織，乃避法官，乞出家爲僧。苦節勤於化導，聲發響隨，行高質直。長安中，於京兆西市疏鑿〔一〕大坑，號曰海池焉，支分永安渠以注之，以爲放生之所。池上佛屋經樓，皆成所造。穿池之際，獲古石，銘云「百年爲市，而後爲池。」自隋朝置都立市，至于時正一百年矣。儀鳳二年，望氣者云：「此坊有異氣。」勑掘之，得石函，函内貯佛舍利萬餘粒，光色粲爛而堅剛。勑於此處造光宅寺，仍散舍利於京寺及諸州府各四十九粒。武后於此始置七寶臺，遂改寺額，成公居之。行其激勸，多以崇福爲己任焉。

唐五臺山昭果寺〔一〕業方傳二

釋業方〔二〕者，即解脱禪師之法孫也。身長七尺五寸，古貌軒昂，垂手過膝，眉長數寸，目有重瞳。人望凜然，禮誦無倦，紹脱高躅，動合無形，不捨利物，而再修梵宫。時太原府有士女造立文殊像一軀，將送入山，到滹池河〔三〕側，洪波汎漲。方乃隔岸焚食啓告，河爲流減，過文殊畢，水還瀰溢。後終，建塔在寺西北一里，肉身見存，而多神異焉。

唐上都青龍寺光儀傳三

釋光儀，姓李氏，本唐宗室也。父瑯琊王與越王起兵欲復本朝，中興帝道，不克，天后族誅之，而無噍類。儀方在襁褓中，乳母負之而逃。後數年，則天竊聞瑯琊有子在民間，購之逾急。乳母將至扶風界中，鬻女工以自給。儀年八歲，狀貌不羣，神悟超拔。乳母疑遭貌取而敗，且極憂疑。乃造布襦，置錢於腰腹間，於桑林之下，告之令去。「勑搜不慢，吾慮俱死，無益於事。汝聰穎，必可自立。或一旦富貴，無忘老姥。」言訖對泣。儀慟不自勝，乳母從此而逝矣。儀茫然行至逆旅，與羣兒戲。有郡守夫人往夫所住處，方息，俱此見儀羣聚，且貌俊爽，因而憐之。召謂之曰：「郎君家何在，而獨行至此？」儀紿之曰：「莊鄰於此，有時閑戲耳。」夫人食之，又給之錢，乃解衣而内其錢。日暮尋逕而去，擬投村墅。遇一老僧，呼曰：「爾小子，汝今一身，家已破滅，將奚所適？」儀驚愕佇立，老僧又曰：「出家閑曠，且無憂畏，小子欲之乎？」儀曰：「素所願也。」老僧因携其手至大樹陰，令禮十方佛，歸依常住佛法僧已，因削其髤。又出袈裟以披服之，小大稱其體。其執持收掩，猶如幾夏比丘。老僧喜曰：「此習性使然，善持僧行。」遂指東北曰：「去此數里有伽藍，汝直詣彼，謁寺主云，我使汝爲其弟子也。」言畢，老僧欻然亡矣，方知聖僧也。儀如言趣彼，寺主駭其言，因留之。經十年許，儀已洞明經律，善其禪觀。而屬中宗即位，唐室復興，勑求瑯琊王後，儀方向寺僧言之。時衆大駭，因出詣扶風李使君，即儀之諸父也。見之悲喜，乃舍之於家，方以狀聞，固請不可。使君有女，年齒相侔，一見儀而心悦，願致情曲。儀恐慴而避焉。他日會使君夫人出其女，靚粧麗服，從者越多，來而逼之。儀固拒百端，終不屑就，紿之曰：「身不潔，請沐浴待命。」女許諾，方令具湯沐，女出，因閉關。女還排户，既不得入，自牖窺之，方持削髮刀，顧而言曰：「有于此根，故爲慾逼，今若除此，何逼之爲？」女懼止之，不可，遂斷其勢，投之于地。儀亦悶絶，户既不開。俄而使君、夫人俱到，女實情具告，遂破户視之，漸蘇。命醫工舁歸蠶室，以火燒地，苦酒沃之，坐之于上，以膏傅之。月餘瘡愈。使君奏儀是瑯琊王子。有勑命驛置至京，引見慰問，優賚豐洽，詔襲父爵。儀懇讓，誓願爲僧，確乎不拔。中宗勑令領徒，任置蘭若，自恣化方。儀性好終南山，因居法興寺。於諸谷口造庵寮蘭若，凡數十處，率由道聲馳遠，談説動人。或山行十里閒，緇素侍者常數千百人，迎候瞻待，甚於權要卿相焉。

儀恒居寂定，或言將來事，以決吉凶，必無差忒，人益歸之。開元二十三年六月二十三日，先囑累弟子：「當謹護身口，勿事諠譁。祖師意無別事，靜則真法現前。此外提唱，皆不獲已。」言極激切。因北首而卧枕肱，右脇著席而亡，此大涅槃之表兆也。遺言令葬於少陵原南，乃鑿原成室而封之。柩之發也，異香芬馥，狀貌如生。祖車出城，白鶴數百鳴唳空中，綵雲依約，覆車數十里。道俗號咷，多持孝服。所葬之地，遂建天寶寺，弟子皆留而守之。

唐鎮州大悲寺自覺傳四

釋自覺，博陵望都人也。稚齒猒于俗態，俄白親老言：「兒樂從佛求度世去。」二親驚愕，咄咤俾去，然無慚怍。再拜請命，乃强禮本部開元寺知欽。欽觀其志氣弗羣，立字曰自覺。訓之曰：「汝聞名思義。」答曰：「佛種從緣起，唯聽明誨矣。」既而誦經及格蒙度。至德二年年滿，鎮州受具足法。即往靈壽縣禪法寺習律經論，勤瘁九年，皆造微也。便言「當入太行山，於一磐石上結茅庵三畝，小谿爲蘭若，不亦快乎。」大曆元年九月晦，往平山縣界，得重林山院，果應所求，遁跡自娱。至二年五月，天其旱暵，覺則跣足經行，冬則右肩偏袒。其林薄山谷，虎狼狃跡重複。唯拾果采蔬，卯時一食。時恒陽節度使張君患炎旱，聞覺精苦，躬入山請其祈雨。張語之曰：「某無政術，致累百姓三年亢陽，借苦引咎自責，良無補矣。或云龍王多依師聽法，忘其施雨。願師垂救旱之誓，有如白水。」如念蒼生，請輟禪定，略入軍府。」覺乃虔恪啓告龍神，未移晷刻，天輒大雨，一辰告足。張帥歸向勤重，若孝子之事父母焉。

覺始入法已來，學諸佛因中誓願，其數亦四十九也。其一願身長隨大悲菩薩，次願造鑄大悲像寺。及乎發言響應，檀施臻萃，用赤金鼓鑄成，舉高四十九尺，梵相端嚴，眼臂全具。迨更年稔，寺亦隨成，今城西山大寺是歟。遂於壇前誦念至三更，見神光二道作中金色，於晃朗中見彌陀佛、觀音、勢至左右翼從，佛垂金臂呼自覺聲，漸下雲來，摩其頂曰：「守願勿悛，無宜懈廢，利物爲先。汝去吾隨，任從汝意。」言畢雲收，杳無朕迹。覺以願心酬畢，返山林之間，擇送終之處。貞元〔一〕十一年二月望夜，有神人現半身，若毗沙門狀，謂曰：「師今歲滅度矣。」舉手謝神人曰：「往來定分，吾聞命矣。」其年六月十四日，奄歸寂滅。門人欲奉神龕歸山寺，州府人苦留，終於大悲寺南遷塔焉。則十三年四月八日也。其大悲爲恒陽奇事，感應潛通，至周顯德初，敕鑄九府圓法，天下銅像，一例除毀。時州人相率出錢贖此像，不允，登即爐橐鎔冶。真定之人莫不悲悼。時炭熾飛煙，鎔之〔二〕，從頂至胸，旋收銅汁，斯須計料，匠氏暴卒，自此罷工。迨宋太祖神德皇帝追鑄令全，代懺前事焉。

唐今東京〔一〕相國寺慧雲傳五

釋慧雲，姓姚氏，湖湘人也。性識精明，氣貌疎朗。高宗麟德元年，正十歲矣，邈然有出塵之志。二親多厭沮之，其心匪席，不可卷也。父哀其所願，從往南岳初祖禪師稟承慈訓，而能黠慧，好味經教，沈默如也。至于弱冠，於嶽寺受具足法。自專護戒，且善毗尼，尋罷講科〔二〕，專營福事。發言響答，化俗風從。立事絶私，士庶欽揖。乃出重湖而遊荆郢，江南振錫，浙汭携囊，務在勸人令捨慳病。隨處葺造，緝修〔三〕寺宇二十餘所，皆功成不宰。

天后久視元年，江北行化，因緣未會。長安元年，來觀梁苑，夜宿繁臺，企望隨河北岸，有異氣屬天。質明，入城尋覩，乃歙州司馬〔四〕宅。西北園中池沼，雲徙步臨岸，見瀾漪中有天宫影，參差樓閣，合沓珠瓔，門牖綵繪，而九重儀像逶迤而千狀，直謂兜率之宫院矣。雲覩兹異事，喜貫心膺，吾聞智嚴經説，瑠璃地上現宫殿之影，此不思議之境界也。今決擬建梵宫，答其徵瑞。乃挂錫于安業寺。神龍二年丙午，往濮州屬縣報成寺，發願爲國摹寫彌勒像，舉高一丈八尺，募人〔五〕出赤金。于時施者委輸，逡巡若丘阜矣。遂振槖籥，程巧工，一鑄克成，相好奇特。殆景龍四年庚戌六月，屬温王讓位，奉睿宗叔父也。景雲元年，雲於寺東廊南隅造别殿安聖容。始云治材，方議版築，檀越衆議紛紜，未成建樹。至二年辛亥，於福慧寺經坊北貿新安典午鄭景宅。方事興工，掘得古碑，則北齊天保六年乙亥歲置建國寺，乃高歡嗣子文宣帝也。覩之者皆驚嘆，同舍利弗悲塏埞焉。採訪使君稱異再三，遂沿此記，改福慧爲建國寺迎取安業聖容及殿材至寺。太極元年五月十三日改元延和，是歲刑部尚書王志愔爲採訪使，至浚郊宣勑，應凡寺院無名額者，並令毁撤，所有銅鐵佛像收入近寺。雲移所鑄像，及造殿宇門廊，猶虧綵繢。遇新勑，乃輟工。雲於彌勒像前，泣淚焚香，重禮重告曰：「若與此有緣，當現奇瑞，策悟羣心。」少頃，像首上放金色光，照曜天地，滿城士庶皆嘆希有。是時生謗毀者隨喪兩目，又有舌腫一尺許者。遠近傳聞，争來瞻禮，捨施如山。乃全勝概，像坐垂趺，人觀稽顙。涉惡報者，雲望像爲其悔過，斯須失明者重視，舌卷者能言，皆願爲寺之奴，持鐘掃地也。採訪使王志愔、賀蘭務同録祥瑞奏聞。睿宗潛符夢想，有勑改建國之牓爲相國，蓋取諸帝由相王龍飛故也。仍勑佛授記寺大德明幹同共檢校功德，勿令州府煩擾。中書舍人賈曾、侍郎崔沼、給事中盧逸、中書侍郎平章事岑羲皆捐俸禄，共構因緣。或啓發心之元，或施外護之力。先天中行傳神于潞邸。玄宗即位，至八月十五日，上皇御書寺額，奉詔令大德真諦并弟子二人、品官一人，賫勑賜旛花及寺額至，迎受懸掛。雲道化梁園，身榮福樹，百齡有限，四相交遷，終于寺之别院。葬今京之東郊，寺莊塔亭存焉。時號造寺祖師。

雲去世後，天寶四載造大閣，號排雲。肅宗至德年中造東塔，號普滿者，至代宗大曆十年畢工。或云〔六〕造塔僧能分身行化，難測品階。文殊、維摩，是王府友吴道子裝塑。又開元十四年，玄宗東封迴，勑車政道往于闐國摹寫天王樣，就寺壁畫焉。僧智儼募衆〔七〕畫西庫北壁，三乘入道位次，皆稱奇絶。今之殿宇，皆大順年火災之後蓋造，大宋〔八〕太祖重修。翰林待詔高益筆跡壁畫，時推筆墨之妙矣。

唐杭州華嚴寺玄覽傳六慧昶　守如

釋玄覽，姓褚氏，其先河南人也。食菜于錢塘，因是家焉。覽誕膺明德，生而懸解，深達實相，以崇善本。自初念至于捨家，師承慧昶。昶師德無不滿，衆用皆足，年高行尊，久爲師範，及見覽無一息之間違仁，告門人曰：「無上之道，清淨爲本。有能一念用其心，吾未見學不足者。江表無真僧久矣，或以此子爲法鼓耶？俾遐邇聞之。」其預爲達匠之所甄異也如此。其本邑有故華嚴寺，覽以包桑之地近於玄禮師之先塋，屬隋室不競，法宇弛頹，名將鼙遷，跡亦時廢。屬于唐初，慕信人重建。文明歲，有勑許還舊額，廣輪制度，兼移基址。背山臨水，往返形勝。覽初以具戒依天竺，次以僧録住一閑居，後以耆德統華嚴三寺。次第同致于道，道無不在，因教有遷也。覽嘗以惘物慈濟爲己任，遂議寺前平湖之通川爲放生池。時太守袁從禮因兹勸勉，深入慈門，以禁六里。司馬楊敏言感夢，又廣至十里。是以揵鬐掉尾，噞喁浮沈，不虞其害，得遂生性焉。覽又以經像爲最則，殿前畫四像，慈氏爲首。鑄金銅像三百五十座，彌陀爲首。寫經二千餘軸，金字涅槃經爲首。如是功德，以順現報。故王考宗追贈和州刺史右散騎常侍封舒國公無量，則覽之元昆也。量修學之日，臨平湖龍見，無不往觀，舒公晏然不離書案，氣度如此。明皇初年，舒公侍講，帝嘉尚之。歸覲太夫人，年已期頤。昆季皆以華皓，晨昏之地説法而已。覽以開元二十二年示疾，終于臨平所造寺。春秋八十四。僧明了、大覺、普賢、神滿、懷遜，皆參預法流，奉法器藏于細礪洞之下基。工部侍郎徐安貞撰碑頌德焉。

又閩中愛同寺釋守如，多事勸誘，越上之民歸若鄽聚焉。崇樹精廬，以爲濟衆，急在利他。開元十年於寺營浴室，患地勢斗高〔一〕，清泉在下，桔槔無用，汲引步遥，終以爲勞。思慮不迨，無出改作。忽一宵下流頓涸，距造浴室所二十餘步，清泉迸出，時謂神功冥作，移此泉耳。七閩之民罔不歸信，終于温室之偏房矣。

唐東陽清泰寺玄朗傳七

釋玄朗，字慧明，姓傅氏。其先浦陽郡江夏太守拯公之後。曹魏世，避地于江左，則梁大士翕之六代孫，遂爲烏傷人〔一〕也。母葛氏初娠，夢乘〔二〕羊車飛空躡虛而覺身重。自兹已後，葷血惡聞。殆乎産蓐，亦如初寐，覺後心輕體安。嬰兒不啼，呪爾而笑。九歲出家，師授其經，日過七紙。如意元年閏五月十九日，勑度配清泰寺。弱冠，遠尋光州岸律師，受滿足戒。旋學律範。又博覽經論，搜求異同，亢切涅槃。嘗恨古人雖有章疏，判斷未爲平允。往在會稽妙喜寺與印宗禪師商搉秘要，雖互相述許，大旨未周。聞天台一宗可以清衆滯，可以趣一理，因詣東陽天宫寺慧威法師。威稟承括州智威，時傳威是徐陵後身，灌頂師之高足也，朗親附之，不患貧苦。達法華、浄名、大論、止觀、禪門等，凡一宗之教迹，研覈至精。後依恭禪師重修觀法，博達儒書，兼閑道宗，無不該覽。雖通諸見，獨以止觀以爲入道之程，作安心之域。雖衆聖繼想，而以觀音悲智爲事行良津，遊心十乘，諦冥三觀，四悉利物，六即體徧。雖致心物表，身猒人寰，精捐舊廬，志栖林壑。唯十八種十二頭陀，隱左溪巖，因以爲號。獨坐一室，三十餘秋，麻紵爲衣，糲蔬充食，有願生兜率宫，必資福事。乃構殿壁，繢觀音、賓頭盧像。乃焚香斂念，便感五色神光，道俗俱瞻，嘆未曾有。此後或猿玃來而捧鉢，或飛鳥息以聽經。時有盲狗來至山門，長嘷宛轉于地，朗憫之，焚香精誠，爲狗懺悔，不踰旬日，雙目豁明。至開元十六年，刺史王上客屈朗出山，暫居城下。朗辭疾，仍歸本居。厥後誨人匪倦，講不待衆。一欝多羅四十餘年，一尼師壇終身不易。食無重味，居必偏厦。非因尋經典，不燃一燭。非因覲聖容，不行一步。其細行修心，蓋徇律法之制，遂得遠域沙門、鄰境耆耋擁室填門，若冬陽夏陰，弗召而自至也。其寺宇凋弊，乃指授僧靈稟建。其殿宇形像，累二甎塔。繢事不用牛膠，悉調香汁。天台之教鼎盛，何莫由斯也？一日，顧謂門人曰：「吾衆事云畢，年旦暮焉。」以天寶十三年九月十九日薄疾而終，春秋八十有二，僧夏六十一。置塔於巖所，生常撰法華經科文二卷。付法弟子衢州龍丘寺道賓、浄安寺慧從、越州法華寺法源、神邕、常州福業寺守真、蘇州報恩寺道遵、明州大寶寺道原、婺州開元寺清辯。齠年募道，志意求師，不踰三年，思過半矣。行其道者，號左溪焉。第其傳法，號五祖矣。禹山沙門神迥著乎真讚矣。

系曰：觀其唐世已上，求戒者得自選名德爲師。近代官度，以引次排之，立司存主之，不由己也。朗之求戒，不其是乎？如是師資相練，恩義所生。脫臨事請爲，則喻同野馬也。

唐湖州佛川寺慧明傳八

釋慧明〔一〕，俗姓陳氏，漢太丘長寔之後。世居潁川，永嘉南渡，祖爲司徒掾。曾祖仲文有佐命于陳，封丹陽公。祖爲雙溪、穀熟二縣令。考爲蘭陵長，乃爲蘭陵人也。明母氏初感之日，如持佛戒，足惡履于葷園，口不嘗于鱻器。神夢髣髴，如聞法音，既而誕焉。年漸及丱，方祈捨俗，父母偕聽。至受具時，即開元七年也。習學律藏，嘗謂人曰：「昔者繁刑首作，伯成子〔二〕遁焉。吾雖不捨律儀，而惡乎諍論紛紛。若心印心之法至矣哉！」乃西詣方巖，頓開心地。天寶中有願於清涼山。淮汴阻兵，明即旋策。與禪客遇，同遊宛陵，於上石門置蘭若三所，有大戲來擾，如撫狵〔三〕焉。時薦饑，羣盜欲至，必號呼先告，往往有徵焉。先是此鄉好弋獵，明化之，皆焚罝網器仗矣。至天寶五年，爰止乎魚陂道場。有瑀公者，白土史宗之流，迹邇行微〔四〕，世莫之識，始相見曰：「南祖傳教菩薩，來何晚耶？」他日同登魚陂峯頂，見東南有山蒼琅獨秀，謂瑀公曰：「吾與此山宿有緣矣。」天寶八年，有制度人。州將韋南金舉高行，黑白狀請，隸名州中寧化道場，明固辭。改隸佛川，即疇昔魚陂所望之峯，梁吴均故宅之所，地志云：「青山南〔五〕掘得古佛二軀，莫知年代。獲像之地，靈泉涌起，因名佛川焉。」泉側有吴王古祠，風俗淫祀，濫以犧牲。於是明夜泊廟間，雷雨薦至，林摧瓦飛。頃之，雨收月在，見一丈夫容衛甚盛。明曰：「居士，生爲賢人，死爲明神，奈何使蒼生每被血食，豈知此事殃爾業耶？」神曰：「非弟子本意，人自爲之。」禮懺再三，因與受菩薩戒。神欣然曰：「師欲移寺，弟子願捨此處，永奉禪宫。」後果移寺於祠側，獲銅盤之底，篆文有「慧明」二字焉。建中元年正月示疾，其日庭水春染，山雨晝冥，猛虎繞垣，悲嘯而去。十二日，奄然長往，春秋八十四，僧臘五十一。二月十二日建塔于寺西山焉。傳法弟子慧解、慧敏、如知三人也，若鶖子採菽之倫也。菩薩戒弟子，刺史盧幼平、顔真卿、獨孤問俗、杜位、裴清，深於禪味。俾晝公爲塔銘焉。

唐湖州大雲寺子瑀傳九

釋子瑀〔一〕字真瑛，姓沈氏，吴興德清人也。其先亡國〔二〕於沈，因以爲氏，春秋沈子之後也。瑀生而聰慧，不以師授。年未總角，辭親出家，以如意年中大赦度人，壞衣削髮，煤炱世事，於洛京大福先寺受戒。勤勤祈請，假寐三日之夕，見有神人儼然在目，倏往忽來，或同或異，得非至誠乎？於是燭如來燈，佩菩薩印。證聖中歸于大雲道場，堅執律柄，僧綱鼇舉，不亦宜哉！瑀素履純庬，無咎無譽。使天下之士有外道焉，有闡提焉，心如飄風，言若泉涌，撓我聖教，擠我妙門，瑀示以從容，誘以方便，莫不稽首挫色而聞命焉。常禮一萬五千佛名兼慈悲懺，日夜一帀，或二日三日一帀。夜有聖僧九人降於禮懺之所，相與行道，彈指而去。或夜無燈燭，心口是念，圓光照室，如坐月中。如此則往往有之。瑀慨德清偏邑〔三〕，未有塔寺，遂鋭懷營構。一唱齊和，乃成精宇。前後寫經三藏〔四〕，凡一万六千卷。天寶初，臨安足法師死，經三宿，將入地獄，冥中見瑀引至王所，謂王曰：「此人能講涅槃經，王宜宥之。」王曰：「唯聞巖崙師能講〔五〕，不聞此師名，何也？」如是再三，王不能屈，因赦之。曾是鄉人施牸〔六〕牛音桃者，天然不孕，因而出乳，其通感如是。以十一年秋禪坐而終。十二年春，將啓靈龕，欲焚之，容色不變，如生，雖少林孕髭，蘄春育髮，何獨嘉也？大理評事攝監察御史姚淡〔七〕、主客郎中姚涑〔八〕、刺史楊慧才偕歸信焉。

唐明州慈溪香山寺惟實傳十

釋惟實，姓湯氏，富陽人。其爲人也，杜多其行，禪觀其心，淡然靜居，長坐不寐。初母氏抑其願心，不容披削。既而籠開鳥逝，岸穴泉飛，學善財之徧參，同迦葉之練行。天寶中往明州若嶼山，夜聞冥告曰：「達蓬聖跡名山，宜矣。」翌日且登其山，巖洞窈窕，石壁削成，秀異之多，實維靈境。有大佛足跡，詢其山叟，則曰「彼開元年中始現斯瑞」。遂願棲此，有終焉之志。時屬海寇袁晁蜂蠆屯聚，分以剽劫，殺戮無辜。至于香山，衆皆奔竄。實據榻瞑目，先以大石掩洞門。賊可三二百數，復舁巨石闊二丈餘，鎮其穴口。實起喑嗚，以掌舉之，羣盜羅拜以謝之而去。邑民重之，遂立精舍，弗再歲而成。大曆八年也。太守裴儆奏請署香山題額焉，詔度僧七人隸名矣。以貞元二年冬示疾，終于寺，則加趺而化也。春秋六十二，法臘三十一矣。

唐朔方靈武〔一〕龍興寺增忍傳十一

釋增忍，俗姓史氏，沛國陳留人也。典謁之年，登其鄉校。百氏簡策，寓目入神。藝文且工，乃隨計吏，數舉不捷。會昌初，薄遊塞垣，訪古賀蘭山中，得浄地者白草谷内，發菩提心，頓掛儒冠，直歸〔二〕釋氏。乃薙草結茆爲舍，倍切精進。羌胡之族，競臻供獻酥酪。至五載，節使李彦佐嘉其名節，於龍興寺建别院，號白草焉，蓋取其始修道之本地也。忍刺血寫諸經。大中七年，李公慮其枯悴，躬往敦諭曰：「師何獨善一身，行小乘行？胡不延惜生性，任持教法，所利博哉！」忍執情膠固，遂著三教毁傷論以見志，帥覽而益加崇重。九年，因讀大悲經，究尋四十二臂至無畏手，疑而結壇，浹旬禱請，自空中現其正印，雙拳歷歷可觀。遂命畫工繪寫此臂焉。或有譏謗者，忍再精愨虔告，畫工濯筆銅椀中，忽感寶性花一朵，枝趺旹葉，一一皆鮮明，覩者驚嘆。至咸通十二年七月十日示滅于白草院，春秋五十九。以十月十七日藏神于水館之南，建塔焉。

初忍刺血寫經，總二百八十三卷。畫盧舍那閣三十五尺，門一丈六尺。起樣畫大悲功德三軸，自著大悲論六卷，並藏諸篋笥焉。後節使唐恒夫仰其遺跡，奏乞旌勸，勅謚大師曰廣慧，塔曰念定。

弟子無轍，亦致遠之高足，賫血書經二卷、瑞花椀一枚〔三〕，詣闕奏呈，宣賜紫衣。天復中終。及梁乾化初，中書令西平王韓公遜録遺跡奏聞，太祖勅致謚曰法空，别賜紫方袍，塞垣榮之。後唐同光中，從事薛昭紀爲碑焉。

唐京兆荷恩寺文瓚傳十二

釋文瓚，姓張氏，晉陽人也。天姿整恪，幼事師於并州崇福寺。學該羣籍，控帶三乘。至若金版銀繩之籙，龍韜象祕之文，罔不耰耘情田，波濤口海，宣暢皇化，對揚天休，一皆悦服。詔爲翻譯，并河南佛授記寺兼京兆安國、荷恩、崇福等寺大德。好修福事，設無遮一百會，凡聖混淆，一皆等施。縱風雲連起，及至齋日，必晴明晏然，感動人祇，福無唐設。春秋六十餘，卒於本院。境内苦霧如泣，數日不解焉。

唐太原府崇福寺懷玉傳十三

釋懷玉，姓許，并州人也。少而警利，日覽千言。早露鋒芒，迥拔〔一〕儕類。及其長也，戒節踰峻。梵場龜鑑，志在修葺，無間彼此，夏墟寺宇，經有闕而必補，像有凋而遍修，三任紀綱，特有崇建。仍校讎大藏經二十餘本，祁寒盛暑，不廢晨暮。增飾淨土院，與事任力，轉加殊麗。代宗嘉之，委爲灌頂道場主，真言祕訣有所在矣。春秋六十三，卒於本院云。

唐晉州大梵寺代病師傳十四

釋代病者，台州天台人也，姓陳氏。以其嘗發大願，盡一報代衆生之病，致本名不顯矣。誕育之辰，祥光充室，鄰里異焉。七歲喪父，哀毀幾于滅性。白母求出家，母纔艱阻，遂斷一指，親黨敦勸，偏親乃送於國清寺。因戒法登滿，誓志觀方。初止今東京，次於河陽，爲民救旱，按經繢八龍王，立道場。啓祝畢，投諸河。舉衆咸覩畫像沉躍不定，斯須雲起膚寸，雷雨大作，千里告足。自此歸心者衆。先是三城間多暴風雹，動傷苗稼雉堞，號爲毒龍爲之也。代病爲誦密語，後經歲序，都亡是患。盟津民立堂宇若生祠焉。大曆元年，登太行，遊霍山，乃深入幽邃，結茆而居。有盜其盂食，俄見二虎據路，會逢代病，盜叩頭陳悔。慰諭畢，因摩挲虎頭，如是累伏猛獸。其盜本樵子，願依附爲苦行焉。其中山神廟，晉絳之間傳其肸蠁。代病入廟，勸其受歸戒，絕烹燀牲牢。其神石像屢屢隨勸頷首，顧其神婦，略無俞答之狀。遂剃神之髮，毀撤神婦。鄉人怪之，聞白州邑。太守怒之曰：「此唐高祖初起至此，久困陰雨，其神見形示路，以迎義師。厥後礱石爲像，薦饗無虧。此之髠師無狀敢爾。」

俾繫閉於嘉泉寺，扃鍵且嚴。至二十日啓關，寂然禪定，傾城咸往觀禮，或聲磬，舒徐而起。太守急召之不來，以至約令斷頭。代病斬一指以付使者。太守感之，躬就迎請，移置大梵寺，別營甎浮圖以藏其指節矣。由是檀信駢肩躡踵。有寘毒於酒者，賄貧女往施之。代病已知。貧女紿之曰：「妾家醞覺美，酌施和尚求福。況以佛不逆衆生願。」代病曰：「汝亦是佛。」然貧女懼反飲，具以情告。代病執杯啜之，俄爾酒氣及兩脛足，地爲之憤裂，聞者驚怪，以酒供養，自茲始也。汾隰西河人有疾，止給與浄水，飲之必瘳。凡屬薦饑，必募糧〔一〕設食。後於趙城救斯荒歉，作施食道場，前後八會，遐邇賴之，道感多類。以貞元十九年〔二〕秋七月八日，奄然加趺示滅。四衆初謂如嘉泉寺之禪定歟，香花供養，至于隔歲，膚肉漸堅，方知永逝，遂漆布繢畫之。武宗廢塔像，無巨細皆毁除，或議之移入陶竈中。既而生瑞草一本，其狀亭亭若蓋，盤錯縈紆，庇其風雨而有餘也。宣宗即位，佛事中興，綱糾比丘造小亭，移真形寘於此。先於嘉泉寺斷指節，已過百齡，筋肉甲爪光潤，且如金色。或屬兵革，城陷指亡。後有賫出逃難，事息歸還。亦陰福其逋亡者，至今平陽人崇信焉。

校勘記

法成傳

〔一〕流瞖，揚州本、大正本瞖作鑿，同。

業方傳

〔一〕昭果寺，清涼傳卷中作「佛光寺」。

〔二〕業方，清涼傳作「乘方」。

〔三〕滹池河，清涼傳作「滹沲河」。

自覺傳

〔一〕貞元，淨土往生傳卷下作大曆十一年。

〔二〕鎔之，原本鎔作無，揚州本、大正本同，今從宋本改。

慧雲傳

〔一〕今東京，揚州本、大正本無今字。

〔二〕講科，原本科作料，從揚州本、大正本改。

〔三〕緝修，揚州本、大正本緝作葺，通用。

〔四〕司馬，原本馬作焉，從揚州本、大正本改。

〔五〕募人，原本募作慕，從揚州本、大正本改。

〔六〕或云，原本云作去，從揚州本、大正本改。

〔七〕募衆，原本募作慕，從揚州本、大正本改。

〔八〕大宋，揚州本、大正本無大字。

玄覽傳

〔一〕斗高，揚州本、大正本斗作陡，同音通借。

玄朗傳

〔一〕其先浦陽郡……遂爲烏傷人，按李華故左溪大士碑云：「北池（當是地之形誤）泥陽人，漢魏大族，隨晉南渡，家於義烏，今爲東陽義烏人也。自江夏太守極、梁居士翕，賢達相承，世謂居士爲諸佛化身者不可測。左溪即居士六代孫。」（文苑英華卷八百六十一）所記與此可參證。北地郡泥陽縣見漢書地理志，傅翕即傅大士。此傳之「浦陽郡」疑誤。

〔二〕夢乘，原本乘作垂，從揚州本、大正本改。

慧明傳

〔一〕慧明，釋皎然唐湖州佛川寺故大師塔銘（皎然集卷八）慧作惠，通用。

〔二〕伯成子，塔銘作「伯成子高」。

〔三〕撫㺜，原本㺜作犛，犛爲白黑雜毛牛（説文），義不合，塔銘作㺜，今從改。揚州本、大正本作尨，與㺜同字。作犛者形誤。

〔四〕行微，原本微作轍，諸本同，但塔銘轍作微。於義爲長，今據改。

〔五〕青山南，塔銘南作「東南」二字。

子瑀傳

〔一〕釋子瑀，釋皎然湖州大雲寺故禪師瑀公碑銘作「大師諱瑞」。（皎然集卷九）

〔二〕亡國，諸本皆如此。按碑銘亡作仕，疑是。

〔三〕偏邑，原本偏作徧，從揚州本、大正本及碑銘改。

〔四〕三藏，碑銘三作二。

〔五〕巖崙師能講，碑銘作「嚴能講」，疑彼有誤。

〔六〕犗牛，揚州本、大正本犗作犞。

〔七〕姚淡，碑銘淡作澹，同。

〔八〕姚涑，揚州本、大正本涑作泲，碑銘作沛。

增忍傳

〔一〕靈武，宋本篇題無此二字。

〔二〕直歸，原本直作真，從揚州本、大正本改。

〔三〕一枚，原本枚作枝，從揚州本、大正本改。

懷玉傳

〔一〕迥拔，原本拔作投，從揚州本、大正本改。

代病傳

〔一〕募糧，原本募作慕，從揚州本、大正本改。

〔二〕十九年，原本十作下，從揚州本、大正本改。

大宋高僧傳卷第二十七

興福篇第九之二正傳二十一人 附見三人

唐京師光宅寺僧竭傳一

釋僧竭者，不知何許人也，生在佛家，化行神甸。護珠言戒，止水澄心。每嗟靳固之夫，不自檀那之度，乃於建中中造曼殊堂，擬摹五臺之聖相。議築臺至于水際，竭懼傷生命，俾立三日道場，呪其多足至無足，當移竄相避，勿成某梵行之難。將知至誠所感，徵驗弗虚，掘土及泉，了無蠢動焉。常以複素爲漉袋，遇汲有蟲，投諸井坎，時號護生井，恒盈不涸。又觀其飛蛾蟣蠓，錯認火明爲可飛之路，故犯之，乃鑄銅蟾爲息煙調。天下傳其制度。其曼殊院嘗轉經，每敇賜香。此寺本七寶臺寺，内有天后所造之臺，竭居于中焉。

唐成都福感寺定光傳二

釋定光者，不知何許人也。爰從入法，厥性弗拘，糲食斷中，麤襦卒歲。方於庸蜀化導有緣，事或多魔，教鍾中亢〔一〕。俄遭武宗毀廢，例反儒宗。及乎佛日重暉，僧倫咸序，光同締構寺宇，因鑄大鐘，計赤金萬餘斤。爾日鼓籥灰飛，投鑪火熾，有祥煙兩道自浮圖相輪最高處出，冉冉射上，若虹蜺焉。萬人引望，五色騰凌，相感如然，信鼓斯應。其塔是阿育王藏舍利之所。大和初南蠻蒙傞顛〔二〕剽掠入益城，分蠻卒舍于寺内廊廡，皆烹炙熏灼，僧皆奔迸。時塔頂出四道濃煙，分穗直上空虛，至夜。蠻蜑覩此奇異，乃禁止污穢。此塔先在西北四十餘步，天寶末長史章仇兼瓊赴在〔三〕，至劒門，見一人長一丈餘，持戟當路。兼瓊驚問，對曰：「某是大石寺護塔神，故來奉迎，且有少事咨祈大夫也。緣大石寺塔在西南，未爲極善，今請移東北四十二步。伏望便掘石此下，以鎮舍利。」兼瓊曰：「此易耳。」遂隱厥形，到府數日，乃令量其地處，先掘，果得巨石，其深無際。促石匠數十人鑿礐〔四〕之，至夜，輒填滿。遣人潛伺之，見有白彘數十以喙推石末塞之，隨以舌舐，其堅如鐵銅矣。章仇止令勿礐，遂移塔於今所，即金花舊寺基也。光鐘亦移入新寺焉。

唐吳郡嘉禾〔一〕貞幹傳三

釋貞幹，俗姓武氏，雲中人也。神宇高邈，以禪默爲務。曳錫踽步，南訪靈跡，及至故鄣，有崑山寺者，林泉秀茂，則宋支曇諦嘗考室于此，味道崇化二十餘載，基蹠存焉。至元嘉中創成大伽藍。屬武宗廢教，其寺屏除。幹至止於茲，與范陽盧君襲同興弘覺法師第二生名跡，寺成，進士姚扶有詩。

幹後遊今秀州長水，見靈光寺，邑民欲樹巨殿。時盧令移邑字民，欣然相遇，幹悉先知。或云「得他心宿命之明焉」。遂請幹首唱，而惡偃室之囂，寓殿基後，編苫爲淺室而居。四方檀信，弗召自臻。又與僧令恭君道等累歲方成今殿。其最高廣，海内罕比。事畢，挈弊囊，振舊錫歸北，莫知其終。

唐蘇州支硎山道遵傳四

釋道遵，字宗達，姓張氏，吴興人也。夙負殊操，潔士稱之，榮曜不足關於心，聲塵未嘗觸其性。至年二十，詣天竺義威律師受具戒，事報恩寺興大師。首宗毗尼傳教也。後學天台一心三觀法門，欲廣寫法華經，置道場，闢經院。一之日發其心，二之日規其趾，作不逾序，厥功成焉，居支硎之福地。大曆元年，州將韋元甫、兵部尚書劉晏、侍御史王圓、開州刺史陸向、殿中侍御史陸迅、大理評事張象，競誘真心，共獲殊勝，乃相與飛表奏聞。詔書特署爲法華道場，自江以東總一十七所，皆因遵之首置也。舉精行大德二七人〔一〕，常持此經，以報主恩。鑄盧舍那及毗盧遮那像，及多寶塔，修浄土當生業，造彌陀佛，復寫天台教。益乎道場，置常住莊二區。平時講法華玄義、天台止觀、四分鈔文，臨壇度人，授心揚律，徒盈〔二〕石室之籌。天寶中，於靈巖道場，行法華三昧，忽覩大明上燭于天，我身正念儼在光中。異日問荊溪然師曰：「智慧光明從心流出，非精志之所致耶？」又於本寺入法華道場，覩此身在空中坐，先證者知是滌垢之相。其年春秋七十一，僧夏四十六，以興元元年七月二十九日告終于支硎山寺。僧益公〔三〕、翰公〔四〕一夜同夢大殿崩，果遵入滅。門人靈翰〔五〕、法盛、道欣、猶子靈源追慕不已，樹塔旌德焉。

唐京兆大興善寺含光傳五

釋含光，不知何許人也。幼覺囂塵，馳求簡靜。開元中見不空三藏頗高時望，乃依附焉。及不空却廻西域，光亦影隨，匪憚艱危，思尋聖迹。去時泛舶海中，遇巨魚望舟，有吞噬之意。兩遭黑風，天吴異物之怪，既從恬静，俄抵師子國。屬尊賢阿闍棃建大悲胎藏壇，許光并慧𧦬同受五部灌頂法。天寶六載廻京，不空譯經，乃當參議華梵，屬師卒。後代宗重光，如見不空，勑委往五臺山修功德。時天台宗學湛然解了禪觀，深得智者膏腴，嘗與江淮僧四十餘人入清涼境界。湛然與光相見，問西域傳法之事。光云：「有一國僧體解空宗，問及智者教法。梵僧云：『曾聞此教定邪正，曉偏圓，明止觀，功推第一。』再三囑光或因緣重至，爲翻唐爲梵附來，某願受持。屢屢握手〔一〕叮囑。詳其南印土多行龍樹宗見，故有此願流布也。」光不知其終。

系曰：未聞中華演述佛教，倒傳西域，有諸乎？通曰：「昔梁武世，吐谷渾夸呂可汗使來求佛像及經論十四條，帝與所撰涅槃、波若〔二〕、金光明等經疏一百三卷付之。原其使者必通華言，既達音字，到後以彼土言譯華成胡，方令通會。彼亦有僧，必展轉傳譯，從青海西達葱嶺北諸國，不久均行五竺，更無疑矣。故車師有毛詩、論語、孝經，置學官弟子，以相教授。雖習讀之，皆爲胡語是也。又唐西域求易、道經，詔僧道譯唐爲梵。二教争菩提爲道，紛拏不已，中輟。設能翻傳到彼，見此方玄賾之典籍，豈不美歟！又夫西域者，佛法之根榦也。東夏者，傳來之枝葉也。世所知者，知枝葉不知根榦。而不知枝葉殖土，亦根生榦長矣，尼拘律陀樹是也。蓋東人之敏利，何以知耶？秦人好略，驗其言少而解多也。西域之人淳朴，何以知乎？天竺好繁，證其言重而後悟也。由是觀之，西域之人利在乎念性，東人利在乎解性也。如無相空教，出乎龍樹，智者演之，令西域之仰慕。如中道教生乎彌勒，慈恩解之，疑西域之罕及。將知以前二宗，殖於智者、慈恩之土中，枝葉也。入土别生根榦，明矣。善栽接者，見而不識，聞而可愛也。又如合浦之珠，北土之人得之，結步揺而飾冠珮。南海之人見而不識，聞而可愛也。蠶婦之絲，巧匠之家得之，繡衣裳而成黼黻。縿抽之嫗，見而不識，聞而可愛也。懿乎智者、慈恩，西域之師焉得〔三〕不宗仰乎！」

唐剡沃洲山禪院寂然傳六

釋寂然，姓白氏，不知何許人也。名節素奇，踵四聖種，故號頭陀焉。大和二年，振錫觀方，訪天台勝境。到剡沃洲山者，在天姥岑之陰，對天台華頂、赤城，北望四明，金庭石皷山介焉西北。北有〔一〕支遁嶺、養馬坡、放鶴岑次焉。晉宋已來，兹山洞開。初有羅漢白道猷言西域來，戾止是山。次竺法潛、支道林居焉。高人勝士，接踵而棲此中。至於戴逵、王羲之、郗超、孫綽、許詢遊憩其間矣。見是中景異，聞名士多居，如歸故鄉，戀而不能捨去。既行道化，盛集禪徒。浙東廉使元相國稹聞之，始爲卜築。次陸中丞臨越知之，助其完葺。三年鬱成大院，五年而佛事興。然每爲往來禪侶談説心要，後終于山院。大和七年，時白樂天在河南保釐爲記，劉賓客禹錫書之。

唐天台山福田〔一〕寺普岸傳七全亮　唯約

釋普岸，姓蔡氏，漢東〔二〕人也。沖弱之齡，逈然聰敏，骨目奇秀，天生不嗜葷羶，長有出塵之意。其父嚴毅，訓授經籍，漸通其義，秉翰伸辭，宛然華藻〔三〕。因入僧舍，暫執經卷，乃歎曰：「佛法玄微，非造次可及！」決志辭親。時懷海禪師居百丈山，毳納之人駢肩累足，時號大叢林〔四〕焉。岸叩其關，海攝受之。日隨普請施役，夜獨執燭誦經，曾不憚勞，遂諧剃染。及陞戒品，便習禪那，壁坐忘疲，觀心恒務。薝蔔附風而香遠，彪貓逢獸而吼高，學者成圍，請於安陸壽山院坐道場矣。如是環拱可四百餘衆，執器聽瞿沙之説，投籌待毱多之度。大利群機，得道者衆。大和年中，謂衆曰：「吾山水之遊未厭，諸人勿相留滯。天台赤城，道猷曾止息焉。華頂石梁，智者昔降魔矣。將遊之也。」自襄陽邐迤而來，從沃洲、天姥入天台乏西門，得平川谷中，峯名大舍，號平田是也。觀其山四舍鬱翠，東西山石門，而有三井龍潭。東入石橋聖寺，乃是綠身道猷尊者結茅居此。未幾，見虓虎乳子，瞪目而視岸。岸以杖桉其頭曰：「貧道聞此山是神仙窟宅，羅漢隱居，今欲寄此安禪，檀越勿相驚撓。」經宿，領子而去。以大和七年癸丑十月二十七日營構丈室，携一童，侍給薪水耳。八年春，禪侶輻湊，衆力義成此院，號平田焉。開成中，宛是大道場。會昌三年七月，告衆入滅，春秋七十四度。

弟子全亮，俗姓陳氏。悟師之道，得鳳之毛，一人唯約，在上元入滅，肉身不朽。岸遷塔于是山前，此寺置五百羅漢殿，永嘉全億長史畫半千形像，每一迎請，必於石橋宿夜，焚香具幢蓋，螺鈸引導入于殿，香風送至。幡幢之勢前靡，而入門即止。其石梁聖寺在石橋之裏，梵唄方作，香靄始飄。先有金色鳥飛翔，後林樹石畔見梵僧，或行或坐，或招手之狀，或卧空之形，晌息之間，千變萬化。漢南國王錢氏頻年施供養，祥瑞極繁。今上太平興國三年，於滋福殿宣問兩浙都僧正贊寧石橋長廣量度，一一皆實奏，帝歎嗟久之。至八年因福田寺道者自詢誓斷腕然鍊，乞重造此寺，乃宣内殿頭高品衛紹欽、張承貴革故規制，若化出天宮焉。今岸師影堂在寺之右。

唐京師奉慈寺惟則傳八

釋惟則者，拔俗志高，棲神物表，凡施善務，舉則波隨。常言：「像是生善之强緣，不得不多立。初之觀也，如對嚴君。次則其心不亂，中則觀門自成。末則如如焉，蕩蕩焉，三昧安得不現前乎？是以我曹勸化迷俗，得不以此是爲先容歟？」由是若雕若塑，形像森然。恒事進修，天邑之間，偏加激勵。屬憲宗太皇太后郭氏元和中爲母齊國大長公主追福，造奉慈精舍，搜擇名德，則乃預選入居。未久之間，聞四明鄮山有阿育王塔，東晉劉薩訶求現，往專禮焉。乃匠意將七寶爲末，用膠範成摹寫脱，酷似。自甬東躬自負歸奉慈寺供養，京邑人皆傾瞻歸信焉。

唐長安禪定寺明準傳九

釋明準者，不詳氏族，生緣本天台靈墟道場，出俗遊方。至京邑，覩古之神僧智苑於范陽北山刊石寫經灌鐵，以俟慈氏下生，免水火之虞。又東洛長壽寺寫華嚴，聖善寺寫法華，嵩山嶽寺寫楞伽，悉刊貞珉，皆圖不朽。準遂於貞元戊寅歲春正月，見寺僧鑿山攻石，石悉頑惡，知匠氏不虔，山靈秘吝。時準疏告陰靈，請裨善務。俄於定中見若干幅貯無量石，冥冥之間，如有宰割，皆中刻字。時連率博陵崔公激勸幕府參佐各書一品，從序後至勸發，凡二十八。圜廊挺立，不朞畢工。準之化人，皆此類也。元和元年八月中也。後不詳終所。

唐洪州寶曆寺幽玄傳十

釋幽玄，俗姓劉，幽州人也。夙懷出俗之願，年及弱冠，方遂前心，投并州賢禪師而了玄契。元和二年，振錫江左，至會稽大雲寺，見三學僧梲定食輪，資緣都闕。玄言發響應，檀越供贍。未幾，移居湖心龜山妙喜古寺。九年，屬平昌孟簡鎮于越，枉駕問道，遂構成大院。十二載，復登南嶽，栖止絶頂。十三年，豫章太守商祐篤重其道，命住東明寺，即東晉安帝世之所造，僧數繁湊。寶曆中，爲奏改爲世福，兼置戒壇，續勑改爲度僧寺。其間形像，皆玄之化導。大和元年，沈傳中丞又加信向。玄於院南别造佛閣五層，功就，謂弟子曰：「福事無盡，生涯有期。物有闕然，後人庀具。吾終後，可將屍漆布安閣下。」言訖而化，門人特旁立塔焉。

唐五臺山智頵傳十一

釋智頵者，中山人也。自幼辭親，來五臺山善住閣院，禮賢林爲師，誦經合格，得度。神情爽拔，氣調高峙，於世資財，少欲知足。糲食充腹，麤衣禦寒，餘有寸帛，未嘗不濟諸貧病也。遊方參翫，預諸講席。傳法華、維摩二部，窮源盡理。後挂錫高峯，息心却掃。距元和中，衆辟爲五臺山都檢校守僧長。頵與時遷徙，固辭不允，遂登此職。後遇歲當饑饉，寺宇蕭條，有華嚴寺是大聖棲真之所，巡遊者頗衆，供施稀疎。院宇倫巡，例稱不迨，衆請爲華嚴寺都供養主。時德不孤，有法照、無著、澄觀之出世也。當觀師製華嚴經疏，海衆雲集，請頵爲講主，日供千僧。十有餘禩，食無告乏。皆云「有無盡藏之米麪也」。歲久頗見豐盈。有鄰院僧義圓，亦當代之碩德也，謂頵久知常住，私有謗言，非平等心，是貪饕者也。夜有神人報圓曰：「僧長是千佛之一數也，汝發輕言。若不悔過，當墮惡道。」圓乃詰朝嗚足懺謝，有茲驗也。及鍾武宗澄汰，頵遁乎山谷，不捨文殊之化境。未逾歲載，宣宗即位，勑五臺諸寺度僧五十人，宣供衣帔，山門再辟。頵爲十寺僧長兼山門都修造供養主。大中七年，與寰海遊臺，四衆建無遮精妙供養。一月日，乃謂大衆曰：「吾欲暫憩微骸，息心歛迹。佐助衆務，吾無能爲也，付諸俊哲，繼吾遺躅。」乃淨室安坐而滅，春秋七十七，夏臘五十八云。

系曰：僧中職任也，如綱之綱，如屋之梁焉。肇自姚秦立正，魏世推都，北齊則十統分員，唐世則僧録命職。異乎常所聞者，五臺山自貞元中智頵始封僧長矣。亦猶魚鹽蜃蛤，祈望守之也。

唐會稽吕后山文質傳十二

釋文質，俗姓祝氏，尚丘之遠孫，衢州須江人也。叔氏爲僧號唯寬，學通多本經論。寬被詔入長安，止大興善寺，重詔入内道場，兼請受菩薩戒。質隨寬入内。年十五，誦法華、華嚴、維摩等經。二十三，受具。七日誦周戒本，二夏便講四分律。二十七，講通俱舍。四十年中，精曉諸大經論，後約束大悲、禹跡二禪師，參問心要。既博達矣，歸諸暨法樂寺領徒。時有虎來聽法，質摩其頂而去。後往永嘉，鍾會昌之搜簡，乃隱樂成縣大芙蓉山，胎息而已。大中重興，太守韋君累請不來，强置于榻，舁出州開元寺居。檀施駢臨，廼造大佛殿，并講堂房廊形像，并寫藏教，無不備焉。越州廉使沈貳卿命住吕后山院，本寧賁禪師舊化之地也。質唯居草庵而止。咸通二年十月十四日，告衆言别。十五日，端坐而化，春秋八十四，僧臘六十二。窆于雲谷，建塔，越州刺史段式爲行録焉。

唐明州國寧寺宗亮傳十三

釋宗亮，姓馮氏，奉化人也。家傍月山而居，後稱月僧焉。亮開成中剃落納法，方事毗尼，循于四儀，且無遺行。而云我生不辰，屬會昌之難，便穩家山深巖洞穴。大中再造，國寧寺徵選清高者籙名，亮預住持。建州太守李頻爲寺碑云：「於清心行不污者，得二十八人，以補其員，廣住持〔一〕也。律僧宗亮、禪僧全祐而已。」國寧經藏，載加繕寫，躬求正本，選紙墨，鳩聚嚫施，建造三門藏院諸功德廊宇，皆亮之力焉。晚年專事禪寂，不出寺門。處士方干贈詩云：「秋水一泓常見底，澗松千尺不生枝。空門學佛知多少，剃盡心花只有師。」終于本寺，春秋八十。亮恒與沙門貫霜、棲梧、不吟數十人，皆秉執清奇，好迭爲文會，結林下之交。撰嶽林寺碑、詩集三百許首，讚頌並行于代。而於福敬二田，鋭心彌厚焉。亮爲江東生羅隱追慕，樂安孫郃最加肯重，著四明郡才名志序，諸儒駿士外，獨云：「釋宗亮多爲玄士先達倣仰焉。」

唐越州開元寺曇休傳十四

釋曇休，字德敷，姓李氏。器度宏廓，志行修敕。納法已來，未容少缺。習通漸教，頗至精微。四分律、相部、疏宗，蔚成淵府。初機請學，皆到甚深。休於講訓之餘，糾繩寺任。伊寺者，梁所〔一〕創，年涉四百，雖觀閣巋然，且欂棁〔二〕傾弛。休革故有方，締構無隙，特加壯麗，輪焉奐焉。又護國經樓迨諸棟宇，悉見鼎新，次以寺之門樓也，則長安四年故曇一律師之經始也，既而頹廢，仍重整覆，一同創制。復慊永徽中康僧會法師應身堂座卑庳，乃募人〔三〕鳌變舊規。咸通年中也。休之一言，檀信響應。後終于住寺，今之大善伽藍是也。

唐雅州開元寺智廣傳十五

釋智廣，姓崔氏，不知何許人也。德瓶素完，道根惟固，化行洪雅，特顯奇蹤。凡百病者造之，則以片竹爲杖，指其痛端，或一撲之，無不立愈。至有癱者則起，跛者則奔，其他小疾，何足言哉。乾寧〔一〕初，王氏始定成都，雅郡守羅亡名罷任，携廣來謁。蜀主王氏素知奇術，唯呼爲聖師焉。先是咸通中南蠻王及坦綽來圍成都，府幾陷。時天王現沙門形，高五丈許，眼射流光，蠻兵即退。故蜀人於城北寶曆寺立五丈僧相。後爲牛尚書預毀。次兵火相仍，唯懼毗沙明之頽圮耳。王氏乃語廣曰：「師之〔二〕異術，道德動人，乘此可料理天王否？往吴尚書行魯曾夢令修吾像，方事經營，除書忽到。請法力成之。」廣唯其命，徙就天王閣下，居一隅，小榻而已。翌日，病者填噎其門，日收所施二十萬至三十萬錢。又發言勸人出材木，浹旬皆運至，堆積，令三綱掌管焉。初廣在雅郡本寺羯帝神堂内，居其半室，低門苫蓐，不許女人到門。唯有一竹笠子。每齊，受嚫二十文，必投笠内，滿則置之佛殿。聲鐘集衆，自他平等坌之。常日俗家請齋，亦體廣意，止施〔三〕二十文，淨飯菜豉汁，此外不許一物，嚫多不取，食畢而去，亦無辭告。其後益加神驗，或遇病者，一摑一叱皆起。或令燒紙緡，掇散飲食。或遇甚痛惱者，捩紙蘸水，貼之亦差。光化元年修天王閣，向畢，乃循江瀆池，呪食飼魚。經夜，其魚二尺已上萬億許，皆浮水面而殞。聊躡流水，救十千魚生，切利同也。

唐鄜州寶臺寺法藏傳十六

釋法藏，不詳氏族，厥性方正，好行惠物。嘗於葦川化衆造寺，佛殿僧坊一皆嚴麗，雕刻華藹，鄜時命爲壯觀。藏偶病篤暴終。至一精廬，七寶莊嚴，非世所有。門外有僧，梵貌且奇特，倡言曰：「法藏汝造伽藍，不無善報，奈何於三寶物有互用之愆，何從洗雪？」藏首露之，僧曰：「汝但繕寫金剛般若經，恒業受持，豈不罪銷！亦可延乎壽命。」言訖而蘇。自躬抄度其經，午夜口誦。藏終時年一百一十歲云。雕陰人至今信重焉。

唐五臺山海雲傳十七守節

釋海雲，未詳氏族鄉里。來遊聖跡，始於南臺側，選峭絶峯巒幽僻林谷而特居之。其刻苦翫道，儉而難遵。從其遊者，寡而無衆。迨其入滅，門人守節，淘灑舍利起塔焉。昔傳雲是普賢菩薩應身也。

門人守節即高力士之子也，從師墨儉，有進無退。雲示之曰：「上都有卧倫禪師者，雖云隱晦，而實闡揚六祖印持，一時難測。化導之方，若尸鳩之七子均養也。汝急去從之。」及見倫，扣擊未幾，告云：「汝師海雲入滅已。」節禀聽斯言，荼蓼情苦，遂奔赴，如其言矣。乃繼武接迹，盛化相末。迨將示滅，愁雲鬱結，鬼神悲號，有塔存焉。

系曰：海雲是普賢應身，非耶？通曰：「菩薩下化，弗拘定相，應以比丘，即現説法。」若然，何亂文殊境，使主伴不分乎？通曰：「若如所問，凡夫分矣，聖人豈以我所求乎？」

唐五臺山佛光寺法興傳十八

釋法興，洛京人〔一〕也。七歲出家，不參流俗。執巾提盥，罔憚勤苦。諷念法華，年周部帙。又誦浄名經，匪逾〔二〕九旬。戒律軌儀，有持無犯。來尋聖跡，樂止林泉，隸名佛光寺。節操孤潁，所需利物，身不主持〔三〕，付屬門人。即修功德，建三層七間彌勒大閣，高九十五尺。尊像七十二位。聖賢、八大龍王，罄從嚴飾。臺山海衆異舌同辭，請充山門都〔四〕焉。蓋從其統攝，規範準繩，和暢無争故也。大和二年春正月，聞空有聲云：「入滅時至，兜率天衆今來迎導。」於是洗浴焚香，端坐入滅。建塔于寺西北一里所。

唐五臺山行嚴傳十九

釋行嚴，榮陽〔一〕人也。家襲簪組，業嗣典墳。嚴稟庭誥以周旋，約成器能而濟用，内要隨計，俄發宿緣。因聞妙莊嚴王經品，白父母求出塵勞。堂親抑禁，略無却退。既而削飾去華，年充納戒，諸方問道，綽有餘能。聞五臺山文殊應現，凡聖交蹤，乃登遊而疑名斯地。自爾一成慕學，三教偕明，談論天人之際，聽者茫昧，不知區域之内外耶！王公大人靡不迴向。大和中，多行激勸，俾營福焉。自設大供，日計千人。聞見之流，皆鳴指讚嘆曰：「行合解通，世之希寶也。助道之法，當如是修。」以大中三年右脇而滅，建塔寺西一里云。

唐五臺山佛光寺願誠傳二十

釋願誠〔一〕，姓宋氏。望本西河，家襲素風〔二〕，濬流遠派，不揚胄緒，祖考不書。母陰氏夜夢庭樹對發千花，餘花尋謝，獨結一果。乃覺有孕。母啓願心，得娠男子足矣。十月臨蓐，果如其望，立字曰願誠。後志存小字，不訓法名者，遵慈母之意也。誠少慕空門，雖爲官學生，已有息塵之志。迨棲金地，禮行嚴爲師。嚴即儒宗珪璋，釋氏師子也。一旦謂誠曰：「汝神情朗秀，宜於山中，精勤効節，可不務乎！」大和三年落髮，五年具戒。先誦諸經，悉皆精練，行人屬耳，道望日隆。無何，會昌中隨例停留，唯誠志不動摇。及大中再崇釋氏，選定僧員，誠獨爲首〔三〕矣。遂乃重尋佛光寺，已從荒頓，發心次第新成。美聲洋洋，聞於帝聽，飈馳聖旨，雲降紫衣。後李氏奄有并門，遐奉文殊，躬遊聖地。覩其令範，撫手愜懷，表聞唐天子，相繼乃賜大師號圓相也，就加山門都檢校。光啓三載，羞饌命僧捨衣投施。鐘聲引衆,悉至齋堂,右脇曲肱,寂然長往。建塔樹碑寺之西北一里也。

後唐五臺山王子寺誠慧傳二十一

釋誠慧〔一〕,元禮之宗盟祖派〔二〕,蔚州靈丘之故邑,父母深信,注意清涼。因瞻大聖之容,乃乞興邦之子。既而有孕,遂誕賢童。纔當丱年,器榦天假,自詣臺山,永爲佛子。時真容殿釋法順覩其作哲,化以苦空,勸捨俗衣,令披法服。暨登具足〔三〕,尤習毗尼。自後孤遊谿谷,多處林泉。有王子寺僧湛崇等請居兹寺。慧主任之餘暇,内外典教靡捨斯須。供贍精嚴,非不懃恪,恒轉華嚴經,數盈百部。每至卷終,懇發願曰:「以我捧經之手,救彼苦惱之人。」而屬武皇與梁太祖日尋干戈,中原未定。武皇中流矢,創痛楚難任,思憶慧師,翹想焚香,痛苦乃息。遥飛鴈帛,遠達雞園,命下重巒,迎歸丹闕。武皇躬拜,感謝慈悲,便號國師矣。後乞歸本寺,金峯顯耀,玉樹相依,九州之珍寶皆來,百寺〔四〕之樓臺普建。莊宗即位,詔賜紫衣,次宣師號。慧堅不受。帝復宣厥後,再朝天闕,更極顯榮。受恩一月,却返五臺。同光三年乙酉歲十二月,囑累門人廷珪曰:「吾今化緣將畢,爲吾進遺表〔五〕,達于宸聽。宜各努力,理無相代。」言訖入丈室,右脇而終也。俗齡五十,僧臘三十。帝聞惻愴,遣高品監護喪筵,仍勑賜祭。三朝火燼,五色骨存,收取舍利而起塔焉。謚曰法雨,塔曰慈雲也。

校勘記

定光傳

〔一〕中亢，揚州本亢作否。按亢爲否之古文。

〔二〕蒙傞顛，按新唐書南詔傳傞顛作嵯巔，音同通用。

〔三〕赴在，宋本在作任。

〔四〕鏨𣊫，揚州本、大正本𣊫作鑿。同。

貞幹傳

〔一〕嘉禾，按本卷目録禾下有郡字。

道遵傳

〔一〕精行大德二七人，釋皎然蘇州支硎山報恩寺法華院故大碑作「釋行大德二十七人。」（皎然集卷九）

〔二〕徒盈，碑文徒作願，疑是。

〔三〕益公，碑文作「蓋公」。

〔四〕翰公，碑文作「輪公」。

〔五〕靈翰，碑文作「靈輪」。按靈翰當即上文之翰公，其碑異文翰並作輪。

含光傳

〔一〕握手，原本握作掘。從宋本改。

〔二〕波若，揚州本、大正本波作般。譯音無定字，波、般相通。

〔三〕焉得，宋本焉作烏，可通用。

寂然傳

〔一〕北有，宋本無北字。

普岸傳

〔一〕福田，按傳燈録卷九作「平田」。本傳下文亦云「號平田是也」。又云：「衆力義成此院，號平田焉。」則作平者是。

〔二〕漢東，傳燈録作「洪州」。

〔三〕華藻，原本藻作澡，從揚州本、大正本改。

〔四〕叢林，原本叢作業，從揚州本、大正本改。

宗亮傳

〔一〕住持，原本持作特，從揚州本、大正本改。

曇休傳

〔一〕梁所，宋本梁上有南字。

〔二〕櫨梲，宋本櫨作櫨。

〔三〕募人，原本募作慕，從揚州本、大正本改。

智廣傳

〔一〕乾寧，原本乾作訖，從揚州本、大正本改。

〔二〕師之，原本師作郎，揚州本、大正本同，宋本作師，是也。今從改。

〔三〕止施，原本止作山，從揚州本、大正本改。

法興傳

〔一〕洛京人，清涼傳卷中作「本西京人也」。
〔二〕匪逾，清涼傳作「不盈」。
〔三〕主持，原本主作王，從揚州本、大正本及清涼傳改。
〔四〕山門都，清涼傳都下有綱字。

行嚴傳

〔一〕滎陽，宋本滎作滎。

願誠傳

〔一〕願誠，清涼傳卷中誠作成。
〔二〕家襲素風，清涼傳作「家世儒素」。
〔三〕爲首，原本首作百，從揚州本、大正本及清涼傳改。

誠慧傳

〔一〕誠慧，清涼傳卷中慧作惠。
〔二〕元禮之宗盟祖派，清涼傳作「俗姓李氏」。按「元禮」句暗含李氏。
〔三〕具足，原本足作是，從揚州本、大正本改。
〔四〕百寺，清涼傳作「十寺」。
〔五〕遺表，原本遺作遣，從揚州本、大正本改。

大宋高僧傳卷第二十八

興福篇第九之三正傳十五人　附見一人

後唐洛陽中灘浴院智暉傳一

釋智暉，姓高氏，咸秦人也。權輿總角，萌離俗之心，不狎童遊，動循天分。欻遇圭峯温禪師，氣貌瑰偉，虚心體道，趍其門者，淑慝旌别矣。謂暉曰：「子實材器多能之士也。」請祈攝受，二十登戒。風骨聳拔，好尚且奇。山中闃然，曾無他事，唯鉤索藏教，禪律亘通，日誦百千言，義味隨嚼。聞佛許一時外學，頗精吟詠，得騷雅之體。翰墨工外，小筆尤嘉，粉壁興酣，雲山在掌。恒言「吾慕僧珍道，芬之六法，恨不與同時。對壁連圖，各成物象之生動也。」然真放達之士哉。或振錫而遊，縱觀山水；或躡屩而至，歷覽市朝。意住則留，興盡而去。或東林入社，或南嶽經行，悟宗旨於曹溪，寧勞一宿；訪神仙於阮洞，擬到三清。事以志求，時無虚度。此外采藥於山谷，救病於旅僧，惟切利他，心無别務。洎梁乾化四年，自江表來于帝京，顧諸梵宫，無所不備，唯温室洗雪塵垢事有闕焉。

居于洛洲，鑿户爲室，界南北岸，葺數畝之宫，示以標牓，召其樂福業者占之。未期漸構，欲閏皆周，浴具僧坊，奂焉有序。由是洛城緇伍，道觀上流，至者如歸，來者無阻。每以合朔後五日，一開洗滌，曾無閒然。一歲則七十有餘會矣。一浴則遠近都集三二千僧矣。暉躬執役，未嘗言倦。又以木爲承足，枲麻縫衣，彼迦葉波相去幾何哉！其或供僧向暇，吟詠餘閑，則命筆墨也，緬想嘉陵碧浪，太華蓮峯，凝神邈然，得趣乃作，五溪煙景，四壁寒林，移在目前，暑天凛冽矣。加復運思奇巧，造輪汲水，神速無比。復構應真浴室，西廡中十六形像并觀自在堂彌年完備。時楊侍郎凝式致政佯狂，號楊風子者，而篤重暉，爲作碑頌德。莫測所終[一]。

晉五臺山真容院光嗣傳二

釋光嗣[一]，姓李氏，太原文水人也。沖幼孤静，罕雜童稚。信尚臺山，乃爲真容院浩威之高足也。納戒後，器宇穹隆，情繫[二]包桑，出求禪法，歷于年稔。内外之學優長，口海崩騰，良難抗敵。由是決意越重湖，登閩嶺，盛談文殊世界，聞者竦動。忠懿王王氏[三]大施香茗，遣使送山寺焉。癸酉歲，至兩浙，謁武肅王錢氏厚禮遲之，施文殊聖衆供物香茶并鉢盂一萬。副應吴越諸州牧宰，皆刻俸入緣。仍泛海至滄州，運物入山。時降龍大師者率領彈壓，緇伍畏焉，爲其分散諸寺蘭若，衆寡均等。時徒侶堅請嗣主院，宣補僧官轄諸臺寺院，命曰都綱，師號超化，居于僧上，若鯤鳳之領鱗羽焉。十五年間，興建梵宇，齋飼僧尼，不勝紀極。以天福元年遘疾〔四〕，至九月五日遷滅。門人起塔，藏其靈骨舍利，至今存焉。

晉今東京相國寺遵誨傳三 彦求

釋遵誨，姓李氏，譙郡人也。祖世不仕，母張氏夢神人授己寶珠，乃有娠焉。生且奇異，乳哺之時，善認人之喜慍。彌長，見寺觀，必任步遲迴，顧眄不捨。年甫十一，禮亳城〔一〕開元寺崇諲律主爲師範矣。誦法華經，一周畢部，由是勤於學問。殆登弱冠，受于戒律，持彼律儀，確乎轉石。尋師西洛，問道梁園，初於智潛法師傳法華經，講精義入神，雌黄滿口。梁開平二年戊辰歲，止相國寺藥師院，首講所業。至後唐長興二年辛卯歲，門徒相續請其訓導，已周一十九徧，升其堂者二十餘人。洎天福二年，有五臺山繼顒大師精達華嚴大經，躬入東京，進晉祖降聖節功德。誨仰顒師辯浪經江，下風趍附，乃允講宣。誨善下百川，蔚成藏海矣。梁宋之間以顒罷唱，請誨敷揚，咍帀虚堂，緇素雲萃，募四衆〔二〕鐫石壁華嚴經一部於講殿三面焉。嗟其油素，易罹炎上之災；刻此貞珉，寧患白蟫之食。工未告終，所施已足。又召僧俗人各念一卷，得二百四十人，成三部，四季建經會，近二十年，更無間曠。復别施鬼神水陸法食，皆勸勵莊嚴菩提心行矣。朝廷崇重，旌表其功，賜號真行大師。開運二年乙巳歲正月十六日示疾，策杖教誡門弟子訖，右脇而卧，口誦佛名，斯須長逝矣。享壽七十一，法臘五十一。門生奉遺旨葬于隨河之北，寺莊東原也。

次有杭州龍華寺釋彦求，姓葉氏，縉雲人也。梁貞明中納戒，造景霄律席，迥見毗尼秘邃，方將傳講，俄悟沓婆羅漢〔三〕，反求堅固法。乃遊閩嶺，得長慶禪師心決。廻浙，受丹丘人請，居六通院，其道望惟馨，與夫申椒菌桂争其芬烈矣。漢南國王錢氏欽其高行，命住功臣院。末歸州治龍華寺，聚徒開演。求好營衆事，務必身先，唯以利人爲急，受施必歸。常住房無關鍵，笥無扃鐍，不容尼衆禮謁，不苟聲勢。常屬度戒，四遠人聚，日供累千僧食，未嘗告匱。言前後計飯鉅萬人焉。宋建隆中終于住寺云。

晉曹州扈通院智朗傳四

釋智朗，姓黄氏，單州城武人也。母劉氏夢數桑門圓坐爲劉説法，歷然在耳，遂妊朗焉。及生暨長，婉有僧之習氣，淳靖簡潔。苦辭親出家，往曹州扈通院，事行滿師，供給惟謹。洎乎剔染〔一〕，成大比丘，學四分律、浄名經，俱登閫閾。且曰「出俗之者何滯方守株，不能脱羈解絆乎？於廣博知見無所堪能。」乃攜缾鉢，南極衡陽，登岳棲般若寺，行胎息術，而覽藏經事訖，入閩嶺，曾無伴侣，形影相弔。逢猛獸者數四，皆欲呀口垂噬，又躡步徐去矣。見洞山、雪峯二祖師決了禪訓，有請問者，隨答如飛，蓋了達無絓矣。後旋本院，信向如歸。而四事供僧，罔聞閒隙，四十餘齡，役已無倦。以晉末丁未歲十一月二十三日遷滅。于時白衣飲痛，緇流茹傷，獸失猛以哀嘷，鳥停飛而宛轉。或曰：「愛河苦海誰拯溺邪？」春秋七十七，法臘五十三。火葬，收舍利，起塔于院。朗爲釋子，衣物誓不經女人之手浣濯，不役徒弟。檀施之物像寶未省互用，蓋以初律後禪，陶冶神用之故也。大名府少尹李鉉爲碑焉。

漢東京天壽禪院師會傳五

釋師會，俗姓巨，漢荆州刺史武之後，祖徙家北燕，遂爲薊門人也。考諱知古，母趙氏。會童孩出俗，禮薊州温泉院道丕爲師匠焉。業成，年滿，受具於金臺寶刹寺壇。梁開平中萍梗任飄於河朔，杯盂隨步於江淮，乃抵漢南遇觀音院巖俊，班荆話道，抵掌論心。且曰：「子還聞投子山有大同禪師已否？」曰：「聞而未見。」曰：「宜亟往焉。」及參大同，跬步之間，舉揚之外，洗焉明白，其安坦然。乾化二年，來梁苑，謁俊公曰：「始者攸攸歧路，茫茫生死，紫實昧朱，狂斯濫哲。苟不奉師友指歸，幾一生空度。今以穢蕕，請與薰同器而藏，可乎？」俊公與會肯德，留入法席。四年秋，有寶積坊羅漢院志修堅請會代居所住焉，苫蓋五閒而已。乃感檀越尚書左丞吴藹、兵部侍郎張衮，若袁粲之謁寶亮，徐湛之禮惠通，共發奉章，賜額曰天壽焉。四海之僧，翕然而至。歷三十五載，供僧二百餘萬，用其財寶，無少混淆，耿介可知也。天福七年，晉高祖以會行成于内，聲聞於外，勑賜紫衣。開運元年，賜號曰法相。紫衣則藏以受持，師號則蔑其稱謂。且曰：「我本不求名，名來自求我。知其白而守其黑，和其光而同其塵，世幻逡巡，時不我與。」三年七月二十六日累諸門人，帖然而滅，春秋六十七，夏臘四十八。闍維，收舍利數百粒，起塔於東郊汴陽鄉也。刑部侍郎邊歸讜爲碑頌德云。

周宋州廣壽院智江傳六

釋智江，俗姓單，幽州三河南管人也。本富族遊俠之子，雖乘竹馬，厭廻火宅之門；乍玩沙堆，好作浮圖之制。略聞竺乾之教，必淡慮凝情，若瀟湘之逢故人也。唐乾寧四載，始年十五，詣盤山感化寺遂成息慈，息慈業備。天復三祀，往五臺山梨園寺納木叉法。自此擔簦請業，擇木依師，净名、上生二典精練，涣然冰釋，心未屬厭。梁龍德元年於商丘開元寺講名數一支，所謂精義入神，散則繁衍，因著瑞應鈔八卷，達者傳之。生徒影附，繕寫夥多。後唐同光元年，在微子之墟住院，締搆堂宇，輪奐可觀。復塑慈氏、釋迦二尊、十六羅漢像，咸加繢彩，克肖聖儀。善務方辦，俄遘沉痾，以周顯德五年孟秋順終，享齡七十四。當屬纊時，滿院天人雜沓，若迎導之狀，疇昔誓生覩史之昭應也。吏部員外郎李鉉著塔銘云。

系曰：前人立義，皆按教文，豈得好惡隨情，是非任見？已行前轍，不覆後車，胡不謹而循之？通曰：「夫創著述者有四焉：一前説極非，於文茫昧；一僻見謬解，領悟自乖；一樂繁嫌略；一好直怪迂。有一於此，無不著述也。江公瑞應鈔未經披覽，聞諸道路言亦濟時須。苟不濟用而變革古德義章，則何異以舊防無所用而壞之者，必有水敗也。」

周五臺山真容院光嶼傳七

釋光嶼，俗姓韓氏，應州金城邑人也。幼讀儒書，有佐國牧民之志。頻有神人夢中警策曰：「汝於佛法有大因緣。」遂投真容院附法威，侍其缾錫，謹弟子之職。受具後，誦净名經，徹簡，每至依於義不依語。告喻本師而求聽習，威尋許諾，遂詣太原三學院，涉乎寒燠，研覈孜孜，屢改槐檀，乃講維摩、上生二座，忽謂同志曰：「余憶昔年每念依於義。邇棲學院，今講二經，窮理見性，知果驗因，得不依教起行，免背四依之行乎？」俄辭晉水，却返故山，戴華嚴經，遶菩薩殿，六時右旋禮佛。時晉高祖握圖之三載也。名聞丹禁，遂賜紫衣。明年，授號通悟焉。山門僧官與大衆堅命臨壇，告辭不允。僧官謂曰：「師行解兼人，獨善其己，良璞不剖，必見泣血。」辭不獲已，度人三二載，堅求脱免。屬少王〔一〕嗣位，院乏主守，大衆僉舉：非嶼而誰？辭曰：「此山四海客遊之所，奈何不出院門有年歲矣，令知供養，有何所須？」雖免不從。自後供施委輸。十八年中，供百萬餘僧。一夕雲霧俱發，霰雪交零，嶼之蓋經白練一條可三四尺，忽爾不見。翌日深更，遺練俄還舊所也，蓋陰神之送至歟？顯德七年庚申歲十月示疾，謂諸子曰：「猶龍者厭乎大患，歎鳳者悲於逝川，諸行無常，是生滅法。」言訖如蟬蛻焉。俗壽六十六，僧臘四十六。荼毗於東峯下，收諸靈骨，瘞於塔幢，舍利隨緣供養焉。

大宋東京觀音禪院巖俊傳八

釋巖俊，姓廉氏，邢臺人也。誕育之來，蔚繁神異，挺身去縛，誓入空門。從捧戒珠，終身圓瑩。乃持杯錫，言徧參尋，陟彼衡廬，登乎岷蜀。嘗至鳳林，欻逢深谷，見一區之晃耀，原七寶之縱横。時同侶相顧曰：「奇哉！可俯拾乎？」俊曰：「古人鋤園觸黄金，若瓦礫耳。苟欲懷之，自速禍也。傒吾野菅覆頂，須此供四方僧。」言訖捨去，造謁舒州投子山主，問之曰：「客來昨宿何處？」俊曰：「在不動道場。」曰：「既言不動，曷由至此？」對曰：「至此豈是動邪？」曰：「元來宿不著處。」然山主默認許之。迨思還趙，路出陳留，抵今東京。屬乎梁少保隴西公資，即河陽節度使贈中書令芝之昆也，雖居貴仕，酷信空門，接俊談玄，若劉遺民之奉賈遠也。相與議捨第宅俾建仁祠。俊弗讓違，以安形性。既考禪室而行祖風，慕道窮玄，堂宇盈塞。周高祖、世宗二帝潛隱地，與俊布衣之交，每登方丈，必施跪禮。及其即位，延遲優渥，至乎朝達，見必稽顙，高談虚論，若至寶山焉。以乾德丙寅三月示身有疾，彌留，弟子求毉奉藥，瞋目噤脣不食，垂誡門人後已，當怡顔儼肅，合掌訣衆而滅。享齡八十五，坐夏六十五。初俊被朝恩，賜紫袈裟也，受而不服；錫浄戒師號也，有而不稱。屬其策杖清羸，周祖勑侍者輩勿令大師一中食，俾其日旲更進佉闍尼矣。俊諾而難遵。慈柔被物，曁乎自狹而廣，實三院一門也。二堂東西，恒不減數百衆。五十年間，計供僧萬百千數。京城禪林，居其甲矣。以其年四月八日歸葬于東郊豐臺村，白塔存焉。于日神都寺院各率幡幢，吹貝鳴鐃，相繼二三里。道俗送殯者萬數。知制誥王著爲碑昭懋厥德云。

大宋西京寶壇院從彦傳九

釋從彦，姓米氏，燕人也。始自識環，尋知跪橋，顒昂挺質，豁達爲懔。年跕十五，父母聽許出家於并部慧覺禪院也。受戒後，經江鼓柮，論海化鯤，流輩畏之，咸知宗奉。乃懷心於祖教，望攻玉於他山。由是北别冰天，南觀桂海，不虞惡瘴，唯慕叢林，欣遇龍牙山禪師爲決所疑，蔚成達者。後唐清泰丙申歲還遊嵩少。洛中始安，人情輯睦，彦營構禪坊，延聚緇侶而供養之。歷晉、漢、周三朝，皆加恩命，乃曰：「寵辱若驚，吾無驚久矣。然俗諦門中，感世主以綈繡緣飾朽木者哉。」以開寶二年八月三日示疾而終。四年辛未，改權從久，瘞于層塔焉。

大宋東京普浄院常覺傳十

釋常覺，姓李氏，陳留人也。肇爲鞠子，氣調絶奇，入鄉校中諷讀經籍，群童咸出其下。洎登弱冠，往廬山遊二林，陟五老，乃礼歸宗寺禪師，充苦行焉。梁乾化二年，蒙去飾披緇矣。明年，於東林甘露戒壇納解脱木叉。厥後修身踐言，雖三藏俱留於意表，而以心學爲究盡之務。復入五臺山，禮妙吉靈跡。迨後唐天成三載，始於東京麗景門之右樹小禪坊，勑額爲普浄焉。而逐月三八日設闔京僧浴。其或香湯汲注，樵蒸失供，覺必令撤小屋，抽榱桷而助爨焉。有公王仰重，表薦〔一〕紫衣，堅拒弗受，汲汲以利行濟物爲己任耳。開寶四年十二月三日遘疾，輕安無撓。十一日告衆，右脇而化。享年七十六，僧臘五十六。茶毗收舍利，五色磊落無筭。

嘗居京邑，屢登斯院，覽北海陶尚書穀爲湘東張仲荀序詩贈覺而云：「起後唐天成至漢乾祐，每黑白月三取八日，浴京大衆，累歲費錢可一百三十六萬，數計緡千萬矣。雖檀施共成，實覺公化導之力也。嘻！大火之下，陳留古封，周秦已來，戰伐之國，人物衆而土風尚利，舟車會而貨殖惟錯。昔梁惠王賢諸侯也，嘗謂孟軻曰：『何以利吾國？』是知禮讓之化，不勝於好利之心，明矣。且梁去魯千里而近，道猶不同，矧十萬八千里乎？梁王、孟子，同世之人也，心或有異，況瞿曇上人乎？彼孟氏屬斯文未喪，不能揚素王之道，今上人當去聖逾遠，卒能行法王之教，苟非三業内淨，六塵外清，以至公之行化於人，孰以至公之心受於化也！」陶重敘曰：「自靈山覆簣，法海煙流，玉毫晦而微言絶，金杖折而異端作。惟上人也色空等觀，物我都亡。麻麥一齋，自同禪悦；炎涼一納，僅蔽枯形。前後王臣欲上章乞以大師爲號，請以紫染方袍者，皆確而拒之」云云。張仲荀贈覺鉢盂拄杖草履，各用五言爲章，刊于小碣。其爲名流碩學旌别有如此者。

大宋杭州報恩寺永安傳十一

釋永安，姓翁氏，温州永嘉人也。少歲淳厚，黄中通理。遇同郡彙征大師鳳鳴越嶠，玉瑩藍田，穫落文心，沉潛學奥，以其出欒安孫郃拾遺之門也，而有慕上之心，往拜而乞度。然征性高岸而寡合，而安事之也曲從若環，蓋哀其幼知擇師耳。天成中，隨侍出杭，俄有從十二頭陀之意，潛逃欲登閩嶺，參問禪宗。屬封彊艱棘，却迴結庵于天台。後遇韶禪師法集，頓遣群疑，重來禮征。咄之曰：「棄背孝養，爾自速辜，遺行于斯，還有裨補前咎計否？」安跪對曰：「從來無事，請用塞責。」征肯頷之。漢南國王錢氏召居報恩寺，署號禪師焉。乃以華嚴李論爲會要，因將合經，募人〔一〕雕板，印而施行。每有檀施，罕聞儲畜，迴捨二田矣。以開寶甲戌歲終而焚之，其舌存焉。累投火鍛，色雖同乎熾炭，寒則柔弱，今藏普賢道場中。春秋六十四，法臘四十四云。

大宋錢塘永明寺延壽傳十二

釋延壽，姓王，本錢塘人也。兩浙有國時爲吏，督納軍須，其性純直，口無二言，誦徹法華經，聲不輟響。屬翠巖參公盛化，壽捨妻孥，削染登戒。嘗於台嶺天柱峯九旬習定，有鳥類尺鷃，巢棲于衣襵中。乃得韶禪師決擇所見，遷遁于雪竇山，除誨人外，瀑布前坐諷禪嘿。衣無繒纊，布襦卒歲。食無重味，野蔬斷中。漢南國王錢氏最所欽尚，請壽行方等懺，贖物類放生。汎愛慈柔，或非理相干，顏貌不動。誦法華計一萬三千許部。多勵信人營造塔像。自無貯畜，雅好詩道，著萬善同歸、宗鑑〔一〕等録數千萬言。高麗國王覽其録，遣使遺金線織成袈裟、紫水精數珠、金澡罐等。以開寶八年〔二〕乙亥終于住寺，春秋七十二，法臘三十七〔三〕。葬于大慈山，樹亭誌焉。

大宋西京天宮寺義莊傳十三

釋義莊，姓張氏，滑臺人也。當免懷之日，及就傅之秋，神彩克明，塵機頓去。乃於本府開元寺歸善財之列，從升戒德。因樂遊方，始於洛邑采聽法華，見識過人，闡揚訓物，衆請居九曜院焉。匪虧法食，用濟往來。慈以利生，始末無閒。建隆初左散騎常侍中公奏賜紫衣，稟學僧尼三十餘員。莊性敦勤，進講外兢兢五十年閒，二時禮懺，至老不替。於太平興國戊寅年八月奄終，俗壽七十八，僧臘五十九。明年二月，遷塔于龍門菩提寺西焉。

大宋西京廣愛寺普勝傳十四

釋普勝，姓張氏，深州陸澤人也。幼歲情愛媮薄，俄決志趨五臺山華嚴寺，師事超化大師。或問之曰：「子胡以越山踰域而求出家？彼饒陽者，豈無仁祠哲匠乎？」勝對曰：「附神驥可以日千里矣。某知妙吉浄刹感徵膠戾，令我小凡速成果證，可不是乎？」衆聆斯說，曰：「任氣小兒，有此高識，我曹俱弗如也。」勝曰：「某非衽金革死而不厭之徒也，願入慈門而思利物耳。」迨乎受具，南臨潞府講通上生經矣。聞崇法大師傳唯識論，盛化洛都，往從學焉。凡百章疏，經目便識之。不幾稔閒，習通精贍。勝所傳者中山貞辯鈔，講多悮失所然，昌言曰：「繁略不均，解判非當。」乃删多補少爲四卷，行于世。太祖神德皇帝賜紫衣師，號曰宣教也。以太平興國四年秋七月四日示疾，終于浄土院，享壽六十三，坐四十三夏。門人等收舍利葬于龍門山寶應寺西阜，建塔旌表之。

大宋東京開寶寺師律傳十五

釋師律，范陽人也，姓賈氏，大丞相魏國公躭之後，唐書有傳。律弱齔端謹，不與群童鬭伎。裁十五歲，於憫中寺落髮，禮貞涉爲師。嚴肅垂髫，所履不出邊幅之外。涉默異之曰：「不可屈身下位而抑其名節乎？成比丘已，可去遊方。」律奉訓南逝，得其禪要。迴錫故鄉。時梁世迨大周朝，其閒帝王重臣，率皆宗仰。居于夷門山，舊封禪也，營構乎殿宇聖儀，豐厨祕藏，供僧饒羨。約勒後生，別院翕如，罔違彝憲。朝廷以紫衣徽號，用旌厥德，律視之蔑如也。一日謂弟子庶幾曰：「吾無願不報，厥齡欲頹，汝宜知之。勿俗情而悲悼也。」乾德二祀正月二十三日而終，春秋八十一，法臘六十二。太平興國五年三月，改葬于北部浚儀之原，進士賈守廉爲塔銘焉。

論曰：佛出于世，經譯于時，大要在乎果因，所推歸乎罪福。罪也者，下三塗之階陛也。福也者，上諸聖之階陛也。階陛是同，上下有異耳。此命章曰興福者，乃欲利他焉。如秤低昂，如室明暗，則知二事必不同時。又類薰蕕不同器而藏，堯桀不同國而治也。凡夫氣分，唯説罪多。聖者品流，但聞福厚。順性故易造，逆意故難修。修有多門，行有衆路。大約望檀波羅蜜多令度無極也。始則人天福行，施食與漿，橋梁義井。次則輪王行中下品善。上品十善者，則梵天福行也。一造偷婆，二補修故寺，三請佛轉法輪。次則二乘淨福行，同三品善，止自利功强耳。次究盡位福行，乃成二嚴莊嚴相好。從三輪無礙，見萬法體空，獲利殊多，盡未來際。夫如是福之廣矣大矣，乃知聖者爲福則易爾。何耶？純淨之故也。凡夫則反是，易薰染之故也。是以佛亦爲穿針之福，知福不宜厭焉。目連然燎，迦葉蹋泥，無盡意貢瓔珞寶珠，沓婆羅分僧卧具。伊皆大人有作，聖者權方，欲其因罪不厭除，福不厭取。矧以教傳嶺外，法布中原，年所彌深，行持漸薄，内衆修福，就彼持門，先哲息僁，行其懺法矣。夫修理懺也，淡慮觀心，心無所生，生無所住。當爾之時，順違無相，則罪滅福生之地也。若行事懺也，心憑勝境，境引心增，念念相資，緜緜不斷，禮則五輪投地，悔則七聚首心，或期瑞而證知，乃見罪滅之相也。昔者齊太宰作淨住法，梁武帝懺六根門，澄照略成住法圖，真觀廣作慈悲懺。至乎會昌年内，玄暢大師請修加一萬五千佛名經，是以兩京禮經，則口唱低頭，檛磬一聲，謂之小禮。自淮以南，民間唯禮梁武懺，以爲佛事。或數僧唄嚯，歌讚相高，謂之禳懺法也。其有江表行水懺法者，悔其濫費過度之僁，此人僞造，非真法也。又有斆古人逐字禮華嚴、法華經，以爲禮無漏法藏也。由此有四衆之徒，於字上安南無，字下安佛，誠叨濫也。

有倡言曰：「但務生善，唯期滅罪，何判爲非邪？」通曰：「翻譯之後，傳行已來，若天上之恒星，如人形之定相。或別占一座，便曰客星。或新起肉隆，乃爲胼贅者耳。君不見春秋夏五邪，鄭杜諸家豈不能添月字乎？蓋畏聖人之言，成不刊之典，不敢加字矣。夫人曰：『吾猶及史之闕文。』將知佛教還可加減否？如慧嚴重譯泥丸經〔一〕，加之品目，忽夢神人怒責，聲色頗厲曰：『涅槃尊經，何敢輒爾輕加斟酌！』是知興福不如避罪，斯言允矣。今則不勤課勵，靡事增修，因搜穎脱之數員，貴顯〔二〕孟安之三寶，就今有作，何代無人？或京兆開乎海池，或終南建乎蘭若，鑄大悲之銅像，造相國之伽藍。或代病利人，或護生掘土，鑄鐘感瑞，立刹參雲，刻像繁多，修臺浩博，披榛平田之梵宇，脱樣阿育之浮圖，刊石爲經，鳩財立藏。或治病於井絡，或化人於鄜時。如斯人也，入殊邦之鄉導，合二姓之良媒。日月伏根，照洞庭之幽暗；乾坤玄鑿，開混沌之竅端。所行博哉，續運長矣！公羊子有之曰：『是上之行乎下也。』詩云：『爾之教矣，民胥効矣。』願吾徒望上而學之。令仁祠聖像無墜于地者也。」

校勘記

智暉傳

〔一〕莫測所終，按傳燈録卷二十智暉傳謂其在周顯德三年七月二十四日「垂戒門人，……趺坐而逝。壽八十有四，臘六十四。」

光嗣傳

〔一〕釋光嗣，清涼傳卷下光作匡，作光者乃避宋太祖諱而改，正字當作匡也。

〔二〕憤繫，宋本憤作憒，諸本多作憒，按下句「出求禪法」推之，疑作憤爲是。

〔三〕忠懿王王氏，清涼傳作「至湖南，謁僞國主王氏」。按湖南其時屬楚王馬氏，非王氏也，清涼傳誤。此實爲閩王王氏，故上文云「登閩嶺」，是也。

〔四〕天福元年遘疾，清涼傳作「天福九年甲辰歲九月搆疾」。

遵誨傳

〔一〕亳城，原本亳作毫，從揚州本、大正本改。

〔二〕募四衆，原本募作慕，從揚州本、大正本改。

〔三〕沓婆羅漢，原本沓作沓，揚州本、大正本同，宋本作沓。按沓婆爲沓婆摩羅之略稱，羅漢名。見佛華嚴入如來德智不思議境界經卷上，與此相合。今據改。字書無沓字，當是沓之形訛。

智朗傳

〔一〕剔染，揚州本剔作鬀，大正本作剃，同。

光嶼傳

〔一〕少王，宋本王作主。

常覺傳

〔一〕表薦，原本薦作鳶，從揚州本、大正本改。

永安傳

〔一〕募人，原本募作慕，從揚州本、大正本改。

延壽傳

〔一〕宗鑑，揚州本、大正本作「宗鏡」。按今傳此書題名猶作「宗鏡録」，作「宗鑑」者蓋避當時宋廟諱嫌名而改。

〔二〕開寶八年，佛祖統記作卒于開寶七年。

〔三〕法臘三十七，佛祖通載卷二十六作「臘四十二」。

論

〔一〕泥丸經，揚州本、大正本丸作洹，通用。

〔二〕貴顯，大正本貴作責。

大宋高僧傳卷第二十九

雜科聲德篇第十之一 正傳二十六人　附見六人

南宋錢塘靈隱寺智一傳一

釋智一者，不詳何許人也。居靈隱寺之半峯，精守戒範，而善長嘯。嘯終，乃牽曳其聲，杳入雲際，如吹笳葉，若揭遊絲，徐舉徐揚，載哀載咽，飀飀淒切，聽者悲涼，謂之哀松之梵。頗生物善，或在像前讚詠流靡。於靈山澗邊，養一白猿，有時驀山踰澗，久而不還。一乃吮吻張喉作梵呼之，則猿至矣。時人謂之白猿梵召。一公爲猿父，猶狙公也。其後澗邊群狙聚焉。每至衆僧齋訖，斂生飯送猿臺所，後令山童呼三二聲，則群猿競至。洎乎唐武宗廢教，伊寺毀除焉，鞠爲茂草之墟，飯猿于臺事皆堙滅。一師不詳所終。

元魏洛陽慧凝傳二

釋慧凝〔一〕，未知何許人也，棲止洛邑而無異藝，正修練心戒耳。嘗得疾暴終，七日而穌，起説冥間報應及見區分，更無毫髮之差。所覩者五沙門，一是寶明寺智聖，以坐禪苦行得升天堂。次一是般若寺道品，以誦涅槃經四十卷，同前智聖。次是融覺寺曇謨最稱講涅槃、華嚴經，領徒千數。琰摩王〔二〕曰：「講經者心懷彼我，以驕敖物〔三〕，比丘中第一麄行。今唯試坐禪誦經。」最曰：「貧道立身已來，唯好講導，不能禪誦。」王曰：「付司。」即有青衣數輩，擁送最向西北門，屋舍皆黑，似非好處。次是禪林寺道恒〔四〕，唱云：「教導勸誘四輩檀越，造一切經、人中像十軀。」王曰：「沙門之體必須攝心守道，志在禪誦，不干世事，不務喧繁。雖造經像，止欲〔五〕得他財物。既得財物，貪心即起。既長貪行，三毒熾然，具足煩惱。」與最同入黑門。第五是靈覺寺寶明，自稱未出家時，嘗作隴西太守，造靈覺寺。即棄官入道，雖不禪誦，禮拜不闕。王曰：「卿作刺史〔六〕之日，曲理枉法，劫奪民財，假作此寺。非卿之力，何勞説此？」亦付青衣送入黑門矣。凝由此省悟，最先見王，屬吏檢尋名籍悮追攝耳。時胡太后聞之，遣黃門侍郎〔七〕徐紇依凝之説，散訪驗寺額并僧名有無，奏報云：「城東有寶明寺，城内有般若寺，城西有融覺、禪林、靈覺三寺，并智聖、道品、曇謨最、道弘、寶明等，皆實有之。」太后稱歎久之，詔請坐禪誦經者一百僧，常在内殿供養焉。續有詔不聽比丘持經像在街路乞索。如私有財物造經像者任意。凝入白鹿山隱居修道，自此京邑城下比丘多修禪觀，誦持大部經法焉。

系曰：曇謨最坐講法而人我，因入黑門中。若禪誦者，人我隨增，知亦不免。最與道士姜斌争論，護法之功可補前過。無謂傳法之人皆墮負處。胡后偏見不亡，吁哉！

唐成都府法聚寺員相傳三

釋員相，蜀人也。七歲出家，博綜内外，善屬文，時號奇童。内修律範，人無間然。龍朔元年，有疾而終于此寺。將啓手足，房内長虹若練而飛上天，寺塔鈴索無風自鳴。其大門屋壁畫剥落，每夜有鼓角聲，經百餘日方息。從此鳥雀不棲其屋。咸亨四年，甘露降于講堂前櫻欄樹焉。相終，弟子收文集三十餘卷。寺中石像碑，相作辭，龔靈曠同撰，是歟。

唐越州妙喜寺僧達傳四

釋僧達，姓王氏，會稽人也。稚齒英奇，不參戲弄，於龜山妙喜道場出俗。其寺南梁初建。後樂遊方，見黄梅忍禪師，若枯苗得雨，隨順修禪，罔有休懈。遇印宗禪師，重磨心鑑。光州見道岸律師，更勵律儀。四衆依歸，如水宗海。開元七年示疾而終，春秋八十二云。

唐京兆神鼎傳五

釋神鼎者，不詳何許人也。狂狷而純直，髮垂眉際。每持一斗巡長安市中乞丐。得食，就而食之。人或施麁帛幣布，錦綺羅縠，並綴聯衣上而著，且無選擇。嘗入寺中，見利貞法師講於座前，傾聽少時，而問貞曰：「萬物定已否？」貞曰：「定。」鼎曰：「闍梨若言定，何因高岸爲谷，深谷爲陵，有死即生，有生即死？萬物相糾，六道輪迴，何得定邪？」貞曰：「萬物不定。」鼎曰：「若不定，何不指天爲地，呼地爲天，召星爲月，命月爲星？何得不定邪？」貞無以應之。時衆驚其辯發如流。貞公奧學，被挫其鋒，頗形慚色。張文成見之，歎嗟謂之曰：「觀法師迅辯，即是菩薩行位人也。」鼎曰：「菩薩得之不喜，失之不怨，撻之不怒，辱之不嗔。鼎今乞得即喜，不得即怨，撻之即怒，辱之即嗔，由此觀之，去菩薩遠矣。」時衆錯愕，合掌而散焉。

系曰：答人之問，遲巧不如拙速。今傳家隔幾百年，輒伸詶對。通曰：「谷變陵遷，生來死往，萬類相糾，五道輪迴，正是不遷之法，可非定耶？經云世間相常住是也。又言天地星月，各據其倫，終歸磨滅。可非不定耶？經云劫火洞然，大千俱壞是也。今不壞世間相而談實相，可非定不定耶？雖定不定，俱解脱相歟？又言有喜怒非菩薩者，菩薩雖喜怒非喜怒，非菩薩而誰也？今聊雪利貞之鬱悒歟？」

唐京兆泓師傳六

釋泓師者，齊安人也。神龍中來遊京輦，簡傲自持，而罕言語。語則瑰怪，頗善地理之學，占擇塋兆，郭景淳、一行之亞焉。而出入於鄖公韋安石之門。與韋既密，一日謂之曰：「貧道於鳳棲原見一段地，約二十畝，有龍起伏之形勢，有藏此者必累世居臺鼎。」韋曰：「老夫有別墅在城南，候閑隙陪國師訪地，問其價幾何。同遊林泉，又資高興。」異日，韋尋前約，方命駕次，韋公夫人曰：「令公爲天子大臣，國師通陰陽術數，奈何潛遊郭外而營生藏？非所宜也。」遂止。韋曰：「舍弟滔有中殤男未葬，便示此地。」泓曰：「如賢弟得此地，不得他將相，止列卿而已。」滔買葬中殤，後爲太常卿禮儀使而卒。

泓每行視山原，即爲圖狀，嘗自洛東言於張說曰：「缺門道左有好山岡，丞相可用之。」說曰：「已位極人臣，吉孰過此？」泓曰：「無人勝此。」遂咨源監察乾曜，曰：「先人有遺旨矣。」後曜請假東洛還奉而廻，已經年矣。泓再經缺門，其地已成塋兆，問居人，曰：「源氏之松栢也。」泓曰：「冥數合歸源氏，坐可待其變化。」不數年，曜果登庸焉。

泓曾誡燕公曰：「宅勿於西北隅取土。」後成坑，三二處爲穴，泓驚謂燕公曰：「禍事！令公富貴一身耳。更二十年，禍及賢郎耳。」及均、垍受禄山僞官，肅宗復京，以減死論，太上皇苦執令處斬。皆符泓言。然中、睿朝皆崇重泓，號國師。占相之言，未嘗差謬。

唐洛陽〔一〕罔極寺慧日傳七 真法師

釋慧日，俗姓辛氏，東萊人也。中宗朝得度，及登具足，後遇義浄三藏，造一乘之極，躬詣竺乾，心恒羨慕。日遂誓遊西域。始者泛舶渡海，自經三載，東南海中諸國，崐崘、佛誓、師子洲等，經過略徧，乃達天竺，禮謁聖迹。尋求梵本，訪善知識，一十三年。咨稟法訓，思欲利人，振錫還鄉，獨影孤征。雪嶺胡鄉，又涉四載。既經多苦，深厭閻浮，何國何方，有樂無苦？何法何行，能速見佛？徧問天竺三藏學者，所説皆讚浄土，復合金口；其於速疾，是一生路；盡此報身，必得往生極樂世界，親得奉事阿弥陀佛。聞已頂受，漸至北印度健馱羅國。王城東北有一大山，山有觀音像，有志誠祈請，多得現身。日遂七日叩頭，又斷食，畢命爲期，至七日夜且未央，觀音空中現紫金色相，長一丈餘，坐寶蓮華，垂右手，摩日頂曰：「汝欲傳法，自利利他，西方浄土極樂世界弥陀佛國，勸令念佛誦經，廻願往生，到彼國已，見佛及我，得大利益。汝自當知浄土法門，勝過諸行。」説已忽滅。日斷食既困，聞此强壯。及登嶺東歸，計行七十餘國，總一十八年，開元七年方達長安。進帝佛真容、梵夾等，開悟帝心，賜號曰慈愍三藏。

生常勤修浄土之業，著往生浄土集，行于世。其道與善導、少康異時同化也。又以僧徒多迷五辛中「興渠」。「興渠」人多説不同，或云蕓薹胡荽，或云阿魏，唯浄土集中別行書出云：「五辛，此土唯有四，一蒜，二韮，三葱，四薤，闕於興渠。梵語稍訛，正云形具，餘國不見。迴至于闐，方得見也。根麁如細蔓，菁根而白，其臭如蒜，彼國人種取根食也。于時冬天到彼，不見枝葉。蔓菱非五辛，所食無罪。」日親見爲驗歟〔二〕？以天寶七年卒于住寺，報齡六十九。葬于白鹿原，成小塔焉。

餘姚休光寺釋真法師，金華人也，俗姓王氏。真髫丱辭家，童蒙悟道，發大精進，堅持戒地。一門之中，數人緇服，真學習師古，義成先聖，八部經理，宛在掌中，三乘法源，盡於度内。天寶六年，太守秦公、長史狄公知其行高，遂以名薦〔三〕，主休光寺焉。二公常相謂曰：「真公通深妙法，玄無上義，問一得三。言發響應。昔利涉辯博，僧會智周，與之齊驅，未可同日。」以其八年終于寺，本縣令王璲述德刊銘，洪元脊書焉。

唐越州大禹寺神迴傳八

釋神迴，未詳何許人也。幼入法流，齊莊自任〔一〕，節高行峭，不惡而嚴。晚年慕稱心寺大義律師，同習三觀於天台宗，得旨於左溪禪師，即寶應年中也。加以辭筆宏贍，華藻紛紜，爲朗師真影讚、法華經文句序，冠絶于時，爲世所貴。不詳厥終焉。

唐京兆〔一〕鎮國寺純陀傳九

釋純陀者，本西域人也，梵名無由翻就華言也。從遊京邑，人所欽重。上元中便云東渡，人見之，顔容若童稚之色，言已年六百歲矣。或謂爲八十歲人也。言談氣壯，舉動不衰。代宗〔二〕皇帝聞之，詔入，禮遇極豐，俾求留年之道。陀曰：「心神好静，今爲塵境汩之，何從冥寂乎？若離簡静外，欲望留年，如登木采芙蕖，其可得乎？陛下欲長年，由簡潔安神。神安則壽永，寡慾則身安。術斯已往，貧道所不知也。」帝由是篤重之。以永泰三年預知必逝，遣弟子賫衣鉢進上，帝賜弟子紫衣。陀終于鎮國寺焉。

唐天台山國清寺道邃傳十

釋道邃，不知何許人也。幽識遠晤，執志有恒，懸解真宗，不由邪術。末傳隋智者教道，素得玄微，荆溪之門，杳難窺望。大曆中湛然師委付止觀輔行記，得以敷揚，若神驥之可以致遠也。于時同門元浩迴知畏服，不能争長矣。

貞元二十一年，日本國沙門最澄者，亦東夷卉服中剛決明敏僧也。泛溟涬，達江東，慕天台之法門，求顗師之禪決。屬邃講訓，委曲指教，澄得旨矣。乃盡繕寫一行教法東歸。慮其或問從何而聞，得誰所印？俾防疑悮，乃造邦伯作援證焉。時台州刺史陸淳判云：「最澄闍棃，形雖異域，性實同源，特稟生知，觸類玄解。遠傳天台教旨，又遇龍象邃公，總萬行於一心，了殊塗於三觀，親承秘密，理絶名言。猶慮他方學徒未能信受，所請印記，安可不任爲憑云。」澄泛海到國，賫教法指一山爲天台，號一寺爲國清，風行電照，斯教大行。倭僧遥尊遂爲祖師。後終于住寺焉。

唐懷安郡西隱山進平傳〔一〕十一

釋進平，姓吴氏，京兆人也。早出家于永安山明福院，風表端雅。諸經大論，皆所研尋。銷文鍊注，令人樂聞。末思禪觀，於洛下遇菏澤會師了悟，且曰：「甚矣，不自外知者，所知難乎哉！」後至唐州遂居西隱山。刺史鄭文簡請入城，闡揚宗旨。示滅年八十一，大曆十四年三月入塔。

唐寧州南山二聖院道隱傳十二

釋道隱，姓王氏，彭原人也。風宇高峙，情性宏淡。少脱塵勞，誓從沖漠。既循師範，因願遊方，得菏澤師頓明心要。迨旋鄉土，道聲洋洋，慕其法者，若登華陰之市也。匪召員臻，檀施豐洽，鬱成精舍焉。以大曆十三年三月晦囑累四部，從於中夜趺坐而終，春秋七十二，法臘三十五。弟子辯真建塔緘藏焉。今師資二座全身不朽矣。

議者以爲得道真正，其器亦然，譬猶鍊丹之鼎，藥成鼎亦化金矣。在華嚴有諸菩薩成就如虚空忍，得無來身，以無去故。得不生身，以不滅故。得不聚身，以無散壞故。其隱師之謂歟！

唐温州陶山道晤傳十三

釋道晤者，不知何許人也。高趣放蕩，識量難貲。末住永嘉陶山側精舍，則隱居修真誥之所也。大曆中，代宗爲陶真君樹此精舍，晤於此進修靡怠，人亦傾仰。一夕加趺〔一〕而卒，身肉無沮，如入三昧，議不焚葬。後五年，忽舉右手，狀若傳香。州官民庶異之，以事奏，勑賜紫袈裟，謚曰實相大師。至今塔中，州民祈禱，旛花填委焉。

系曰：凡諸入滅舉其指者，蓋示其得四沙門果之數也。昔求那跋摩舉三指而滅，言已證二果歟？其次法京垂滅，屈三指。慧景反握二指，捋之還屈。今晤之伸指，豈不同諸？

唐京兆歡喜傳十四無側

釋歡喜，不知何許人也。性無羈束，慈忍寬和，人未嘗見其愠色，故號之焉。觀國之光，至于京輦，貴達下民延之，少見違拒。言語不常，事迹難測。德宗皇帝聞而重之。興元十二年〔二〕勑永泰寺置戒壇度僧，時喜與保唐禪宗，别勑令受戒，緇伍榮之。至其年六月十九日，卒于本寺焉。

有會稽雲門寺釋無側者，外國人，未知葱嶺南北生也。若胡若梵，烏可分諸？建中中越磧東遊，得意則止，度其冬夏。後棲越溪雲門寺修道。然善體人意，號利智梵僧焉。相傳則是康寶月道人後身也，必嘗以事徵驗而知。與名德相遇，談話終夕。吴興皎然題側房壁云：「越山千萬雲門絶，西僧貌古還名月。清朝掃石行道歸，林下眠禪看松雪。」其高邈之狀在書辭焉。

唐湖州杼山皎然傳十五福琳

釋皎然，字晝〔一〕，姓謝氏，長城人，康樂侯十世孫也。幼負異才，性與道合，初脱羈絆，漸加削染。登戒于靈隱戒壇守直律師邊，聽毗尼道，特所留心。於篇什中，吟詠情性，所謂造其微矣。文章儁麗，當時號爲釋門偉器哉。後博訪名山，法席罕不登聽者。然其兼攻並進，子史經書，各臻其極。凡所遊歷，京師則公相敦重，諸郡則邦伯所欽，莫非始以詩句牽勸，令入佛智，行化之意，本在乎兹。及中年，謁諸禪祖，了心地法門，與武丘山元浩、會稽靈澈爲道交，故時諺曰：「雪之晝，能清秀。」貞元初，居于東溪草堂，欲屏息詩道，非禪者之意，而自誨之曰：「借使有宣尼之博識，胥臣之多聞，終朝目前矜道侈義，適足以擾我真性。豈若孤松片雲，禪座相對，無言而道合，至静而性同哉？吾將入杼峯，與松雲爲偶。」所著詩式及諸文筆，併寢而不紀。因顧筆硯曰：「我疲爾役，爾困我愚，數十年間了無所得。况汝是外物，何累於人哉？住既無心，去亦無我，將放汝各歸本性，使物自物，不關於予，豈不樂乎？」遂命弟子黜焉。至五年五月，會前御史中丞李洪自河北負譴，再移爲湖守，初相見未交一言，恍若神合。素知公精於佛理，因請益焉。先問宗源，次及心印，公笑而後答。他日言及詩式，具陳以宿昔之志。公曰：「不然。」固命門人檢出草本，一覽而歎曰：「早年曾見沈約品藻、慧休翰林、庾信詩箴，三子所論殊不及此，奈何學小乘褊見，以宿志爲辭邪？」遂舉邑中辭人吴季德，梁常侍均之後，其文有家風，予器而重之。晝以陸鴻漸爲莫逆之交，相國于公頔、顔魯公真卿命裨贊韻海二十餘卷。好爲五雜俎篇，用意奇險，實不忝江南謝之遠裔矣。

晝清淨其志，高邁其心，浮名薄利，所不能啖。唯事林巒，與道者遊，故終身無憻色。又興冥齋，蓋循焦面然，故事施鬼神食也。晝舊居州興國寺，起意自捐衣囊施之。嘗有軍吏沈釗，本德清人也，夕從州出，乘馬到駱駝橋，月色皎如。見數人盛飾衣冠，釗怪問之，「如何到此？」曰：「項王祠東興國寺然公修冥齋，在兹伺耳。」釗翌日往覆，果是鬼物矣。又長城趙胥錢沛行役，泊舟吕山南，見數十百人，得非提食器負束帛，怡然語笑而過。問其故，云：「赴然師齋來。」時顔魯公爲刺郡，早事交遊而加崇重焉。

以貞元年終山寺。有集十卷，于頔序集。貞元八年正月敕寫其文集入于祕閣，天下榮之。觀其文也，亹亹而不厭，合律乎清壯，亦一代偉才焉。晝生常與韋應物、盧幼平、吴季德、李萼、皇甫曾、梁肅、崔子向、薛逢、吕渭、楊逵，或簪組，或布衣，與之交結，必高吟樂道。道其同者，則然始定交哉。故著儒釋交遊傳及內典類聚共四十卷、號呶子十卷，時貴流布。元和四年，太守范傳正、會稽釋靈澈同過舊院，就影堂傷悼彌久，遺題曰：「道安已返無何鄉，慧遠來過舊草堂。余亦當時及門者，共吟佳句一焚香。」其遺德，後賢所慕者相繼有焉。

又唐黃州大石山釋福琳，姓元氏，荆州人也。父爲襄陽判司，素崇釋氏。琳幼好佛門，恒循檢操，早知割愛，就玄静寺謙著師下剃染。登滿足法已，躬禮荷澤祖師，乃契真心。後至黃陂，剪茅營舍，終成大院，安集四方禪侶。琳終時年八十二，興元二年〔二〕四月入塔。

唐安陸定安山懷空傳十六

釋懷空，俗姓商氏，河陽人也。膏粱之子，幼且矜莊。乃辭所親，就本州大都山廣福院出家。大明禪師默識空之器局〔一〕不常，教誦群經。納法之後，觀方京都。屬北秀禪師闡化，造而決疑。

後往安陸定安山，倏遇一叟，勸空鎮厭此川，我需大利。乃結茅而止，前叟即土地神耳。尋因村民逐虎入山，見空歡喜而白之曰：「此中多虎暴，村落不安，願和尚示以息災之法。」空曰：「虎亦衆生也，若屠害於彼，彼必來報。迭相償報，何時斷期乎？老僧爲諸君計者，善可禳去。」鄉人曰：「愚下無知，唯教所在。」空曰：「汝歸舍，同心陳置道場，施設大會。」空預法筵。至日之夕矣，有一虎於庵前瞑目伏地。空曰：「咄哉惡類，一報未滅，更增宿殃，噬人倫也。天不見誅，死當墮獄。吾憫汝哉！」虎被責已，忽遲迴而逝。明日齋散上山，其虎在庵前，領其七子，將齋餘擲之，各食訖。爲其懺悔，七虎相次俱亡。百姓胥悦，且曰：「從師居此，俗無疵癘，仍年穀熟。」致拜而退。

時張遼大夫爲州牧，遣府吏慕容興往請入州，空謝病不起。部領工匠，爲建禪宫。畢，示疾而終，享年八十三。貞元三年三月十六日火葬，收舍利入塔焉。

唐澧州慧演傳十七

釋慧演，姓苗氏，襄陽人也。父爲東平糾曹。演幼入開元寺，聞經歡喜，求於辯章法師所度脱。章日講涅槃經，演常隨聽入神。既通深義，復能講談。一日結侶同遊華下，思登毛女峯，觀仙掌，路出洛中，乃參荷澤祖師，通達大觀。因入南嶽，遂住澧陽，江南得道者多矣。貞元十二年終，享齡七十九云。

唐荆州國昌寺行覺傳十八 皓玉（一）

釋行覺，姓劉氏，鉅鹿人也。稚歲英敏，立不易方，負志出家，親難沮勸。早投本部永泰伽藍，受業納戒。後於洛都遇會禪師開悟玄理，秉心矯跡。遊方見江陵古寺，殿宇摧墮，闃而無人。覺卸囊挂錫。明日，見樵夫驚怪，言「此是國昌寺，廢已三周。」將知人事相因，道從緣會，學者至矣，鄉人來矣，欝成一寺。時節使崔尚書請召入城，謝而不赴。檀施繼臻，乃興盛化。貞元十五年告終，年九十二。荆楚之人營塔焉。

又南嶽山釋皓玉者，趙氏之子，上黨人也。出塵于法清寺，後於菏澤會下，大明心印，入嶽中蘭若養道。衡陽太守王展員外傾重。終時年八十餘，興元中入塔云。

唐鄂州開元寺玄晏傳十九

釋玄晏，江夏人也，姓李氏。祖善而博識多學，注文選，行講集於梁宋之間。考邕〔一〕，北海太守，唐書有傳。晏稚昧之齡，決志離俗，至德初年，誦經高第，依僧崇真剃落，配住開元寺。大曆三年，從大闍梨真悟受具足法，便尋律範，目不視靡曼，足不履邪徑，於四儀中，無終食之閒違教。儀形峭拔，眉目秀朗，如孤鴻野鶴，獨立迥澤，望風瞻想，自有遠致。性多分劑，苟與惡比丘共住，遑遑然如以佉陀羅炭浴身也。不出户牖，焚香掃地，端坐盡日。人不堪其憂，而晏居之，以爲三禪之樂不敢也。

晏少習毗尼，長學金剛，解空破相，臻極玄奧。而聞律藏有一時外學之説，或賦詩一章，運思標拔，孤遊境外。彭城劉長卿名重五言，大嗟賞之。由是風雲草木，每有賦詠，輒爲工文者之所吟諷也。晏房舍在寺之北隅，頗爲湫陋，凡當時名士共營草堂，有若陳郡袁滋、趙郡李則、盧來卿、于文炫、蔡直偕檀捨同締構也。鄂嶽連帥〔二〕何公旌其行業，請居晉安，不移其志。建中伊始，符載與楊衡、李演約晏爲塵外之侶焉。以貞元十六年九月十四日示滅，春秋五十八，僧臘三十四。遷塔于黄鶴山南原也。

唐南嶽澄心傳二十

釋澄心，姓朱氏，東海人也。厥父任濟源令。天寶中，安史之亂遇害。心稚齒隨母氏至河内，貧極，母即從人。心不樂隨嫁。心之志氣不群，乃投應福寺智明法師求教勗，披削登戒。後雲遊鳥宿，務急參玄於秀師高足門下，了其法要。乃觀諸方名跡，遂止衡嶽。請益之僧，摩肩駢足。時太守吴憲忠請心入州治，謝而不行。再命棲于龍興寺，來問道者，丈室恒滿。貞元十八年壬午十一月示滅，春秋七十六，以其月二十七日入塔云。

唐杭州天竺寺道齊傳二十一 法如

釋道齊，俗姓趙氏，錢塘人也。幼而察慧，器度浩然，入于庠序，經籍淹通。偶立當衢，見僧分衛，行諷淨名經，冥然喜之。且召入家設食，問僧「爲居何寺？」答曰：「定水伽藍。」因請父母出家，母曰：「吾生汝時，夢手擎日月，嘗占是夢，云貴子，有五等之分。脱或捨家，吾無望矣。」由是往定水從師。年十七，進具，習毗尼法。復投靈隱寺，學華嚴經義。自爾於天竺寺修習禪定，行杜多行。其山有石窟，齊於中坐，忽巨蟒矯首呛呀爲吞噬之狀，愀然不動。時有虎豹近于石室，群鹿時時馴擾。又山椒乏水，以錫杖剟地，其泉迸流，實供其用。貞元二十一年，四方學者勸請講華嚴經，時雪飄飛，忽生花二本，狀若芙蕖，熠爚光發，觀者嗟嘆，見所未見。齊道譽惟馨，其節儉惡衣惡食，人所不勝。後終于山寺焉。

又唐太行山釋法如，俗姓韓，慈州人也。少爲商估，心從平準，至今東京相國寺，發心依洪思法師出家。隸業偕通，遂往嵩少間，遊於洛邑，遇神會祖師授其心决〔一〕。後登太行山，見馬頭峯下可以棲神，結茅而止。有褚塈戍將王文信率衆建精廬焉。刺史李亞卿中丞命入城，不赴。示寂，報齡八十九。元和六年三月遷塔云。

唐金陵莊嚴寺慧涉傳二十二

釋慧涉，俗姓謝氏，會稽人也。即東晉太傅安之後。是知傑氣英靈，閒代而出。津梁拔俗，異世豈無？涉爲人清素，戒節孤峻，好寂爲樂，不棲名聞。以大曆之初，於金陵莊嚴寺遇牛頭山忠禪師，一言知歸，遂命入室，授其法要。服膺道化，待之彌載，不憚其勞。洎忠捐世，踵武兹嶺，無遊人境。一衣方丈，操節彌高。自是以來，問道者衆，四維方域，無不霑洽，五十年中，翕然歸德。以長慶二年終於山院，春秋八十有二。門弟子惟晏等奉全師禮，建塔於寺之西北，勒銘紀德。若考師之藝文，則草堂、廬嶽，各美於當代矣。

唐京兆千福寺雲邃傳二十三清源

釋雲邃，不知何許人也。通綜經論，解將行兼。仍貫群書，號爲該博。好遠汎愛，人無閒然。累朝詔入内道場，順宗已來，掌領譯務。憲宗初，勾當右街諸寺觀釋道二教事，別勑充西明、千福兩寺上座。風猷淹雅，綱任肅然。昔賢以道生比郭林宗，邃公有焉。

次潤州棲霞寺釋清源，姓馮，南徐延陵人也。稚年貞素，長亦弗群，俗態不拘，法流爰入。造涉公爲弟子焉。學贍經律，人罕疇匹。棲于攝山，積其齡稔。長慶初，工部尚書李相國德裕鎮于浙西，洗心道域，延居京口，諮稟禪要，雅契夙心。及贊皇去郡，返錫棲霞，終于住寺。

唐京師保壽寺法真傳二十四

釋法真，不知何許人也。器識悠深，學問宏博，研窮梵典，旁賾儒書。講導之餘，吟詠情性。公卿貴士，無不宗奉。洎長慶中，帝頗鋭懷佛事，真屢膺召命，内殿祇奉。四年，赴禁中道場。睿武昭愍皇帝御于法席，顧問三寶功能，真得應對，而辯給圜轉，援據粲然。

帝悦，因請云：「久廢壇度僧，未全法者皆老朽。」蓋兩河間兵革未偃之故。尋詔兩街佛寺各置僧尼受戒壇場，自三月十日始至四月十日停，仍令兩街功德使各選擇有戒行僧謂之大德者，考試僧尼等經，僧能暗誦一百五十紙，尼一百紙，即令與度。真頻奉勑修功德，故遂奏請。真之德望，實唱導之元。罔知終所。

唐呂后山道場寧賁傳二十五

釋寧賁，姓李氏，隴西人也。家于亳州蒙城，幼奉釋尊，而不言乎簪組之緒，無得稱其代諱焉。賁所吐論，皆以覺了，不取諸相。心通定慧，而盡虚空，無以邊中可測，無以文字求我。因往洪州，尋道一祖師，見而奇之，語而異之，大乘法器得其人矣。遂乃具戒，作入室弟子。師資數歲，道議殊倫。欲往天台，至越呂后山岑嶐〔一〕曰：「即是諸佛住處，何必天台也？」

賁菩提直幹，挺秀七尺。村豪里宿覩其異狀，歸依瞻仰，老幼争先。同味醍醐，疾病皆愈。是時多有行路綰戾，欲暴僧徒，賁乃引之而前，威之而退，驚駭儀貌，禮足歸依。調御山林，魔邪懾伏。不下巖嶺近萬餘辰，德遠道高，僧徒彌衆。先時居處隘陋，兼無殿堂。衆議經營，任人資福，遠村窮墅亦競助緣。土石木工，程材售巧，約山横棟，臨澗飛簷，斤師斧子，鳥立猿褭，揆景促力，星再迴天，殿堂成矣，佛像列矣。精耀俯仰，照山姹雲，人天不殊，别開佛土。大和二年六月七日，遠聞道場之内有鼓鞞絲竹之聲，是夜二更，恬然化滅。生形七十五，炎臘四十一。是月權殯于杉園，禮也。齋祭殊品，哀號震山，慘樹色於禪枝，咽水聲於石穴。物尚知感，人情可量。大和五年九月荼毗，建塔於道場巽山，稟先意也。

唐閬州長樂寺法融傳二十六

釋法融，姓嚴氏，閬中人也。稚齒好樸素，惡華楚之服。父訓令秉筆，便畫佛形像。至于聚戲，摶沙爲塔，所作無非佛事。年甫十三，見釋子，摳其衣坐執經卷，苦求出家。依長樂寺慧休法師爲弟子，經誦偕通，乃霑戒善。遂講南山律鈔。後遊雲水，見嵩嶽普寂禪道風行，密付心印。往弋陽福寧寺，放蕩閑居，學道者麕至。以大和九年示疾而終，春秋八十九。其年正月十日，門人奉神座入塔焉。

校勘記

慧凝傳

〔一〕慧凝，洛陽伽藍記卷二慧作惠，通用。

〔二〕琰摩王，伽藍記作「閻羅王」，乃一名異譯。

〔三〕⿰夌攵物，揚州本⿰夌攵作傲。按伽藍記作凌，法苑珠林卷一百十一引作⿰夌攵，與此本相同。⿰夌攵、凌皆從夌聲，疑⿰夌攵是淩之或作。作傲者未然。

〔四〕道恒，伽藍記恒作弘，此傳當避宋廟諱而改。下文作「道弘」，則諱改未盡。

〔五〕止欲，伽藍記止作正。

〔六〕刺史，伽藍記作「太守」，與上文「隴西太守」相應。

〔七〕遺黄門侍郎，揚州本、大正本遺作遣。按伽藍記作遣，遺字誤。

慧日傳

〔一〕洛陽，宋本作「洛京」。

〔二〕驗歟，宋本歟作也。

〔三〕名薦，原本薦作鷹，從揚州本、大正本改。

神迥傳

〔一〕自任，原本任作住，從揚州本、大正本改。

純陀傳

〔一〕京兆，宋本作「京師」。

〔二〕代宗，原本代作伏，從揚州本、大正本改。

進平傳

〔一〕此傳宋本次於下温州陶山道晤傳之後。

道晤傳

〔一〕加趺，揚州本、大正本加作跏，此假借字。

歡喜傳

〔一〕興元十二年，陳垣云：「按興元止一年，次年即改貞元，疑興元爲貞元之誤也。」（釋氏疑年録卷四）

皎然傳

〔一〕字晝，揚州本、大正本字作名。按于頔吴興晝上人集序作「字清晝」，（皎然集卷首）唐詩紀事卷七十三同。是皎然爲其名，晝爲其字，作名者非。

〔二〕興元二年，興元止一年，此有誤。

懷空傳

〔一〕器局，原本局作肩，從揚州本、大正本改。

行覺傳

〔一〕皓玉，原本玉作王，下傳文及揚州本、大正本皆作玉，今從改。

玄晏傳

〔一〕考邕，揚州本、大正本考作李。按上文已云「姓李氏」，此不當再著「李」字。此疑因李邕名高，有人在「邕」旁輒注「李」字，誤衍入正文，又爲人妄删考字爾。

〔二〕連帥，原本帥作師，從揚州本、大正本改。

道齊傳

〔一〕心決，揚州本、大正本決作訣，通用。

寧賁傳

〔一〕岑嵺，揚州本、大正本嵺作廖。按廣韻蕭韻落蕭切下有嵺字，云：「崖虚。」字亦同寥，與廖並音同通借。

大宋高僧傳卷第三十

雜科聲德篇第十之二 正傳十九人　附見六人

唐上都大安國寺好直傳一

釋好直，俗姓丁氏，會稽諸暨人也。幼不喜俗事，酒肉葷茹，天然不食。因投杭塢山藏師落髮。元和初受具於杭之天竺寺。凡百經律論疏鈔，嗜其腴潤。一旦芒屩策杖，詣洪州禪門，洞達心要，虚往實歸。却於本郡大慶寺，求益者提訓，凡二十餘載，爲江左名僧。見儒士能青眼，故名輩多與之遊，往往戲爲詩句，辭皆錯愕。凡從事廉問護戎於越，入境籍聲實而造其户，不獨能誘，亦善與人交者。大和中遊五臺，路出京邑，一夕而去。前護戎郗志榮、宋常春二内侍尤味其道，孜孜遠招。開成初再至京國，二貴人同力唱和，牽襪虐留，致安國寺大方丈以居之。王畿龍象，莫不欽重。無何召入爲供奉大德，非所好也，佝俗受之。然歸歟之嘆，未嘗少棄。四年十月二十五日囑累弟子訖，奄然而寂，春秋五十六，夏三十二。郗宋二家率財權瘞于滻水，東人皆悲之，門人鑑諸後歸葬于崇山之南，華嚴寺起塔。會昌〔一〕四年，起居舍人韋絢爲碑紀代焉。

唐天台山禪林寺廣脩傳二 高閑

釋廣脩，俗姓留氏，東陽下崑人也。淑質貞亮，早預邃師之門，研窮教迹，學者雲擁。日誦法華、維摩、金光明、梵網、四分戒本。六時行道弗休，彌年更篤。每一歲行懺法七七日，則第四隨自意三昧也。開成三年，日本國僧圓載來躬請法，台州刺史韋珩請講〔一〕止觀于郡齋。以會昌三年癸亥歲二月十六日終于禪林本寺，俗壽七十三，法臘五十二。遷神于金地道場，法付門人物外焉。咸通七年，門人良汶發墳火葬，淘收舍利一千餘粒，重塔緘藏焉。

又湖州開元寺釋高閑，本烏程人也。髫年卓躒，范露異才。受法已還，有鄰堅志，苦學勞形，未嘗少惰。後入長安，於薦福、西明等寺隸習經律，克精講貫〔二〕。宣宗重興佛法，召入對御前草聖，遂賜紫衣，仍預臨洗懺戒壇，號十望大德。性情節操，矗然難屈。老思歸鄉，終于本寺。弟子鑒宗，勑署無上大師，亦得閑之筆法。閑常好將雪川白紵書真草之蹤，與人爲學法焉〔三〕。

唐高麗國元表傳三 全清

釋元表，本三韓人也。天寶中來遊華土，仍往西域，瞻禮聖迹，遇心王菩薩指示支提山靈府，遂負華嚴經八十卷，尋訪霍童，禮天冠菩薩，至支提石室而宅焉。先是此山不容人居，居之必多霆震猛獸毒蟲，不然鬼魅惑亂於人。曾有未得道僧輒居一宿，爲山神驅斥，明旦止見身投山下數里間。表賫經棲泊，澗飲木食，後不知出處之蹤矣。于時屬會昌搜毁，表將經以花櫚木函盛，深藏石室中。殆宣宗大中元年丙寅，保福慧評禪師素聞往事，躬率信士迎出甘露都尉院，其紙墨如新繕寫，今貯在福州僧寺焉。

又會稽釋全清，越人也。櫌耘戒地，芬然杜若。於密藏禁呪法也，能劾鬼神。時有市儈王家之婦患邪氣，言語狂倒，或啼或笑，如是數歲。召清治之，乃縛草人長尺餘，衣以五綵，置之於壇，呪禁之。良久，婦言乞命，遂誌之曰：「頃歲春日於禹祠前相附耳。如師不見殺，即放之遠去。」清乃取一錇以鞭驅蒭靈入其中，而呦呦有聲，緘器口以六乙泥朱書符印之，瘗于桑林之下，戒家人無動之，婦人病差。經五載後，值劉漢宏與董昌隔江相持，越城陷，人謂此爲窖藏，掘打錇破，見一鵶闖然飛出，立於桑杪而作人語曰：「今得見〔一〕日光矣。」時清公已卒也。

唐鎮州龍興寺頭陀傳四

釋頭陀，本下鄄〔一〕磨家之子，然其器度温潤，若長者之規。厥父課令其守磨，夜深憫驢牛之困憊，自己代之。放其畜嚙草飲水歇卧者。父母知之，爲其罷業。兒亦乞出家，遂落髮受具。持無嗔怒，唯收拾糞掃物爲衣，可重數斤。卧具三十年未嘗更易。苦節之行，無有倫比，真定之民重之。而不受人供施，號抖擻上人焉。

系曰：糞掃衣者，四聖種之一也。凡修練者必願成此行，奈何少堪任之！其勝之者，勇猛堪能之人也。

唐南嶽山全玼傳五

釋全玼，本餘杭人也，入徑山禮法濟大師求剃染。禀質强渥，且耐飢寒。諸所參尋，略得周徧，乃隱衡嶽中立華庵。木食澗飲，結軟草爲衣，伏臘不易。有贈玼詩云：「窠居過後更何人？傳得如來法印真。昨日祝融峯下見，草衣便是雪山身。」此太常孫渥舊相南遷有作，事詳南嶽高僧傳云。

系曰：草衣在南嶽炎方，壯年即可，未知衰老徙居幽朔耐否？如能，則上上根勝士也。

唐越州明心院慧沐傳六

釋慧沐，俗姓祝氏，即世暨陽人也，代爲著姓。沐幼沖之歲，家法嚴明，訓授儒經，鬱成造秀。將隨計吏，謁覺智寺契真禪師，即謚大觀者是也，因以微諷。沐由兹開悟。明年剃度，乃詣洪井，禮觀音禪師，頓了心契。咸通七載，還歸故鄉，邑宰韋公迺率信心者，造棲真院，四方禪客無遠不屆。廉使裴延魯召沐，因營鑑水坊精舍成，還以坊爲題牓，既而居之，安而能遷。允明州掾齊肇請，住玉笥峯，未久而卒。壽八十八，臘四十五，則乾寧五年七月三日也。

唐幽州南瓦窑亡名傳七　祝融峯禪者〔一〕

釋亡名，履行尤峻，獨居燕城南窑竈間。天祐中，幽薊〔二〕不稔，道殍相望。因分衛迴，聞車轍中呱呱之聲，憫而收歸，乃飢民所棄女子也。以求牛乳哺之。當七八歲，引於城中求色帛以衣之。及笄年也，容色豔麗，殆非凡俗，或譏呵者，僧終無渝志。適遇燕帥〔三〕劉仁恭從禽逐兔，直入僧居窑内。一卒見女子侍僧之側，遂白帥，劉往親見，問其故，皆以實對。劉曰：「弟子欲收之，可乎？」僧曰：「諾。」早驗無悋意，自扶上馬。歸府，元真處子也，劉益哀之，不令伍於下位。仍重其僧，謂爲果位中人也。别造精舍以處之，劉一旬兩往謁焉。其僧疾没，門人入訃〔四〕，女方獨坐，聞之哀慟而死焉。劉爲僧營塔標誌矣。

又祝融峯禪者，亡名〔五〕爲人抗直，不事威儀，每一舉揚，善標宗要，道俗歸之若市。嘗飲酒遇毒，當時吐下，透落腐衣裂石，體中無惱。每有一蛇一虎爲衛護狀。迨終闍維，留骨一片，大如琵琶槽。僧衆構火重焚，焚時色同火質，火盡灰寒，色白如雪，豈非得全身分堅固設利羅乎！至今獄中傳其言句，立其浮圖，號祝融峯道者焉。

唐洪州開元寺棲隱傳八 寶安

釋棲隱，字巨徵，姓徐氏。少而端厲，神解天然。佩觿之歲，酷好出塵，父母不可壞其意。削髮之後，納法已還，其閒服勤於學，深入毗尼壼奧焉。又於風雅之情，非彫刻而得，成自天姿。廣明中，避巢寇，入廬山折桂峯，實嘉遁也。然多於花朝月夕，晚照高秋，練句成聯，合篇爲集，往往酋健瀏亮，散在人口。身擁零破麻納，不識者謂之山叟野人，殊無能者。得歸宗禪旨，與同舉揚，且無恡法。平常與貫休、處默、脩睦爲詩道之遊，沈顏、曹松、張凝、陳昌符皆處士也，爲唱詶之友。隱爲羣士響臻，淡然若水。後寇盜稍平，入荆楚，登祝融，蹤迹嘯傲。光化三年，遊番禺，受知於太尉徐彥若。同光二年，於洪井鉅鹿魏仲甫邂逅，以文道相善。後唐天成〔一〕中卒。詩弟子應之攜隱之詩計百許首，投仲甫爲集序，今所行者號桂峯集是也。

次嘉禾靈光寺釋寶安，俗姓夏，姑蘇常熟人也。風神爽拔，性行淑均。壯年家務所嬰，誓思脱屣。及進具之後，專習定門，洞達真訣，而不衣絲縷，惟專分衛，寢則芻靺〔二〕。安昔遊五臺，嗟南人之不識，遂率道俗同模築五臺之制於靈光寺，今且存焉。事畢，無疾而終。受生一百有十八歲，法臘七十八。由身不壞，門徒布漆之，別院供養。至會昌毁寺，遂焚之。

唐河東懸瓮寺金和尚傳九

釋金和尚者，姓王氏，西河平遥人也，所生之地猪坑村。幼而魁岸，爲人魯質。所作詭異，與平人不類。於嵩巖山出家。其後身裁一丈，腰闊一圍，言事多奇茎，終後如在。鄉人供祭之，乞願，皆遂人意。西河至稽胡皆鄭重焉。

梁四明山無作傳十

釋無作，字不用，姓司馬氏，姑蘇人也。父陳宛丘縣尉。母戴氏始妊時，夢異沙門稱姓徐，住持流水寺，欲寄此安居，言訖加趺〔一〕而坐。其父同夜夢於盤中書一字，甚稱心，自言可以進上天子。至明，終説〔二〕所夢，母曰：「意其腹中必沙門也。」父之曰：「如生貌，放於流水寺出家。」及生，果歧嶷可愛，且惡葷羶之氣。年迨四歲，母自教誦習，利金易礪，記憶無遺。厥父欲其應童子舉業，漸見風範和潤，且恒有出塵之意。俄爾父偷窺姚氏之女且美容儀，酷欲取之。母切忌之，因曰：「或捨是子出家，寬汝所取。」父乃許之，送入流水寺中。纔及月餘，姚氏仳離〔三〕，時謂此女是善知識，爲作之出家增上緣矣。年二十，受具足法。相次講通刪補律鈔、法華、上生等經、百法論。一性五性宗教，勵精尋究。孔老書篇，無不獵涉。後參其玄學於雪峯存禪師，深入堂奧。至廬陵三顧山，檀越造云亭院，豫章創南平院，請作住持，皆拂衣而去。前進士唐稟作藏經碑，述作公避請之由。居洪井十載，且未識洪帥鍾氏之面。乃游會稽四明，因有終焉之志。吳越武肅王錢氏仰重，召略出四明，因便歸山，蓋謝病也。有詩杼意呈王，王亦不留。詩云：「雲鶴性孤單，争堪名利關？銜恩雖入國，辭病却歸山。」時奉化樂安孫郃退居嘯傲，不交緇伍，唯接作交談終日。進士楊弇亦慕爲林下之遊。以梁開平中卒于四明，春秋五十六。

初作善草隸，筆迹酋健，人多摹寫成法。述諸色禮懺文數十本，注道安六時禮佛文一卷，并詩歌，並行于代。作不入尼寺，不謁公門，不修名刺，不趨時利，自號逍遥子焉。

梁成都府東禪院貫休傳十一 處默 曇域

釋貫休，字德隱，俗姓姜氏，金華蘭溪登高人也。七歲，父母雅愛之，投本縣和安寺圓貞禪師出家爲童侍。日誦法華經一千字耳。所覩聞不忘於心。與處默同削染，鄰院而居，每隔籬論詩，互吟尋偶對，僧有見之，皆驚異焉。受具之後，詩名聳動於時，乃往豫章，傳法華經、起信論，皆精奥義，講訓且勤。本郡太守王慥彌相篤重。次太守蔣瓌開洗懺戒壇，命休爲監壇焉。乾寧初，賫志謁吳越武肅王錢氏，因獻詩五章，章八句，甚愜旨，遺贈亦豐。王立去僞功，朝廷旌爲功臣。乃别樹堂立碑，記同力平越將校姓名，遂刊休詩于碑陰，見重如此〔一〕。

休善小筆，得六法。長於水墨，形似之狀可觀。受衆安橋强氏藥肆請，出羅漢一堂，云：「每畫一尊，必祈夢得應真貌，方成之。」與常體不同。

自此遊黟歙〔二〕，與唐安寺蘭闍梨道合。後思登南嶽，比謁荆帥〔三〕成汭，初甚禮焉，於龍興寺安置。時内翰吴融謫官相遇，往來論道論詩。融爲休作集序，則乾寧三年也。尋被誣譖於荆帥，黜休于功安。鬱悒中題硯子曰：「入匣始身安。」弟子勸師入蜀，時王氏將圖僭僞，邀四方賢士，得休甚喜，盛被禮遇，賜賚隆洽，署號禪月大師。蜀主常呼爲「得得來和尚」。時韋藹舉其美號。所長者歌吟，諷刺微隱，存于教化。體調不下二李、白、賀也。至梁乾化二年〔四〕終于所居，春秋八十一。蜀主慘怛，一皆官葬，塔號白蓮。於城都北門外昇遷爲浮圖，乃僞蜀乾德中，即梁乾化三年癸酉歲〔五〕也。

休能草聖。出弟子曇域，癸酉年集師文集，首安吴内翰序，域爲後序。韋莊嘗贈詩曰：「豈是爲窮常見隔，只應嫌酒不相過。」又廣成先生杜光庭相善，比鄉人也。休書跡，好事者傳號曰姜體是也。嘗覩休真相，肥而矬，蜀宰相王鍇作讚。曇域戒學精微，篆文雄健，重集許慎説文，見行于蜀。有詩集，亞師之體也。

梁廬山雙溪院國道者傳十二

釋國道者，未知何許人也。器凝淳粹，行敦高邁，塊然獨處，翩翩在形器之上矣。參學攸廣，彼歇孤征，愛廬山秀異，誓隱淪以求其志。考築草舍，濯園殖蔬，任山中居人揃取。或問其故，答曰：「貧道無心而種，無心而捨也。」驗此見知，實達道之上流矣。脩睦僧正恒傾意奉重，詩贈國公云：「入門空寂寂，真箇出家兒。有行鬼不見，無心人謂癡。」後終于院，葬于雙溪山原，有小浮圖焉。今以「國」字呼之，爲名邪姓邪？未得詳焉。

梁泉州智宣傳十三

釋智宣，泉州人也。壯歲慕法，學義淨之爲人也。輕生誓死，欲遊西域，禮佛入塔，并求此方未流經法。以唐季結侶渡流沙，所至國土，懷古尋師，好奇徇異，聚梵夾，求舍利。開平元年五月中達今東京，進辟支佛骨并梵書多羅葉夾經律。宣壯歲而往，還已衰耄矣。梁太祖新革唐命，聞宣迴，大悅，宣賜分物，請譯將歸夾葉。于時干戈，不遑此務也。

梁江陵府龍興寺齊已傳十四

釋齊已，姓胡〔一〕，益陽人〔二〕也。秉節高亮，氣貌劣陋。幼而捐俗於大潙山寺，聰敏逸倫，納圓品法，習學律儀。而性躭吟詠，氣調清淡。有禪客自德山來，述其理趣，已不覺神遊寥廓之場。乃躬往禮訊，既發解悟，都亡朕迹矣。如是藥山、鹿門、護國，凡百禪林，孰不參請。視其名利，悉若浮雲矣。於石霜法會，請知僧務。

梁革唐命，天下紛紜。于時高季昌禀梁帝之命，攻逐雷滿出渚宫，已便爲荆州留後，尋正受節度。迨乎均帝失御，河東莊宗自魏府入洛，高氏遂割據一方，搜聚四遠名節之士，得齊之義豐、南嶽之已，以爲築金之始驗也。龍德元年辛巳中禮已於龍興寺浄院安置，給其月俸，命作僧正，非所好也。其如閑辰静夜，多事篇章，乃作渚宫莫問篇十五章，以見意，且佝高之命耳。已頸有瘤贅，時號詩囊。棲約自安，破納擁身，枲麻纏膝。愛樂山水，懶謁王侯，至有「未曾將一字，容易謁諸侯」句爲狎。華山隱士鄭谷詩相酬唱。卒〔三〕，有白蓮集行于世，自號衡嶽沙門焉。

後唐靈州廣福寺無迹傳十五

釋無迹，姓史氏，朔方人也。當宣宗御宇，佛法中興。大中九年，年正十三，決志捨家，投白草院法空大師爲弟子，操執密縝，拂攘囂塵。咸通三年，用賓于京室，得戒度於西明寺矣。凡於百藝，悉願遊焉。慕定林威能畫，戴安道能琴，我則講貫之餘，兼而綜習。先是唐恒夫嘗作鎮朔方，後於輦下相遇，以家僧之禮待焉。蓋知言行相高，復能唱導聞。恒夫白兩街功德使，請隸西明寺。旋屬懿宗皇帝於鳳翔法門寺迎真身，右宣副使〔一〕張思廣奏迹充乎讚導，悦懌上心，宣賚稠厚。光啓中傳授佛頂熾盛光降諸星宿吉祥道場法，歸本府。府帥韓公聞其堪消分野之災，乃於鞠場結壇脩飾，而多感應。景福中，太尉韓公創脩廣福寺，奏迹任持。皆以律範繩之，塞垣冑求戒者必請爲力生焉。梁乾化丙子歲，中書令韓公洙奏署師號曰鴻遠歟。後唐同光三年乙酉歲四月一日，坐終于文室。筋骨如生，風神若在，蕃漢之人觀禮稱嘆曰：「昔至德中當府龍興寺有高士辯才坐亡，遂漆布之。乾寧元年府帥舉奏，勑謚曰能覺。今迹師可不異時而同事哉！」中令〔二〕韓公命工布漆焉。莊宗朝軍府從事薛昭紀爲碑頌德云。

後唐明州國寧寺䛒光傳十六

釋䛒光，字登封，姓吳氏，永嘉人也，唐史官左庶子兢之裔孫也。幼捨家於陶山寺剃度。居必介然，不與恒人〔一〕交雜。好自標遇，慢易緇流。多作古調詩，苦僻寡味，得句時有得色。長於草隸，聞陸希聲謫宦于豫章，光往謁之。陸恬静而傲氣，居于舟中，凡多廻投刺，且不之許接。一日設方計干謁〔二〕，與語數四，苦祈其草法，而授其五指撥鐙訣。光書體當見酋健，轉腕廻筆，非常所知。乃西上，昭宗詔對御榻前書，賜紫方袍。後謁華帥韓建，薦號〔三〕曰廣利。自華下歸故鄉，謁武肅王錢氏，以客禮延之。而性畔岸，弗愜王情，乃歸甬東終焉。有文集，知音者所貴。出筆法弟子從瓌、温州僧正智琮，皆得墨訣。有朝賢贈歌詩，吳内翰融、羅江東隱等五十家，僅成一集。時四明太守仰詮素重光高蹈，躬爲喪主，理命令葬。後三年，准西域焚之，發棺儼若生相，髭髮爪皆長。荼毗收舍利，起小塔焉，則後唐長興中也。

晉宣州自新傳十七

釋自新，姓孫氏，臨淄人也。濯戒尋師，曾無懈廢，聞膺禪師化被鍾陵，往參問焉。從雲居長往，迴錫嘗隱廣德山中。屬兩浙文穆王錢氏率吏士躬征苑陵〔一〕，入山寺，群僧皆竄，唯新晏如。問曰：「何不避乎？」對曰：「東西俱是賊，令老僧去何處逃避？」王驚其訐直，迴戈遣歸，見武肅王問之，言無所屈。加之高行，造應瑞院居之，假號曰廣現大師。

初新嘗入宣城山采藥，穿洞深去，始則闇昧，尋見日分明，行僅數里，洞側有別竅，溪水泛泛然。隈一大松，枝下有草庵，一僧雪眉擁納坐禪。旁有一磬〔二〕火器，新擊磬，遂開目驚曰：「嘻！師何緣至此？」乃陳行止，揖坐，取石敲火煎茗，香味可愛。日將夕矣，僧讓庵令新宿，顧其僧上松巔大巢內，聞念法華經，聲甚清亮。遶巡，又咄罵云：「此群畜生毛類，何苦生人恐怖？速歸林薄，不宜輒出。」叱去，新窺之，乃虎豹弭耳而去。明日謂其僧曰：「願在此侍巾屨。」僧曰：「自居此地，百見草枯，四絶人煙，非師棲息處。」又問：「莫飢否？」相引溪畔，有稻百餘穗，收穀，手挪三匊黄粱。挑野蔬和煮，與食。後遣迴去。送至洞口曰：「相遇非偶然也。所食茶與菜糜，師平生不乏食矣。」遂遵路廻本院已，月餘日命同好再往尋之，失洞蹤跡。

後在浙中，充寶塔寺主，以天福中卒于住寺，年八十餘。今影在冷水灣前，小院存焉。

漢杭州耳相院行脩傳十八

釋行脩，俗姓陳，泉州人也。少投北巖院出家，小心受課，誦念克勤。十三削髮，往長樂府戒壇受上品律儀。年始十八，參雪峯山存禪師，隨衆請問，未知詮旨。辭存師，言入浙去。存曰：「與汝理定容儀，令彼土人〔一〕睹相發心。」遂指其耳曰：「輪郭幸長，垂璫猶短，吾爲汝伸之。」雙手平曳，登即及肩，如是者三，自此長垂，見者舉目。後唐天成二年丁亥歲入浙中，傾城瞻望，檀施紛紛。遂構室于西關高峯，爲其宴息，後鬱成大院。脩别無舉唱，默默而坐。人問，唯笑而止。士女牽其耳交結於頤下，杭人號長耳和尚。以乾祐三年庚戌歲十一月示疾，動用如平時，以三月中夜坐終。檀越弟子以漆布，今亦存焉。後寄夢睦州刺史陳榮曰：「吾坐下未完。」檢之，元不漆布，重加工焉。

大宋宜陽柏閣山〔一〕宗淵傳十九

釋宗淵，姓宫氏，高密人也。幼通經籍，察惠若神，忽願出家于東萊北禪院。後參學江表岳中祖師勝友，資神潤已，往造實歸。僻好吟詩，於荆楚間嘗師學于齊已之體，自言緣情在品物流形之外。覽天下山川，且曰「步仞之丘，巨獸無以隱其軀」。愛宜陽柏閣山居之，以求其志。其孤潔耿介，凡俗不可造次而見。日別持觀音支品，蓋曾有善相人言淵促齡，勉令受持普門品也。至太平興國五年十月，預言終期，令水土〔二〕作座，如鹿頂形。連促木工，明日齋時要用，至是果坐終焉。鄉人無遠近皆來焚香設拜，當年遷小塔于寶雲寺之山原，年八十三。有洛西集。著挽辭五十首，一云：「舉世應無百歲人，百年終作塚中塵。余今八十有三也，自作哀歌送此身。」紙衣一襲葬焉。後開發，神色宛然，弟子淡然、奉明葬之于巖穴之中矣。

論曰：太極是生兩儀，兩儀生萬物，絪緼而出，鼓動而萌。由庶類以蚩蚩，稟自然而歷歷。自然者道，道惟本心，心無不通，通物之理之謂道也。道其不一，蕃息流形，若究天倪。物亦惟一。乾一也，坤一也，殆乎因動成變，以變求占，則生象不一歟？至如鳥獸交氣，草木構精，或用其牡〔三〕而疎其雄，或同乎根而異乎實。鰐飛似鳥，橘移成枳，交獾爲傖，羽嘉生鳳，若此之倫，物類糅錯之所致也。雜之時大矣哉！事有重貤，物有紛綸，乃彰雜名，非一名而統盡。故曰義雖博，則知可以一名舉也。昔梁傳中立篇第十曰唱導也，蓋取諸經中「此諸菩薩皆唱導之首」之義也。唱者，固必有和乎？導者，固必有達者。終南釋氏觀覽此題，得在乎歌讚表宣，失在乎兼才別德也。譬若別均天分，重賦全才，虎雙翼而飛，鷹四足而擊也。於是建立雜篇，包藏衆德，何止聲表？無所不容。

或曰：「續傳改作名題，自何稽古？」通曰：「象班孟堅加九流中雜流也。如其立教，如其爲人，匪獨陰陽，不專刑律，或兼名墨，或涉縱横，則可目之爲雜家流也。漢書有變，拾太史公之遺；澄照建題，正梁慧皎之僻。」或曰：「胡不聞揚子雲疾其雜乎？」通曰：「彼惡夫淮南、太史公不宗孔而無純德耳。此則應雜而雜，斷無雜咎歟！今作傳者，若游夏焉，觀其起隱終哀，何敢措一辭也。」或曰：「何忽變唱導成聲德耶？」通曰：「聲之用大矣哉！良以諸佛刹土，偏用一塵以爲警悟。唯忍土最尚音聲，行爲佛事及觀音説圓通，世尊稱讚者，爲被聞熏。故若毗目仙人，香積世界，樂不樂爰居之耳，圜不入方瞖〔二〕之穿。是以影勝大王止前驅之象馬，鉢囊釋子動合會之人天。返魂者隨唄聲而到家，光潔者聞唄聲而歡喜。乃可謂宫商佛法，金石天音，哀而不傷，樂而不佚，引之入慈悲之域，勸之離繫縛之場。脱或執受不精，器能無取，乃不可謂爲聲德也。于今搜有鄰之德，聚兼講之才，三人之師，于斯見矣，四戰之國，孰敢攻乎？得非備五彩而服章，含八風而成樂，則有登天竺而作猿梵，動塔鈴而貫虹電，副天請而都講隨，占地理而宰臣應，觀音摩其髮頂，彌勒訴其雷神。始化倭民，坐亡舉指，見慈顔而不怒，作詩式以安禪。巨蟒不驚，山魔懾伏，臨神鑑而懸知澄汰，禮天冠而誓隱靈蹤。破甕飛烏，勞身代畜。衡山衣草，禹寺明心，養童女以身全，遇毒流而命在。德符禪月，軀涉磧沙。或辯之利通，或聲之流靡，猗嗟碩德，於爍群公！若諸根之互能，同五事之俱舉，故强名爲雜也。薝蔔接栴檀之樹，數倍馨香；

鷹鸇育金翅之巢，千重猛鷙。咨爾同道，聽乎直言。爲僧不應於十科，事佛徒消於百載。如能以高爲本，以德爲枝，以修爲花蕚，以證爲子實，然後婆娑挺蓋，欝密成陰，周覆三千大千，號之曰大菩提樹也歟！」

校勘記

好直傳

〔一〕會昌，原本昌作是，從揚州本、大正本改。

廣脩傳

〔一〕請講，原本請作謂，揚州本、大正本同，宋本作請，義順，今從改。

〔二〕克精講貫，世綵堂韓昌黎集卷二十一送高閑上人序注引此傳「講貫」作「書字」。

〔三〕爲學法焉，昌黎集注引作「爲世楷法」。

元表傳

〔一〕得見，揚州本、大正本無見字，宋本、元本有，同此本。

頭陀傳

〔一〕下鄄，大正本鄄作野，誤。鄄字見説文邑部。

亡名傳

〔一〕祝融峯禪者，原本無「祝融峯」三字，揚州本、大正本有之。按目録及本傳文亦有「祝融峯」三字，今補。

〔二〕幽薊，原本薊作蒯，據揚州本、大正本改。
〔三〕燕帥，原本帥作師，從揚州本、大正本改。下「白帥」，同。
〔四〕入訃，原本訃作計，從揚州本、大正本改。
〔五〕亡名，此夾注二字，揚州本、大正本作正文。

棲隱傳

〔一〕天成，原本天作大，據揚州本、大正本正。
〔二〕芻鞂，大正本鞂作鞣，非。音釋亦作鞣，云：「古黠切，與秸同，藁也。」

無作傳

〔一〕加趺，揚州本、大正本加作跏，此借用。
〔二〕終説，揚州本、大正本終作各。
〔三〕仳離，原本仳作彽，從揚州本、大正本正。

貫休傳

〔一〕按唐詩紀事卷七十五云：「錢鏐自稱吴越國王，休以詩投之曰：『貴逼身來不自由，幾年勤苦蹈林丘。滿堂花醉三千客，一劍霜寒十四州。萊子衣裳宫錦窄，謝公篇詠綺霞羞。他年名上淩烟閣，豈羨當時萬户侯。』鏐諭改爲四十州，乃可相見。曰：『州亦難添，詩亦難改。然閑雲孤鶴，何天而不可飛？』遂入蜀。」與此所記異。
〔二〕黟歙，原本黟作黝，從揚州本、大正本改。
〔三〕荆帥，原本帥作師，從揚州本、大正本改。下同。

〔四〕乾化二年，四庫總目提要卷一百五十一禪月集下謂卒于蜀乾德五年癸未，陳垣謂「誤以曇域撰禪日集後序之年爲休卒年。」（釋氏疑年録卷五）按梁乾化二年（九一二）當蜀永平二年。

〔五〕僞蜀乾德中即梁乾化三年癸酉歲，按梁乾化三年癸酉歲（九一三）當蜀永平三年。蜀乾德凡六年（九一九——九二四），與梁乾化不相應，「乾德」二字有誤。

齊己傳

〔一〕姓胡，唐詩記事卷七十五齊已下云：「名得生。」

〔二〕益陽人，唐才子傳卷九齊已傳作「長沙人」。

〔三〕卒，本傳未著卒年，陳垣釋氏疑年録卷五據白蓮集中詩定其卒於「後唐長興末，年七十三以上。」

無迹傳

〔一〕右宣副使，宋本宣作軍。

〔二〕中令，揚州本、大正本中下有書字，上文亦作「中書令」。宋本、元本作「中令」，同此本。

習光傳

〔一〕恒人，揚州本、大正本恒作常，乃避宋諱改字。

〔二〕干謁，原本干作于，從揚州本、大正本改。

〔三〕薦號，原本薦作鳸，從揚州本、大正本改。

自新傳

〔一〕苑陵，按苑陵未聞，疑苑是宛之形譌。宛陵，今安徽省宣城，地理亦合。

〔二〕一磬，揚州本磬作罄，通用。

行脩傳

〔一〕彼土人，原本土作二，揚州本、大正本同，今據宋本改。

宗淵傳

〔一〕柏閣山，原本山作小，揚州本、大正本同。宋本作山。按傳文亦作山，今從正。

〔二〕水土，宋本作「木工」。

論

〔一〕用其牡，宋本作「肖其牝」。

〔二〕方瞖，揚州本、大正本瞖作鑿，同。

後序

前代諸家，或云僧傳、僧史、記録，乃題號不一，亦聲迹有殊。至梁沙門慧皎云高僧傳，蓋取高而不名者也。則開其德業，文爲十科，見於傳内。厥後有唐續高僧傳，倣仰梁之大體而以成之。洎乎皇朝大宋〔一〕高僧傳之作也，清風載揚，盛業不墜。贊寧自至道二年奉睿恩掌洛京教門事，事闌心曠之日，遂得法照等行狀，撰已易前來之闕如。尋因治定其本，雖大義無相乖，有不可者以修之，先者所謂加我數年，於僧傳則可矣已。斯幸復治之，豈敢以桑榆之年爲辭耶？時方徹簡，咸平初承詔入職東京右街僧録，尋遷左街。乃一日顧其本，未及繕寫，命弟子輩緘諸篋笥，俾將來君子，知我者以僧傳，罪我者亦以僧傳，故於卷後而書之云耳。

校勘記

後序

〔一〕大宋，揚州本、大正本大作有。

宋高僧傳人名索引

凡　例

一、本索引收録《宋高僧傳》中所有歷史人名。佛、菩薩及其他神話人物名均不收入。

二、俗人以姓名爲主目,僧人以法名或常用稱謂爲主目,其他稱謂如别名、字、號、封號、謚號、綽號及列入校勘記的異名,均用圓括號附注于後,並另列參見條目。只知名或號者,以名或號爲主目。

三、人名下的數碼,斜綫前爲卷數或附件名稱,斜綫後爲頁數。有 * 號者爲傳文所在。

四、同名同稱者,在方括號内注明所住山寺或時代、姓氏、籍貫、師承等,以資區别。

五、本索引按四角號碼檢字法編排,後附筆畫與四角號碼對照表,以備參用。

陳　雅

二〇一三年十二月

0010_4童

40 童壽
3/50

0018_1癡

80 癡人
5/96

0021_1龐

64 龐勛
12/265
18/412

0021_4塵

23 塵外
3/38
4/66 *
80 塵公　見息塵

0021_7亮

亮　見大亮

0022_2彥

13 彥琮
3/47
3/48
3/51
4/67
22 彥偁
16/364 *
43 彥求
28/640 *
67 彥暉(暉師、佛子)
7/129 *
7/130
7/142
93 彥悰
4/59
4/66 *
17/378

0022_3齊

10 齊平陽公　見齊瀚
17 齊君房　見鑑空
齊已(衡嶽沙門)
30/687 *
30/691
30 齊安(悟空、鹽官安禪師)
11/238
11/239 *
12/240
12/255
35 齊神武帝　見高歡
38 齊瀚(齊平陽公)
9/186
14/313
17/383
齊肇
30/682
40 齊大師
15/329
齊太宰
25/594
48 齊翰(等至)
15/328 *
50 齊抗
5/96
5/97
60 齊國大長公主
27/625
65 齊映
10/204
72 齊后
8/166

0022_7高

10 高元裕
6/118
高平侯　見徐彥伯
20 高季昌
22/518
30/688
22 高仙奴　見高山奴
高山奴(高仙奴)
22/525
高崇文
11/225

28 高從誨(南平王)
22/515
30 高安
23/549
32 高澄(北齊文襄王)
22/528
38 高洋(北齊文宣帝)
18/406
26/603
40 高力士
2/19
27/631
高士廉(申國公)
2/23
19/455
47 高歡(齊神武帝、北齊高祖)
18/405
18/406
26/603
77 高閑(閑公)
12/254
12/255
30/679 *
78 高駢
11/224
16/363
80 高益
26/604

商

34 商祐
27/626

方

00 方辯
8/160
10 方干
27/629
23 方外　見鴻楚
36 方禪師　見慧方

膺

36 膺禪師　見道膺

0023_1 應

27 應物
20/471
30 應之
30/683
35 應清
13/284
40 應真〔莊嚴寺〕
2/21
應真(躭源)〔山西吉州〕
12/265

0023_2 康

04 康詵
8/168
21 康何德(康阿德)
21/508
22 康樂侯　見謝靈運
28 康僧會(僧會)
13/290
18/410
18/424
25/593
18/425
22/528
30 康寶月道人
29/666
40 康希銑
14/313
44 康藏國師　見法藏
71 康阿德　見康何德

0023_7 庶

22 庶幾
28/651

庾

17 庾子山　見庾信
20 庾信(庾子山)
15/338
29/667

90 庾光
17/386

0024_7 慶

00 慶玄
12/261
04 慶諸（普會大師、石霜）
12/258 *
12/264
13/279
22/514
27 慶修
3/43

0025_2 摩

79 摩騰
3/50
12/264

0026_7 唐

00 唐高宗　見李治
唐高祖　見李淵
唐文宗　見李昂
唐哀帝　見李柷
唐玄宗　見李隆基
唐稟
30/685
11 唐璿　見唐休璟
12 唐瑶
14/305
13 唐武宗　見李炎
14 唐琳
14/305
18 唐珍
14/305
21 唐順宗　見李誦
唐睿宗　見李旦
23 唐代宗　見李豫
24 唐德宗　見李适
唐僖宗　見李儇
唐休璟（唐璿）
19/436
26 唐和尚
10/202
唐穆宗　見李恒
30 唐宣宗　見李忱
唐憲宗　見李純
唐憲宗太皇太后　見郭氏
40 唐太宗　見李世民
42 唐彬
14/305
47 唐懿宗　見李漼
48 唐敬宗　見李湛
50 唐中宗　見李顯
唐肅宗　見李亨
60 唐固
14/305
67 唐明皇　見李隆基
唐昭宗　見李曄
91 唐恒夫
26/612
30/688

0028_6 廣

00 廣主　見奕廣度
13/284
廣度長老
25/592
17 廣現大師　見自新
22 廣利　見詧光
27 廣脩
30/679 *
30 廣濟
3/42
47 廣超
22/526
53 廣成　見元浩
廣成先生　見杜光庭
55 廣慧　見增忍
58 廣敷〔清陽〕
9/194
廣敷〔袁州陽岐山〕

20/468 *
66 廣嚴
13/276
74 廣陵大師
19/448 *
86 廣智　見道丕

0029₄麻

88 麻答耶律解里
22/524

0033₆意

25 意律師　見滿意

0040₀文

00 文襄魏永熙后
18/406
10 文一
20/465
14 文瓚
26/612 *
15 文殊矢涅地
3/45
21 文偃(雲門禪師)
7/146
23/548
23 文允　見法海
文獻公　見王導
24 文德皇后
24/570
26 文穆王　見錢元
瓘
27 文綱
1/3
5/81
14/299
14/301 *
14/303
14/307
14/310
14/311
14/314
16/371
38 文遂
13/286
40 文爽
21/502 *
文喜(無著)
12/267 *
文賁
10/214
50 文中子　見王通
文泰
12/261
55 文輦
23/550 *
56 文暢
11/235
67 文明　見義淨
文昭王　見馬希
範
文照
25/582 *
72 文質
27/628 *
77 文舉
16/361 *
文舉　見常達
80 公益(益公、益禪師、淨慧、大法眼、法眼禪師)
13/281
13/285 *
13/286
13/287
23/547
23/549
86 文智　見可止
90 文光大師　見希覺

0040₁辛

40 辛七師(七師)
19/447 *

0040₆章

24 章仇兼瓊
19/445
27/619
章幼成

11/239

0043_0奕

奕(廣主)
22/513

0044_1辯

00 辯章〔僧録〕
16/358
17/394
辯章〔開元寺〕
29/669
20 辯秀
14/320
14/323
15/332 *
21 辯貞
6/117
30 辯空　見僧瑗
37 辯初
11/236
40 辯才　見從式
辯才(能覺)
16/353 *
30/689
辯真
29/664
42 辯機
4/61
4/63
80 辯公　見詧公
86 辯智
6/110

0063_1譙

10 譙王　見李重福
28 譙縱
19/455

0063_2讓

讓　見懷讓
36 讓禪師　見懷讓
80 讓公　見懷讓

0069_6諒

80 諒公　見茂亮

0071_0亡

27 亡名〔唐朝西域僧〕
19/438 *
亡名〔唐漢州開化寺〕
21/500 *
亡名(興元上座)〔唐興元府梁山寺〕
21/501 *
亡名〔後晉襄州僧〕
22/516 *
亡名〔後周大慈寺〕
22/518 *
亡名〔唐洛陽廣愛寺〕
24/567 *
亡名〔唐東京客僧〕
25/583 *
亡名〔後漢潭州〕
25/590 *
亡名〔唐幽州南瓦窑〕
30/682 *

0073_2襄

30 襄宗　見李曄

玄

00 玄應
3/52
玄章
12/254
10 玄至
9/183
22 玄嶷(杜乂鍊師)
17/379 *
17/399
玄幽
25/580

24 玄奘〔唐荆州白馬寺〕
5/81
5/82
8/168
24/562
24/563
玄奘(奘師、三藏法師)
1/1
1/3
2/16
2/22
2/23
2/29
3/40
3/47
3/49
3/51
4/56
4/57
4/58
4/59
4/60
4/61
4/62
4/63
4/70
4/75
5/80
6/110
7/151
14/298
14/304
15/333
17/378
17/384
18/417
24/559
26 玄儼(儼師)
11/237
14/307
14/311 *
14/312
15/330
16/359
17/386
27 玄疑
2/24
玄約
7/128 *
28 玄齡　見房玄齡
30 玄宗
20/468 *
玄寂
8/169
35 玄禮
26/605
36 玄昶
14/321
37 玄逸
5/86 *
玄通
14/314 *
14/315
玄朗(朗公、左溪禪師、慧明、五祖、朗禪師)
6/105
6/106
6/107
8/169
15/330
17/386
26/606 *
26/607
29/662
39 玄沙　見師備
41 玄楷(楷法師)
2/24
2/27
50 玄泰(泰布納)
11/238
12/258
13/281
17/393 *
23/538

23/540
玄胄
14/310
玄素(道清、素禪師、嬰兒行菩薩、大律禪師、馬祖、馬素)
9/184 *
9/193
11/232
52 玄挺
8/170
54 玄軌
2/29
56 玄暢(申之、法寶大師、暢師)〔姓陳〕
3/44
14/300
15/343
16/358
16/363
16/364
16/367
17/394 *
17/399
28/652
玄暢〔南齊僧，姓趙〕
8/166
60 玄晏
29/670 *
玄杲
16/360
63 玄則
4/73
70 玄璧
5/95
75 玄賾
3/51
8/167
77 玄覺(明道、一宿覺、無相)〔永嘉人〕
8/168 *
玄覺〔高昌國人〕
2/22 *
78 玄覽
26/605 *
80 玄傘
1/2
玄公　見知玄
玄公　見義玄
88 玄策(圓寂)
11/243 *
12/262
90 玄光(光師)
18/406 *
18/407
22/528
96 玄燭
7/143
97 玄惲　見道世

0080_0六

37 六祖　見慧能

0121_1龍

31 龍潭　見崇信
44 龍樹
4/76
6/105
6/114
13/290
27/621
71 龍牙　見圓暢
龍牙山禪師　見居遁
90 龍光　見竺道生

0128_6顔

17 顔子　見顔回
27 顔魯公　見顔真卿
36 顔禪師
9/194
40 顔真卿(顔魯公)
14/320
15/340

16/355
24/571
26/609
29/667
60 顔回(回、顔子)
序/1
4/67
6/108
6/121
8/160
10/212
70 顔防
24/571
80 顔公
6/111

0161_4 諲

21 諲師　見令諲

0173_2 襲

92 襲燈大師　見智閑

0180_1 龔

10 龔靈曠
29/658

0212_7 端

50 端肅
23/539
53 端甫(大達)
6/111 *
7/151

0261_8 證

證　見智燈
16 證聖大師　見僧伽
30 證空　見居遁
86 證智(智禪師)
20/479 *

0292_1 新

53 新成侯　見曹世安

0361_7 誼

80 誼公
23/538

0364_0 試

44 試塔和尚　見正壽

0365_0 識

28 識微
6/109

誠

50 誠惠　見誠慧
55 誠慧(誠惠、慧師、法雨、降龍大師)
27/634 *
28/639

0460_0 謝

00 謝康樂　見謝靈運
10 謝靈運(謝康樂、康樂侯)
6/118
29/666
30 謝安
29/672

0461_1 詵

34 詵法師　見法詵
36 詵禪師　見智詵

0463_1 誌

80 誌公　見寶誌

0464_7 護

60 護國三藏　見崇惠

0466_0 諸

44 諸葛亮(武侯)
19/439
22/528
諸葛節
20/470

0469_4 謀

36 謀禪師
15/332

0512_7靖

34 靖邁
4/63 *
5/86
7/151

0742_7郭

00 郭文
16/357
10 郭元振
3/38
17 郭子儀
8/165
21/498
30 郭密之
17/386
37 郭迻
25/591
38 郭遵泰
6/119
44 郭林宗
29/673
50 郭忠恕
23/546
53 郭威(後周太祖、周高祖)
7/144
17/397
28/646
60 郭景淳(景淳)
22/520
29/660
72 郭氏(唐憲宗太皇太后)
27/625
80 郭公
13/285

0766_2韶

21 韶師　見德韶
36 韶禪師　見德韶

0821_2施

04 施護
3/52
80 施乞叉難陀　見實叉難陀

0861_4詮

25 詮律師
14/315 *
32 詮澄
11/241

0863_7謙

謙
7/132
44 謙著
29/668

0864_0許

許　見許詢
07 許詢(許)
14/321
17/386
27/623
10 許王　見錢俶
46 許觀
1/2
3/51
60 許思
8/172
9/194
12/268
72 許氏
17/396
88 許籌
19/435
94 許慎
30/686

0968_9談

88 談筵
5/97 *
5/98

1000_0一

21 一行(張遂、大慧禪師)〔中嶽嵩陽寺〕
1/4
1/5

1/6
2/18
5/82＊
5/88
7/151
9/182
一行〔杭州竹林寺〕
8/172
22/520
29/660
一師　見曇一
23 一徧照　見神照
30 一宿覺　見玄覺
80 一公　見道一
一公　見曇一
一公　見如一
一公　見智一
85 一鉢和尚
11/224＊

1010_1 三

17 三刀法師（曹伯連、張伯英）
24/569＊
25/594
25 三生藏　見惟勁
26 三白和尚　見元慧
37 三郎　見李隆基
44 三藏法師　見玄奘
三藏苾蒭　見蓮華精進
50 三車和尚　見窺基

正

40 正壽（壽公、試塔和尚）
23/533＊
23/534
23/553
77 正覺
5/93
13/274

1010_3 玉

44 玉華法師
24/559

1010_4 至

40 至真大師　見僧照

王

00 王文信
29/672
王文壽
3/52
01 王顔
9/194
03 王誠
13/281
10 王晉
17/399
11 王甄
15/341
12 王延稟
12/263
王延彬
13/282
王延鈞（王氏）
13/282
13 王武俊
11/227
14 王瓚
13/275
王劭
23/554
15 王建（王氏、蜀主、蜀王）
21/507
22/520
27/630
30/686
17 王孟涉
2/21
王琚
9/187

王弼
14/313
王承宗
3/44
王子喬(桐栢真人)
16/365
20/475
18 王珍
5/93
王璲
29/662
20 王維
17/383
21 王上客
26/607
王處直
7/132
7/136
7/140
王處厚
22/518
22/519
王師乾
4/75
王縉
24/560
22 王屮(王巾、王簡棲)
序/1
23 王獻之(王氏)
17/395
王緘　見僧緘
24 王僚
10/205
25 王仲
20/471
27 王儋
16/354
30 王守慎　見法成
王審知(王氏、閩王、忠懿王)
12/262
12/263
13/279
22/515
28/639
王宗賀(王公)
13/284
31 王涯
6/114
35 王潛
11/232
37 王通(文中子)
17/388
王朗
13/284
38 王導(文獻公)
17/382
40 王士詹
21/494
40 王巾　見王屮
王希遷
2/21
5/97
5/98
王志愔
26/603
26/604
43 王朴
7/146
17/397
44 王莽(莾)
17/398
王著
28/646
王薈
17/382
46 王媪
5/83
王相國
12/269
50 王胄
4/74
53 王輔嗣
6/108
60 王思同

25/589
王晏休
7/136
王昌齡
14/316
王圓
27/620
王羅漢(密修神化尊者)
22/521＊
64 王曄
20/462
20/463
72 王氏〔巨岷母〕
7/137
王氏　見王審知
王氏〔子鄰母〕
3/43
王氏　見王延鈞
王氏〔琅邪人〕
2/20
王氏〔唐大曆年間南浦孕婦〕
20/473
王氏　見王獻之
王氏　見王建
77 王展
29/670
80 王翦
18/426
王羲之
27/623
王公
14/322
王公　見王宗賀
81 王鍇
30/686
86 王鋗
15/339
王鐸
10/218
13/275
88 王簡棲　見王屮
91 王恒
18/409
94 王慥
30/685
王慎言
22/519

1010_6 亘

00 亘文
16/359

1010_7 盃

30 盃渡
4/71

五

37 五祖　見弘忍
五祖　見玄朗

1010_8 靈

00 靈庾　見神清
靈辯
2/30
4/62＊
4/65
04 靈護
25/587
10 靈一
6/104
14/316
15/327＊
15/331
22 靈巋
25/584＊
靈嵩(嵜)
14/310＊
15/331
15/335
16/371
靈巖聖僧　見道鑒
靈巖和尚　見道鑒
靈幽
25/584＊
23 靈俊
15/339

27 靈彖
11/231 *
靈阜　見靈準
30 靈準(靈阜)
11/227
11/228
靈宴
17/394
31 靈源
27/621
33 靈邃
3/42
34 靈祐〔維楊,法慎弟子〕
14/316
15/327
靈祐(祐公、大圓禪師、大潙山禪師)
11/242 *
12/257
12/265
13/276
13/280
16/355
19/444
38 靈澈(澄源)
15/336 *
15/342
17/387
29/666
29/668
44 靈基　見窺基
靈藏
25/594
靈著
9/183 *
靈樹　見如敏
46 靈坦(大悲)
10/205 *
27/628
48 靈翰(翰公、輪公)
27/621
63 靈默
10/210 *
12/252
67 靈照(照布納)
13/284 *
77 靈叟　見神清
78 靈鑒
10/213
80 靈會
2/24
靈公　見慧靈
86 靈智
12/256
97 靈熠
19/443

1012_7霈

36 霈禪師　見洪霈

1014_1聶

17 聶承遠
3/51
30 聶道真
5/85

1017_7雪

22 雪峯　見義存

1020_0丁

77 丁居士
19/437
80 丁公
7/140

1021_0兀

80 兀谷　見耶律兀谷

1021_1元

00 元亮
12/264
元彦沖
14/312
元康
4/62 *
7/151
元度
11/228

02 元證禪師　見本寂
10 元璋
20/481
14 元珪(珪)
19/432＊
22/528
20 元晈
24/564＊
25/594
21 元貞　見大義
22 元崇
17/382＊
24 元積
27/623
30 元安
12/264＊
13/284
元宏(北魏孝文帝)
16/371
元寶炬(西魏文帝)
18/405
元宗　見李璟
34 元浩(廣成)
6/106
6/107＊
15/342
29/663
29/666
37 元通
13/277
43 元載
14/305
15/333
15/347
44 元堪
7/127＊
46 元觀
9/196＊
50 元表〔高麗國人〕
30/679＊
元表(表公、鑑水闍梨)〔越州大善寺〕
16/363＊
16/366
55 元慧(三白和尚)
23/538＊
64 元曉
4/67
4/70＊
80 元公
9/195
86 元錫
12/257

1021_4霍

22 霍仙鳴
3/42
5/96
67 霍嗣光
2/29

1023_2震

26 震和尚
20/476

1024_7夏

夏　見子夏
27 夏侯氏
10/205

1040_0于

00 于文炫
29/671
51 于頔
10/207
19/451
29/667
80 于公
22/514

1040_9平

00 平高公　見侯壽

1043_0天

06 天親
6/114
7/150
23 天然(智通禪師)

11/224
11/229 *
26 天皇大帝　見李治
天息災
3/52
28 天徹　見惟寬
72 天后　見武則天
86 天智(提雲若那、提雲陀若那、提雲般若)
2/30 *

1060₀ 石

10 石霜　見慶諸
11 石頭和尚　見希遷
石頭禪師　見希遷
17 石鞏　見慧藏
44 石藏
10/219 *
48 石敬瑭(後晉高祖、晉祖)
16/369
23/542
25/589
28/640
28/643
28/644
61 石顒
16/354

西

10 西平王　見韓遜
22 西嶺和尚　見道標
26 西魏文帝　見元寶炬
67 西明　見道宣

百

50 百丈　見懷海
百丈山禪師　見懷海
百本疏主　見窺基

1060₁ maybe 雪

50 雪書　見皎然

晉

37 晉祖　見石敬瑭
60 晉國公　見薛稷
80 晉公　見裴度

1060₃ 雷

雷　見雷次宗
34 雷滿
22/518
30/688
37 雷次宗(雷)
14/321

1062₀ 可

10 可瓌
3/52
21 可止(文智)
7/135 *
24 可休
12/263
40 可支
3/52
60 可思
21/504
77 可周(精志通明)
7/133 *
87 可翔
16/363

1062₁ 哥

87 哥舒道元
2/29
哥舒翰
1/8

1073₁ 雲

13 雲琮(雲宗)
11/239
30 雲宗　見雲琮
33 雲邃(邃公)
29/673 *
34 雲法師

7/143
46 雲觀
3/38
50 雲表
7/133
77 雲門禪師　見文偃

1080_6 賈

00 賈膺福
2/29
賈文瓌
5/89
11 賈玭
22/521
24 賈躭(魏國公)
18/428
28/651
27 賈島(賈閬仙)
7/136
10/208
30 賈守廉
28/651
34 賈遠　見慧遠
77 賈閬仙　見賈島
80 賈全
15/342
賈曾
5/86
7/132
26/604
85 賈餗
6/114

1090_0 不

01 不語通(通禪師)
12/265
30 不空(不空三藏、不空金剛、阿目佉、阿目佉跋折羅、智藏、大廣智三藏、大辯廣正智三藏、肅國公)
1/4
1/6 *
1/10
1/12
3/42
3/44
3/47
3/52
5/90
5/91
5/94
5/98
16/358
21/491
27/621
不空三藏　見不空
不空金剛　見不空
68 不吟
27/629
77 不用　見無作

1111_0 北

00 北齊高祖　見高歡
北齊文襄王　見高澄
北齊文宣帝　見高洋
20 北秀禪師　見神秀
26 北魏孝文帝　見元宏
77 北周文帝　見宇文泰
北周武帝　見宇文邕

1111_4 班

17 班孟堅　見班固
60 班固(班孟堅)
22/527
30/693

1111_7 甄

27 甄叔

10/216 *
80 甄公
11/236 *

1116_8 瑨

36 瑨禪師(瑨公)
17/382 *
17/383
80 瑨公　見瑨禪師

1118_6 頭

73 頭陀(抖擻上人)
30/680 *

1121_6 彊

25 彊練(强練)
19/438

1122_7 彌

26 彌伽釋迦
2/28
73 彌陀山　見寂友

1123_2 張

00 張齊賢
3/37
張文成
29/659
張衮
28/642
05 張諫
18/412
08 張説(燕公、燕國公)
1/3
3/38
5/88
8/160
8/162
8/168
10/205
14/321
19/455
29/660
12 張延賞(魏公)
19/439
20/467
15 張臻
19/440
17 張承貴
27/624
張君〔唐神龍年間人〕
19/436
張君　見張仁愿
張君〔唐大曆年間恒陽節度使〕
26/601
張翼
14/321
21 張仁愿(張君、韓國公)
25/581
張衡
18/425
22 張繼
15/328
25 張仲荀
28/647
26 張伯英　見三刀法師
27 張象
15/339
27/620
28 張儀
6/120
張從申
14/317
31 張河
17/386
32 張遜　見長孫遂
34 張瀆
20/479
22/528
張遼
10/206
29/669
36 張洎
3/52
37 張凝

30/683
38 張遂　見一行
40 張希俊
21/494
張南史
15/328
42 張韜光
3/44
44 張蔵
14/321
張楚
14/322
47 張均
9/180
9/181
50 張夫人
6/111
60 張易之
23/534
張思廣
30/688
張思義
5/92
張果
16/366
64 張暐(張公)
18/417
66 張嚴
20/470
72 張氏〔遵誨母〕
28/640
張氏〔紹巖母〕
23/549
張氏〔晤恩母〕
7/146
80 張義潮(張義朝)
6/117
張義朝　見張義潮
張公　見張暐
張公謹(郯國公)
5/82
86 張錫
8/167
14/306
88 張鎰
19/439
90 張懷瓘
10/209
91 張恒
14/321

1133_1 悲

86 悲智
2/29

1162_7 礪

礪　見法礪

1173_2 裴

00 裴度(晉公)
9/194
12 裴延魯
30/682
17 裴子野
序/1
裴司馬
18/414
24 裴休(裴公)
6/112
6/114
6/116
6/119
6/120
10/203
10/213
11/242
13/274
17/392
20/482
25/586
28 裴儆
26/611
30 裴寬
5/85
9/181
35 裴清
26/609
37 裴通
10/204

40 裴真人
20/475
41 裴樞
15/342
60 裴冕
8/165
72 裴氏
4/56
80 裴公　見裴休
90 裴常棣
11/233
16/356

1180_1 冀

10 冀王　見朱友謙
80 冀公　見崔寧

1210_8 登

44 登封　見畱光

1212_7 瑀

80 瑀公　見子瑀

1223_0 弘

00 弘度　見神皓
17 弘忍(忍大師、忍禪師、五祖、大滿禪師)
4/74
8/156 *
8/157
8/158
8/159
8/161
8/162
8/163
8/167
8/168
10/209
13/290
18/414
29/658
33 弘沇(沇公)
2/28
6/103 *
60 弘景　見恒景
77 弘覺大師　見道膺

1240_1 延

16 延聖大師　見大安
40 延壽
28/649 *

廷

14 廷珪
27/634

1241_0 孔

04 孔勍(孔公)
7/134
11 孔頂生
14/301
17 孔子(仲尼、宣尼)
序 1
6/108
6/121
8/160
10/212
17/382
17/399
22/527
29/684
30/693
36 孔祼
14/301
80 孔公　見孔勍
88 孔範
14/301

1241_3 飛

21 飛衛
15/347
86 飛錫
3/42 *
9/189
15/345

1249_3 孫

14 孫璹
15/342

17 孫承祐
23/550
21 孫儒
7/128
17/393
孫綽
序 1
27/623
22 孫山人　見孫思邈
27 孫郃
27/629
37 孫渥
7/136
30/681
38 孫道能
22/515
44 孫權(大帝)
18/424
47 孫朝進
9/187
9/189
60 孫思邈(孫山人、孫公)
14/298
22/520
80 孫公　見孫思邈
86 孫知古
9/189
87 孫郃
28/648
30/685

1314_0 武

10 武元衡
5/96
武平一
4/66
8/160
18/417
26 武皇　見李炎
武皇　見李克用
27 武侯　見諸葛亮
28 武攸暨
18/411
30 武宣
10/205
40 武太后　見武則天
50 武肅王　見錢鏐
武貴妃
1/5
60 武邑公
18/405
62 武則天(天后、武太后、武后)
1/1
1/2
2/28
2/29
2/30
2/31
3/38
3/51
5/80
5/92
8/159
8/162
8/166
8/168
9/181
10/205
14/331
14/301
17/379
17/388
18/413
18/415
18/416
18/417
19/432
19/444
19/454
20/462
24/559
26/598
26/599
27/618

67 武明太后
18/406
72 武后　見武則天

1319_1 琮
21 琮師　見彦琮

1411_4 珪
珪　見元珪

1412_7 勁
80 勁公　見惟勁

1460_1 砮
30 砮空
2/21
6/117
90 砮光(登封、廣利)
30/689 *

1464_7 破
30 破竈墮(安國師)
19/432 *

1523_6 融
融　見道融
30 融濟
14/311 *
14/312
15/331
36 融禪師　見法融
40 融大師　見法融

1529_0 殊
79 殊勝招提
2/15

1540_0 建
40 建支王
1/4

1561_8 醴
25 醴律師
5/95

1613_0 聰
34 聰法師　見法德

1623_6 强
72 强氏
30/686

1710_7 孟
17 孟子
6/108
17/388
22/527
28/647
72 孟氏
14/321
88 孟簡
3/44
5/96
10/211
15/342
20/471
27/626

1712_7 瑯
17 瑯琊王　見李沖
瑯琊公　見志

鄧
10 鄧元起
17/399
60 鄧國公　見竇璡
72 鄧隱峯　見隱峯

耶
25 耶律兀谷(永康王)
22/524
耶律德光
22/524
24 耶馱里巍地
3/45
80 耶舍瞿沙
3/38

1723_2 承
35 承禮
3/38
14/303

1733_2 忍
36 忍禪師　見弘忍
40 忍大師　見弘忍

1740_7子

00 子立　見惠立

10 子夏(夏)

5/93

6/108

13/286

16/359

30/693

子貢(賜)

4/67

12 子瑀(沈瑞、真瑛、瑀公)

14/307

26/608

26/609 *

18 子瑜

6/108

38 子游(游)

5/93

6/108

13/286

16/359

30/693

97 子鄰(鄰兒、志鄰)

3/43 *

1740_8翠

28 翠微　見無學

1742_7邢

26 邢和璞

5/83

72 邢氏

7/144

1750_6鞏

00 鞏庭玉

17/390

1750_7尹

08 尹謙

5/88

10 尹靈琛

5/87

40 尹喜

17/380

19/452

90 尹愔

5/83

1752_7那

50 那提

9/192

1760_1磬

38 磬海

8/172

80 磬公(辯公)

8/171 *

8/172

1762_0司

30 司空山禪師　見本淨

71 司馬貞(馬貞)

14/321

司馬德宗(東晉安帝)

27/626

司馬遷(馬遷、太史公)

表/2

6/108

16/355

30/693

司馬相如(馬相如、長卿)

4/67

5/82

1762_7邵

37 邵朗

12/253

40 邵志

12/268

2022_7秀

00 秀章

14/304

21 秀師　見神秀

25 秀律師　見秀公

80 秀公(秀律師)

14/310 *

喬

14 喬琳
6/110

2024_7愛

77 愛同
1/2
14/314 *

2026_1信

34 信法師
6/118
36 信禪師 見道信
信禪師 見崇信

2033_9悉

34 悉達
2/18

2042_7禹

60 禹跡
27/628

2060_9香

00 香育
8/174 *
66 香嚴禪師 見智閑
77 香闍梨
21/501
92 香燈
13/274

2064_8皎

23 皎然(晝師、霅晝、晝、清晝、然公)
3/42
5/93
6/104
14/320
15/329
15/333
15/337
15/339
15/342
26/609
29/666 *
29/667

2071_4毛

14 毛瑛琦
5/98

2090_1乘

00 乘方 見業方
44 乘基 見窺基
46 乘如
15/335 *
60 乘恩
6/116 *

2091_3統

34 統法師
8/170

2091_4維

00 維亮(維諒)
15/338 *
維摩和尚
7/135
維讓
15/339
維諒 見維亮
03 維誠
15/339

2108_6順

10 順正 見順貞
16 順璟
4/64 *
7/151
21 順貞(順正)
2/25 *
24 順德大師 見道忞

2110_0上

12 上弘 見上恒
30 上宏 見上恒
60 上足
12/267
91 上恒(上弘、上宏)
16/355 *

2110_1些

21 些些(青)
20/478 *

2111_0此

80 此公　見契此

2118_6顗

21 顗師　見智顗
25 顗律師
15/341

2121_0仁

00 仁亮
1/2
44 仁楚
7/135
50 仁表
16/360
仁素
19/433

2121_1徑

22 徑山　見法欽

能

36 能禪師　見慧能
77 能覺　見辯才
能覺　見無迹

2121_2虚

20 虚受
7/132 *
7/133
16/363
18/425

2121_7伍

17 伍胥　見伍子胥
伍子胥(伍員、伍胥)
14/322
21/499
60 伍員　見伍子胥

盧

00 盧奕
8/163
8/165
10 盧元輔
15/342
16/356
盧元顥
11/237
17 盧承慶(范陽公)
2/23
盧君襲
27/619
18 盧群
15/342
21 盧行瑫
8/158
24 盧幼平
26/609
29/667
27 盧粲
1/2
3/38
盧約
12/261
37 盧鴻
5/82
8/162
盧逸
26/604
40 盧士式
17/386
盧來卿
29/671
43 盧求
21/496
44 盧藏用
1/3
3/51
4/66
14/316
50 盧中丞
11/233
58 盧軫
19/437
60 盧見義

14/313
72 盧氏
18/416
77 盧居士　見慧能
88 盧簡求
11/240
11/243

2122_0何

80 何公
29/671

2122_1行

12 行瑫
25/590＊
13 行秡(行弼)
19/452
17 行弼　見行秡
27 行脩(長耳和尚)
30/691＊
28 行儉
15/342
30 行賓
12/262
34 行滿〔天台山智者禪院〕
6/109
22/523＊
行滿〔鑒宗弟子、大慈山僧〕
12/255
行滿〔後晉曹州扈通院〕
28/641
38 行遵
22/515＊
40 行真
12/255
44 行勤
11/228
行蘊
16/360
47 行超(超公)
8/172
14/307
60 行思(洪濟、思禪師)
9/181＊
9/191
行因(因公)
13/286＊
66 行嚴
27/632＊
27/633
67 行明
23/540＊
77 行堅
24/557＊
行覺
29/669＊

2124_0虔

28 虔縱
11/228

2124_1處

04 處訥
12/258
10 處一
2/30
30 處寂(寂公)
19/444
20/462＊
60 處量
3/40
63 處默
30/683
30/685＊

2131_7虢

10 虢王　見李邕

2143_0衡

22 衡嶽沙門　見齊已

2150_6衛

00 衛文昇
8/173
衛文卿
9/197

10 衛元嵩
19/438
27 衛紹欽
7/148
27/624

2160_8睿

13 睿武昭愍皇帝見李湛
80 睿公　見思睿

2172_7師

00 師彦(小彦長老)
13/279 *
24 師備(玄沙、備頭陀、宗一大師)
12/263
13/278 *
13/281
13/282
13/286
13/289
23/547
23/550
25 師律
28/651 *
44 師藴(藴公)
23/548 *
80 師會(法相)
28/642 *
88 師簡
22/520 *

2180_6貞

00 貞辯
7/131 *
7/138
08 貞誨
7/134 *
23 貞峻
16/366 *
31 貞涉
28/651
48 貞幹
27/619 *
50 貞素
20/480
60 貞固
6/117
14/310
80 貞公　見利貞

2190_3紫

10 紫玉禪翁　見道通

2190_4柴

35 柴清
18/428
99 柴榮(後周世宗)
7/145
17/397
17/398
18/413
28/646

2210_8豐

10 豐干　見封干

2210_9崟

34 崟法師
6/111

2220_7岑

80 岑羲
18/417
26/604

鼜

鼜　見靈鼜

2221_4任

25 任生　見任景求
35 任迪簡(任公)
16/354
37 任運
10/216
60 任景求(任生)
12/252
80 任公　見任迪簡

崔

00 崔玄亮
9/194

崔玄暐(崔公)
18/416
27/625
10 崔元翰
9/194
11 崔璩
3/38
14 崔琪
12/253
15 崔融
8/168
17 崔子向
29/667
18 崔群
11/229
11/230
17/389
21 崔貞孝
12/257
27 崔龜從
6/110
30 崔沆
17/394
崔寧(冀公)
15/334
崔寓(博陵)
12/265
36 崔湜
1/2
4/66
37 崔涣
9/188
9/194
14/316
崔沼
26/604
40 崔希逸
14/316
崔壽
12/256
44 崔恭
6/109
60 崔日用
18/417
崔圓
19/450
19/451
80 崔益
17/382
崔令欽
9/186
崔公 見崔玄暐
崔公〔大夫〕
12/249
崔公〔唐貞元年間南臺人〕
15/339
87 崔鈞
12/256
崔鄯
16/356
90 崔尚書
29/670
94 崔慎由
11/243

2222_7 嵩

22 嵩山禪師 見普寂
34 嵩法師
10/219
嵩法師 見嵩公
80 嵩公(嵩法師)
2/22 *
嵩公 見義嵩

2223_4 僕

60 僕固懷恩
16/353

2224_1 岸

岸 見岸禪師
21 岸師 見道岸
25 岸律師 見道岸
36 岸禪師
18/423 *
岸禪師(岸)
22/528
80 岸公 見道岸

2224_7後

00 後唐武帝 見李克用
後唐莊宗 見李存勖
後唐末帝 見李從珂
後唐明宗 見李嗣源
後唐閔帝 見李從厚
10 後晉高祖 見石敬瑭
26 後魏三藏 見菩提流支
28 後僧會(超化大師)
13/287
18/424 *
27/629
29/662
33 後梁太祖 見朱晃
後梁末帝 見朱瑱
34 後漢高祖 見劉暠
77 後周太祖 見郭威
後周世宗 見柴榮
後覺 見知玄
80 後善導 見少康

2224_8巖

11 巖頭法道 見全豁
巖頭禪師 見全豁
22 巖崙
26/610
23 巖俊(俊公 淨戒師)
28/642
28/645 *

2272_1斷

77 斷際禪師 見希運

2277_0豳

80 豳公 見杜琮

幽

00 幽玄
27/626 *
25 幽律師
11/226
80 幽公 見明幽

2290_0利

00 利言
2/21
15/343
21 利貞(貞公)
1/2
29/659
31 利涉
5/91
17/384 *
29/662
80 利智梵僧 見無側

2290_1崇

00 崇廣
5/86 *
01 崇諲
28/640
10 崇一
14/313
崇元
14/316
14 崇珪
9/196 *
18 崇政
24/560 *
24/561
20 崇信(信禪師、龍潭)
10/214 *
12/251

27 崇叡
14/316
15/345
32 崇業
14/303
14/311 *
33 崇演
11/239 *
34 崇法　見皓端
40 崇真
29/670
50 崇泰
10/204
崇惠(護國三藏、降魔禪師)
9/194
17/389 *
17/390
53 崇拔
14/303
63 崇默
14/313
64 崇曉
14/314
67 崇暉
21/494
80 崇義
14/313

2290_4 欒

10 欒正子春
9/186
77 欒朋龜
6/122

2291_3 繼

21 繼能
17/396
28 繼倫(法寶)
7/144 *
30 繼宗記主
16/364
61 繼顒(顒師)
28/640
67 繼暉
23/542
99 繼榮
7/131

2320_2 參

80 參公　見令參

2321_0 允

00 允文(執經)
16/359
16/361 *

2323_4 伏

25 伏牛禪師　見自在

2324_0 代

00 代病
29/613 *

2324_2 傅

00 傅章(義明)
7/143 *
57 傅拯(拯公)
26/606
80 傅翕
26/606

2324_7 俊

21 俊師　見曇俊
80 俊公　見巖俊

2333_3 然

21 然師　見湛然
80 然公　見皎然

2350_0 牟

77 牟尼室利　見寂默

2390_0 秘

80 秘公
7/144

2414_7 歧

10 歧王　見李範

2420_0 什

什　見鳩摩羅什

2421_2 兟

31 兟源　見應真

2421_7仇

40 仇士良
6/114
6/118
80 仇公武
11/240

2422_7備

11 備頭陀　見師備

2423_1德

07 德韶(韶禪師、大和尚、韶師)
7/148
13/286
13/288
13/289 *
23/548
23/549
23/550
25/579
28/648
28/649
10 德正　見恒超
德王　見李裕
20 德秀
14/314 *
22 德山　見宣鑒
26 德皇　見李适
30 德宣
3/42
15/331
53 德感(昌平縣開國公)
1/2
2/30
4/75 *
58 德敷　見曇休
72 德隱　見貫休
77 德興　見權德興

2424_1待

46 待駕
19/451 *

2428_1供

33 供演
7/131

2429_0休

休　見鴻休
28 休復
13/281
57 休静(寶智大師)
13/276 *

2443_0奘

21 奘師　見玄奘

2466_1皓

02 皓端(崇法)
7/143 *
7/146
28/650
10 皓玉
29/670 *
77 皓月
11/237

2472_7幼

35 幼清
16/361

2480_6贊

26 贊皇　見李德裕
30 贊寧(通慧大師)
表/1
表/2
序/2
13/289
16/363
16/368
22/521
27/624
30/695
60 贊國公　見竇軌

2500_0牛

10 牛雲
21/489 *
牛雲光
19/439
11 牛頭山忠師　見

惠忠
22 牛仙童
1/5
28 牛僧孺(牛公)
10/218
11/232
44 牛藂(牛尚書)
27/630
62 牛昕
3/41
80 牛公　見牛僧孺
90 牛尚書　見牛藂

2520_6仲

28 仲儀
6/109
30 仲良
6/109
50 仲由
17/398
77 仲尼　見孔子

2520_7律

21 律虎　見澄楚
律虎　見智藏

2522_7佛

17 佛子　見彦暉
20 佛手王
2/15
30 佛窟禪師　見遺則
60 佛圖澄(圖澄)
20/477
73 佛陀耶舍(覺明)
3/49
14/321
15/344
16/371
佛陀什　見覺壽
佛陀多羅　見覺救
佛陀波利(覺護、覺愛)
2/25 *
2/30
9/184
21/493
23/535

2524_3傳

37 傳朗
16/359
67 傳明大師　見如會

2590_0朱

00 朱褒
25/587
08 朱放
15/328
15/342
10 朱元奝
14/313
14 朱瑱(後梁末帝、均帝、朱梁後主)
7/130
17/397
30/688
24 朱德
16/364
31 朱泚
2/22
19/439
20/478
32 朱滔(朱滔)
11/227
20/478
33 朱梁後主　見朱瑱
37 朱滔　見朱滔
40 朱友謙(冀王)
13/279
60 朱晃(後梁太祖、梁祖)
7/138
13/275
22/518
25/587

26/611
27/634
30/687
80 朱全忠
21/507
90 朱光輝(朱光暉)
9/188
24/566
朱光暉　見朱光輝

2591_7純

10 純一
21/494
純一禪師　見全付
73 純陀
21/491
29/662 *

2598_6積

36 積禪師　見寶積

2600_0白

17 白承睿
18/413
22 白樂天　見白居易
23 白傅　見白居易
24 白侍郎　見白居易
38 白道猷(道猷)
27/623
27/624
40 白土
26/608
47 白起
18/426
71 白牙先生　見沈脩
77 白居易(白樂天、白侍郎、白傅)
7/145
9/197
10/209
11/236
15/342
16/356
16/357
16/362
17/391
17/392
27/623
80 白公　見白敏中
88 白敏中(白公)
12/260
15/334
21/496

自

02 自新(廣現大師)
30/690 *
07 自詢
27/624
40 自在(伏牛禪師)
10/207
11/224 *
11/229
77 自覺
26/601 *

2610_4皇

53 皇甫政
19/451
22/525
皇甫温
17/387
皇甫枚　見皇甫氏
皇甫氏(皇甫枚)
12/254
皇甫鉉
22/515
皇甫曾
15/328
15/337
17/386
30/667
皇甫鎛
11/229

2620_0伽

44 伽梵達磨　見尊法

2621_0侃

80 侃公
8/168

2624_1得

00 得意哲　見宗哲
26 得得來和尚　見貫休

2624_8儼

21 儼師　見玄儼
80 儼公　見志鴻

2633_0息

00 息塵(塵公)
7/138
23/541 *
23/542

2641_3魏

05 魏靖
8/169
25 魏仲甫
30/683
60 魏國公　見賈躭
72 魏氏
6/117
80 魏公〔姓崔〕
12/257
魏公　見張延賞
86 魏知古
3/38

2690_0和

26 和和
19/448 *

2691_4程

34 程浩
15/339
86 程鍔
3/41

2692_2穆

10 穆王
21/508
25 穆生　見穆昭嗣
67 穆昭嗣(穆生)
22/515

2710_7盤

00 盤度
1/2

2712_7歸

10 歸正
16/366
12 歸登
3/44
5/96
9/183
18 歸政　見智佺
27 歸嶼(演法大師)
7/130 *
30 歸宗禪師　見智常
歸寂大師　見令達

2722_0勿

56 勿提提犀魚　見蓮華精進

仰

08 仰詮
30/689
22 仰山　見慧寂

2722_2修

00 修文
7/136
17 修己　見晤恩
18 修政
20/465
21 修行
7/137
30 修進
25/591
86 修智
7/137

2722_7 脩

10 脩一大師　見圓智

30 脩進

7/145 *

64 脩睦

30/683

30/687

2723_4 侯

40 侯壽(平高公)

3/51

60 侯景

18/405

22/528

2725_2 解

78 解脱禪師

26/598

2725_7 伊

17 伊習賓

1/7

80 伊舍羅

1/2

1/6

3/38

3/51

2731_2 鮑

57 鮑静

5/95

80 鮑公

10/203

2732_7 烏

30 烏窠禪師　見圓脩

鄔

10 鄔不羼提

3/45

2733_6 魚

22 魚崇諒

13/285

47 魚朝恩

5/90

17/390

91 魚恒志

6/114

2744_7 般

44 般若

2/21

3/40

3/41

3/42

3/44 *

3/53

5/96

5/97

般若斫迦　見智慧輪

般若多

13/290

般若力

3/39 *

52 般剌蜜帝　見極量

般剌若　見智慧

2744_9 彝

91 彝炳(清慧大師)

7/144

2752_0 物

23 物外

20/481 *

30/679

2760_0 名

97 名恪

14/303 *

14/311

2760_3 魯

80 魯公　見范質

2762_7 鄱

76 鄱陽王　見劉休業

2764_0 叡

22 叡川

16/358

2771_2包

24 包佶(丹陽公)
10/204
15/337

2790_4粲

粲　見僧粲

彙

21 彙征(光文大師)
13/283
13/284
13/288
28/648

2791_7紀

20 紀信
25/591
60 紀昌
15/347

2792_0稠

36 稠禪師　見僧稠

約

34 約法師
8/166

2793_2緣

24 緣德
13/288 *
36 緣遇
25/592

2796_2紹

22 紹鑾
12/258
紹巖
23/549 *
67 紹明
3/46
77 紹覺
14/303

2821_1作

80 作公　見無作

2824_0微

17 微子
28/643

徽

83 徽猷
16/366

徹

80 徹公　見僧徹

2824_7復

35 復禮
1/2
2/29
2/30
3/51
5/80
5/88
17/377 *
17/398

2826_6僧

04 僧護
14/297
14/313
06 僧竭
27/618 *
08 僧詮
16/357
11 僧頵
8/166
12 僧瑗(辯空)
4/73 *
7/151
17 僧璨　見僧粲
21 僧行
25/580
僧衒
24/561 *
22 僧崖
23/540
23/552
僧崇
10/208
23 僧緘(王緘)
22/518 *

26 僧伽(證智大師、大聖僧伽和尚)
18/410 *
18/412
18/414
18/417
22/528
27 僧粲(僧璨)
8/162
13/290
僧稠(稠禪師)
10/215
11/224
11/238
13/282
28 僧徹(淨光大師、徹公)
6/120
6/121 *
7/151
34 僧祐
14/297
14/313
僧達
29/658 *
38 僧肇(肇)
3/50
6/122
11/226
17/378
40 僧真
5/82
44 僧藏(藏)
23/533 *
23/553
46 僧如
10/208
53 僧感
8/166
60 僧曇
10/208
67 僧明
20/463
僧暉
14/311
僧照(至真大師)
7/139 *
7/140
80 僧會 見康僧會
90 僧常
19/452

2828₁ 從

00 從彥
28/646 *
05 從諫
12/253 *
08 從諗(真際大師)
11/236 *
10 從瓌
30/689
30 從審
25/586 *
35 從禮
16/365 *
37 從朗
25/592
43 從式(辯才)
23/541
71 從願
20/474
72 從隱
7/140 *

2829₄ 徐

00 徐彥伯(高平侯)
3/37
18/418
徐彥若
30/683
10 徐正元
17/393
22 徐嶷
15/328
徐嶠
9/186
14/313
15/330
27 徐約

7/128

28 徐紞

29/657

30 徐安貞

14/313

26/606

34 徐湛

28/642

徐浩

1/12

14/323

15/330

17/387

17/399

50 徐摛

15/338

60 徐果師

19/438 *

74 徐陵

6/105

15/338

18/425

26/606

77 徐堅

3/38

2835_1 鮮

10 鮮于叔明

17/391

3010_1 空

77 空門猗頓　見圓觀

80 空公

15/339

3010_6 宣

宣　見道宣

21 宣師〔新羅國〕

8/169

宣師　見道宣

25 宣律師　見道宣

宣律師〔著《法華序鈔》〕

7/134

26 宣皇　見李忱

34 宣法師　〔玄覺兄〕

8/168

宣法大師　見桂琛

宣遠

7/137

48 宣教　見普勝

72 宣氏

17/386

77 宣尼　見孔子

78 宣鑒(鑒師、德山)

10/214

12/251 *

12/253

12/261

12/266

17/393

80 宣充

15/329

宣公　見道宣

3011_4 注

30 注密(汪密、法密)

9/185

淮

40 淮南記主　見省躬

3011_7 瀛

10 瀛王　見馮道

3012_3 濟

78 濟陰王　見李柷

3012_7 沛

10 沛王

17/377

3020_1 寧

10 寧王　見李憲

40 寧賁

27/628

29/674 *

3022₇ 甯

21 甯師（入冥和尚）
21/507 *

房

00 房玄齡（玄齡、房梁公）
3/51
4/63
13 房琯
8/160
9/180
9/181
14/316
15 房融
2/28
3/50
6/102
33 房梁公　見房玄齡

3023₂ 永

00 永康王　見耶律兀谷
30 永安（安公、無漏師）〔眉州洪雅人〕
21/496 *
永安〔姓翁、温州人〕
23/547
28/648 *

3030₁ 進

10 進玉
8/172
進平
8/160
29/664 *
40 進友
2/20
67 進明
17/387
80 進公　見常進

3030₃ 寒

22 寒山子
11/242
19/441 *
19/444
22/514
22/529

迹

21 迹師　見無迹

3034₂ 守

00 守言闍梨
16/366
22 守鑾
3/52
40 守直（守真、堅道）
14/319 *
15/336
29/666
守真　見守直
守真〔常州福業寺，唐僧，玄朗弟子〕
26/607
守真（昭信）〔東京開寶寺〕
17/397
25/591 *
46 守如
26/606 *
50 守素（素公）
25/580 *
77 守賢〔唐成都府靈池縣蘭若〕
24/563 *
守賢〔北宋衡陽大聖寺〕
23/548 *
88 守節
27/631 *

3040₁ 宇

00 宇文邕（北周武帝）
17/398

宇文仲和
18/405
宇文泰(北周文帝周文)
18/405
18/406

宰

39 宰道者 見全宰

3040_4安

安 見惠安
20 安重榮
22/517
22 安樂公主
18/417
36 安禪師 見慧安
安禪師 見大安
37 安禄山
2/19
8/164
14/315
17/386
17/388
18/417
18/427
21/498
24/569
29/660
44 安世高
23/538
47 安期
17/399
57 安静
19/437 *
60 安國師 見破竈墮
80 安公 見慧安
安公 見永安

3051_6窺

44 窺基(洪道、大乘基、靈基、乘基、長安基、三車和尚、百本疏主、慈恩基、慈恩、慈恩法師)
4/56 *
4/57
4/59
4/62
4/64
4/66
4/69
4/72
6/116
7/151

3073_2寰

50 寰中(性空、中公)
12/249 *
12/267
80 寰普
12/250 *

良

20 良秀〔唐玄宗時僧〕
5/88
良秀〔唐德宗時僧〕
2/21
5/97 *
7/151
28 良价(悟本、洞山、洞上)
12/255 *
12/258
12/260
12/264
13/276
13/277
13/278
13/280
28/642
30 良汶
30/679
良寶
10/216
40 良賁

3/42
3/44
5/89＊
7/151
16/358

3077_2密

27 密修神化尊者　見王羅漢
80 密公　見宗密

3080_1定

44 定蘭(覺性)
12/260
23/536＊
23/553
定林威
30/688
55 定慧禪師　見宗密
77 定覺　見圓紹
90 定光〔隋天台山〕
12/268
23/545
定光〔唐成都福感寺〕
27/618＊

3080_6實

46 實相
9/194
實相大師　見道晤
77 實叉難陀(施乞叉難陀、學喜)
1/1
2/28＊
2/31
3/53
5/80
5/93
17/377

賓

25 賓律師
2/19
14/303＊

竇

00 竇文場
3/42
3/45
24/566
10 竇璡(鄧國公)
2/23
27 竇紹
17/386
44 竇夢徵
7/136
54 竇軌(贊國公)
2/23
19/455
80 竇八郎
25/589
25/590

寶

寶　見法寶
00 寶亮
28/642
寶應元聖文武皇帝　見李豫
寶意
15/345
04 寶誌(誌公)
4/70
4/71
10/210
18/416
19/438
19/440
10 寶雲
3/49
14 寶琳
17/387
25 寶積(積禪師)
20/465
27 寶修
10/209＊
20/462
30 寶安

30/683 *
34 寶達(刹利法師)
21/499 *
36 寶暹(暹公)
2/23 *
60 寶思　見寶畟
寶思惟(阿你真那)
1/2
2/18
2/30
3/37 *
3/53
寶畟(寶思)
2/20
66 寶唱
序/1
67 寶明
29/657
77 寶月
2/18
寶聞大師　見惟勁
86 寶智大師　見休静
87 寶翔
7/149

3090_1宗

宗　見宗炳
00 宗亮(月僧)
27/628 *
10 宗一〔菩提流志譯場〕
3/38
宗一大師　見師備
20 宗季
7/141 *
30 宗密(密公、定慧禪師)
2/25
6/113 *
6/116
7/151
17/377
32 宗淵
30/691 *
34 宗法師
11/237
宗達　見道遵
52 宗哲(得意哲、哲公)
4/75 *
4/76
53 宗感
23/541
80 宗合
22/521 *
91 宗炳(宗)
14/321

3090_4宋

00 宋主　見劉準
宋齊丘
13/288
10 宋雲
8/162
16 宋璟
8/160
14/321
22 宋鼎
8/160
30 宋之問
8/160
18/417
40 宋太祖　見趙匡胤
90 宋常春
30/678

3094_7寂

23 寂然
27/622 *
36 寂禪師　見本寂
寂禪師〔峴山〕
16/353
寂禪師　見普寂
40 寂友(彌陀山)

2/31＊
63 寂默(牟尼室利)
3/40＊
80 寂公　見本寂
寂公　見處寂
寂公　見普寂
寂公〔廬山栖賢寺〕
12/259

3111_0江

25 江積
11/238
40 江南後主　見李煜
江南國主　見李昪
80 江公　見智江

3111_4汪

30 汪密　見注密

3112_0河

20 河禿
18/406＊
22/528
50 河東郡王　見李瑾

3112_1涉

80 涉公　見慧涉

3112_7馮

10 馮元達　見馮子通
17 馮子通(馮元達)
9/184
25 馮生
18/418
36 馮涓
22/518
38 馮道(瀛王)
7/136
7/139
60 馮思
5/92
80 馮義
4/59

3116_1潛

40 潛真(義璋)
1/9
5/93＊
7/151

3119_6源

25 源律師　見鑑源
48 源乾曜
29/660

3126_6福

14 福琳
29/668＊

3210_0測

34 測法師　見圓測

3211_8澄

27 澄脩
14/319
澄添
17/384
33 澄心
29/671＊
35 澄清
17/398
44 澄楚(律虎、真法)
16/368＊
46 澄觀(華嚴觀、清涼)
3/40
3/42
5/81
5/93
5/95＊
6/108
6/113
7/126
7/151
15/335
17/377
17/381

20/463
27/627
53 澄彧
7/149
67 澄照　見道宣

3213_0泓

21 泓師
29/660 *

3213_4溪

90 溪光律師
17/381

3214_7浮

72 浮丘
4/76 *

3215_7淨

21 淨師子　見善無畏
24 淨休
7/136
53 淨戒師　見巖俊
55 淨慧　見文益
77 淨覺
21/489
80 淨公　見如淨
90 淨光大師　見義寂
淨光大師　見僧徹

3216_3淄

32 淄州沼　見慧沼

3216_9潘

40 潘志清
15/328

3290_4業

00 業方(乘方)
26/598 *
80 業公
15/339

3300_0心

80 心鏡　見藏奐
88 心鑑　見藏奐

3311_0沆

80 沆公　見弘沆

3318_6演

33 演祕闍梨
25/592
34 演法大師　見歸嶼

3330_3邃

21 邃師　見道邃
80 邃公　見雲邃
邃公　見道邃

3390_4梁

13 梁武帝　見蕭衍
25 梁傳翕
13/285
31 梁涉
16/354
37 梁祖　見朱晃
40 梁大夫
15/340
梁難敵
2/24
50 梁肅
6/107
6/108
29/667
梁惠王
28/647
60 梁昇卿　見梁卿
77 梁卿(梁昇卿)
9/186
80 梁公
5/96

3411_2沈

00 沈彥文
18/421
18/422
沈玄望
15/340

01 沈顔
30/683
12 沈瑞 見子瑀
17 沈子
26/609
23 沈傅
27/626
27 沈脩(白牙先生)
12/255
沈約
29/667
28 沈佺期
18/417
43 沈貳卿
27/628
47 沈妃
18/422
82 沈釗
29/667

3411_4灌

11 灌頂
3/53
6/105
6/107
7/146
26/606

3411_8湛

10 湛一
17/382
22 湛崇
27/634
23 湛然(荆溪禪師、然師、圓通尊者)
5/95
6/105 *
6/107
6/108
7/147
7/148
7/151
14/323
27/621
29/663
34 湛法師
4/76

3412_7滿

00 滿意(意律師)
14/303
14/311 *
14/312
14/321
36 滿禪師 見如滿
77 滿月
3/46 *

3413_1法

00 法充
23/545
法裔
16/355
法慶
21/508
法京
29/665
04 法詵(詵法師)
5/92 *
5/95
7/151
法護
3/49
3/52
5/90
5/93
10 法正
25/579 *
法雨 見誠慧
法天
3/52
法雲
3/52
法雲公 見萬迴
11 法甄
9/184 *
法礪(法勵、礪)
14/304
14/305

14/311
14/316
14/321
15/333
15/344
15/347
16/369
16/371
15 法融（慧融、融大師）〔姓韋、牛頭山僧〕
4/73
8/157
8/166
10/209
13/290
17/378
法融〔姓嚴、閬中人〕
29/675＊
16 法聰（法聦）
4/73
14/321
15/344
16/371
17 法聦　見法聰
18 法瑜
14/316
20 法秀
18/426＊
法信
6/117
21 法順
27/634
法貞
7/135
22 法岸
24/566
法崇
3/44
23 法俊
14/323
27 法修
5/88
30 法空　見無轍
法濟　見圓紹
法濟〔撰《高逸沙門傳》〕
序/1
法濟大師　見洪諲
法進
3/52
法密　見注密
法定
3/52
法寶（寶）〔唐久視僧〕
1/2
2/29
4/61＊
4/67
5/86
7/151
17/384
法寶　見繼倫
法寶大師　見玄暢
31 法江
21/503＊
法源
26/607
37 法朗
24/561＊
38 法海（文允）
6/103＊
14/316
40 法喜
18/408＊
法真〔京師保壽寺〕
29/673＊
法真〔廬阜〕
16/355
44 法藏（賢首、康藏國師、華嚴大師）

1/2
2/29
2/31
4/61
4/68
5/80 *
6/104
7/151
17/395
25/577
法藏
24/562
法藏〔淮南〕
5/95
法藏〔南康人〕
20/474 *
法藏〔鄜州寶臺寺〕
27/631 *
46 法如
29/672 *
法相　見師會
法相
16/360 *
47 法超
3/41
50 法泰
6/117
法本
22/516
53 法盛
27/621
法成（王守慎、成公）
26/598 *
法威
28/644
54 法持（持禪師）
8/167 *
8/170
60 法界　見悟空
法圓
22/523 *
61 法顯
1/1
2/26
3/47
16/370
62 法昕
11/240
64 法時
16/370
67 法明
2/30
17/379 *
17/381
法眼禪師　見文益
法照〔五臺山竹林寺〕
2/26
21/491 *
21/495
27/627
30/695
法照〔唐陝府〕
25/582 *
71 法願
15/344
74 法勵　見法礪
77 法興
27/632 *
法賢　見法等
80 法鏡　見法鑑
法普
13/275 *
86 法智
24/558 *
25/594
87 法欽（徑山、道欽、國一禪師、大覺）
5/95
9/186
9/192 *
10/204
10/212

11/224
11/228
11/229
17/389
17/390
88 法鑑(法鏡)
9/186
9/193
法等(法賢)
20/463
90 法光
10/210
法常
11/238 *
91 法恒
11/242
94 法慎
6/104
14/315 *
15/327
15/331
97 法炯
20/466 *

3413_4漢

00 漢主　見劉𪓟
37 漢祖　見劉𪓟
40 漢南國王　見錢俶

3414_7波

22 波侖
1/2
2/29
波利
9/191
44 波若屈多
3/38
60 波羅奢羅
3/38

3416_1浩

23 浩然
24/566
53 浩威
28/639

3418_1洪

01 洪諲(法濟大師)
12/258 *
12/259
22/514
30/681
10 洪正(常洪正)
24/563 *
洪霈
5/95
14/313
洪元脊
29/662
30 洪濟　見行思
38 洪道　見窺基
40 洪真
23/546 *
60 洪思
29/672

3426_0祐

16 祐聖國師　見光業
25 祐律師
12/264
80 祐公　見靈祐

褚

71 褚長文
19/452
80 褚無量(舒國公、舒公)
14/321
26/605

3430_3遠

遠　見慧遠
25 遠律師
15/329
26 遠和尚
16/362
34 遠法師
8/170
58 遠整

8/172
80 遠公　見慧遠

3430_4 達

00 達摩
3/38
19/455
達摩耶舍
2/20
達摩掬多
2/15 *
2/16
達摩馱都　見悟空
達磨　見菩提達磨
達磨難陀
1/2
達磨未磨
1/2
03 達識　見巨岷

3430_6 造

40 造寺祖師　見慧雲
80 造父
10/212

3440_4 婆

60 婆羅門
1/4

3512_7 清

00 清高
16/360
清辯
26/607
10 清平大師
13/283
21 清虛
25/576 *
28 清徹
16/355 *
30 清涼　見澄觀
清進
23/539
31 清江
14/320
15/335 *
清沔
5/97
清濬
16/360
清源〔會稽建法寺〕
14/320
14/323
15/336
清源〔潤州栖霞寺〕
29/673 *
清福
16/364
34 清浩
15/330
37 清沼
3/52
清逸
17/394
清朗
7/144
38 清冷山沙門　見省躬
清豁
23/537
44 清蘊
16/361
46 清觀(明中)
20/480 *
48 清幹
11/231
50 清晝　見皎然
清泰
25/589
55 清慧大師　見彝炳
60 清國
12/267
66 清嚴　見全豁
80 清會

15/333
清公　見全清

3520_6神

11 神玩
14/323
12 神烈
14/317
15 神建
17/392
20 神秀〔會稽〕
5/93
神秀（秀師、大通禪師、北秀禪師）
〔荆州當陽山度門寺〕
6/103
8/157
8/159
8/161 *
8/164
8/169
8/172
8/173
8/174
8/175
9/180
9/181
9/195
9/197
10/205
10/209
10/215
12/250
13/290
18/414
29/668
29/671
21 神上人
20/476
神偃
14/320
22 神鼎
29/659 *
神邕（道恭）
6/107
14/314
17/385 *
17/399
26/607
24 神德皇帝　見趙匡胤
神皓（恒度、弘度）
15/338 *
神贇
12/256
25 神積
14/303
34 神滿
26/606
35 神清（靈庾、靈叟）
6/109 *
6/110
神湊
16/355
16/357 *
37 神迥（迥律師）
15/330
26/607
29/662 *
神朗
15/345
41 神楷
4/72 *
7/151
44 神英
1/2
21/488 *
55 神慧
14/303
60 神昉（昉）
4/57
4/64
神晏
12/263
13/282
63 神暄

20/471 *
65 神睞
3/38
67 神照(小馬神照)
12/261
神照(一徧照)
7/147
78 神鑒
20/480 *
80 神會〔唐成都府淨衆寺〕
9/192 *
11/225
19/439
神會(真宗、會師、荷澤師)〔唐洛京荷澤寺〕
5/91
7/126
8/160
8/161
8/163
8/164 *
8/190
10/204
10/205
10/206
13/274
17/391
20/469
21/488
29/664
29/668
29/669
29/670
29/672
86 神智(大悲和尚)
25/586 *
91 神悟(通性)
17/381 *

3521_8 禮

30 禮宗
5/91 *

3530_0 連

22 連稱
6/102

3530_6 迪

80 迪公　見懷迪

3530_8 遺

62 遺則(惟則、佛窟禪師、則公)
10/209 *
16/361

3610_0 湘

34 湘法師　見義湘

3611_7 温

10 温王　見李重茂
34 温造
17/389
36 温禪師
28/638
40 温古
1/6

3612_7 湯

98 湯悦
3/52

3621_0 祝

15 祝融峯禪者(祝融峯道者)
30/682 *
祝融峯道者　見祝
融峯禪者
20 祝皎
10/208
30 祝安
10/208
90 祝尚丘
27/682

3623_0 䄆

21 䄆師　見慧䄆

3625_6 禪

77 禪月大師　見貫

休

3630_0 迦

44 迦葉師
2/27 *

3630_1 遲

80 遲公　見寶遲

3630_2 邊

27 邊歸讜
28/643

3711_0 汎

20 汎愛
19/455

3712_0 洞

21 洞上　見良价
22 洞山　見良价
28 洞微
7/139

3712_7 涌

36 涌禪師　見光涌

鴻

24 鴻休(休)
23/537 *
23/538
23/553
34 鴻遠　見無迹
38 鴻啓
16/360
44 鴻莒
25/588 *
鴻楚(方外)
25/587 *
25/589
57 鴻静
25/587

3716_1 澹

00 澹交
12/256

3716_2 沼

34 沼法師　見慧沼
27 沼闍梨　見慧沼

3716_4 潞

00 潞府　見義忠
10 潞王　見李從珂

3716_7 湄

10 湄元旭
7/130

3719_4 深

00 深亮
3/38
25 深律師
15/330
44 深藏
20/466

3722_0 初

34 初法師
14/305
37 初祖禪師　見慧思

3730_2 迥

25 迥律師　見神迥

通

36 通禪師　見不語通
55 通慧〔著《因明》〕
7/144
通慧大師　見贊寧
80 通公　見志通
91 通悟　見光嶼
95 通性　見神悟

3730_4 運

36 運禪師　見希運
47 運期
2/24

3772_0 朗

23 朗然
15/329 *
36 朗禪師　見玄朗
朗禪師〔唐荊州〕
20/468

朗禪師〔唐郢州明福院〕
8/172
80 朗公
8/175
朗公 見玄朗
86 朗智
9/184

3780_6 資

資(隴西公)
28/645

3792_7 鄴

80 鄴公 見李泌

3814_7 游

游 見子游

3815_7 海

10 海雲
27/631＊
27/632
26 海和尚
15/341
36 海禪師 見懷海
50 海東華嚴初祖見義湘
80 海公 見懷海

3830_3 遂

02 遂端
25/585＊

3830_4 遵

08 遵誨(真行大師)
28/640＊

3830_6 道

00 道亮〔姓朱,唐中宗時僧〕
8/167＊
道亮〔唐德宗時僧〕
15/333
道齊
29/671＊
道育
23/542＊
道膺(弘覺大師、膺禪師)
12/259＊
27/619
30/690
道辯
22/520
道該
15/333
10 道一(一公、大寂、馬祖、馬大師、馬禪師、馬素)
6/109
9/183
9/186
9/190
9/191
10/202＊
10/207
10/208
10/210
10/212
10/216
11/224
11/226
11/227
11/228
11/229
11/230
11/231
11/232
11/233
11/234
11/237
11/239
11/240
11/243
12/256
12/268
16/357
20/472
20/474

20/477
20/480
21/500
29/674
道丕(廣智)
7/144
17/396 *
17/397
28/642
道覆
14/321
15/344
16/371
道吾
12/258
道雲
15/344
12 道弘 見道恒
15 道融
4/61
14/307
17 道珦
9/184
20 道信(信禪師)
8/156
8/157
8/161
8/162
8/168
10/209
13/290
21 道行〔姓楊〕
20/472 *
道行〔姓梅〕
20/477 *
道儒
6/108
道綽
24/561
22 道岸(岸公、岸師、光州和尚、岸律師)
2/21
8/172
14/303
14/305 *
14/311
14/312
14/317
14/318
16/371
26/606
29/658
23 道俊
5/81
8/168 *
24/562
道峻
9/183
24 道忿(小忿布納、順德大師)
13/279
13/282 *
13/283
13/288
道稜
15/339
27 道身
4/68
道舟
23/545 *
道綱
14/307
30 道宣(宣律師、宣師、西明、澄照、宣、宣公、南山大師)
序/1
2/19
3/48
4/58
4/60
4/64
5/86
14/297 *
14/300
14/303

14/310
14/312
14/319
14/321
15/333
15/335
15/347
16/369
16/371
17/377
17/394
18/410
19/444
22/527
22/528
25/549
28/652
30/693
道液
2/21
道進
14/320
道安
3/47
3/50
5/85
9/187
17/396
17/398
25/591
29/668
30/685
道密
9/189
道賓
26/607
道宗
7/130
31 道潛(慈化定慧禪師)
13/287
道濬
15/339
32 道澄(大圓)
16/354 *
33 道邃(邃公)〔唐天台山國清寺〕
29/663 *
30/679
道邃〔唐西明寺〕
15/345
35 道清 見玄素
36 道禪
8/172
道暹
6/109
37 道深
7/144
道通(紫玉禪翁)
10/206 *
17/388
道朗
3/51
38 道遵(宗達)
26/607
27/620 *
40 道真
3/52
5/85
41 道標(西嶺和尚)
15/337
15/341 *
44 道莊
14/320
道蔭
25/592 *
道恭 見神邕
道英(英)
18/425 *
22/528
道世(玄惲)
4/59 *
4/60
7/151
道樹
9/194 *
47 道翹

19/442
19/443
19/444
道超〔金閣寺〕
5/94＊
道超〔神晧弟子〕
15/339
道超〔道岸弟子，大善寺僧〕
14/307
50 道本
3/38
53 道成〔隋蔣州僧〕
14/301
道成（成律師、成公）〔唐京兆恒濟寺僧〕
2/30
14/300＊
14/301
14/304
14/315
14/371
60 道曠
12/251
道因〔唐朝益州多寶寺〕
2/22＊
道因〔北宋澠池大安寺〕
22/522＊
道品
29/657
道昂
14/323
道圓
3/52
61 道晤（實相大師）
29/665＊
67 道明 見慧明
道明
25/584
道暉
15/344
道昭
14/314
70 道雅
7/144
71 道願
9/190
道原
26/607
72 道隱（隱師）
29/664＊
77 道堅
10/205＊
道欣
27/621
道興（興律師、興公）
14/310
道巽
6/109
道賢
25/589＊
78 道鑒（鑒公、鑒師、靈巖和尚、靈巖聖僧）
18/418＊
18/419
80 道義
21/490＊
道含
3/51
道氤
5/87＊
7/151
83 道猷 見白道猷
84 道銑
9/191
87 道欽〔鐘山，文益弟子〕
13/286
道欽 見法欽
道飲
8/172
90 道光（光律師）

14/317＊
15/329
91 道恒〔成都府正覺寺〕
3/42
5/98
道恒(道弘)〔禪林寺〕
29/657
道恒〔姑蘇開元寺〕
15/334
15/337
15/343
16/355
道悟(悟禪師、悟公)
6/111
9/191
10/211＊
10/214

3850_7肇
肇　見僧肇

3860_4啓
44 啓芳
24/562＊
80 啓公　見鴻啓

3912_0沙
12 沙彌彌伽
25/592＊

3918_9淡
23 淡然
30/692

3930_2逍
12 逍瑤子　見無作

4002_7力
27 力歸
25/586
28 力牧
25/586

4003_0大
00 大亮(亮)
14/311
14/321
大帝　見李治
大帝　見孫權
大廣智三藏　見不空
大辯廣正智三藏　見不空
02 大證禪師　見慧忠
10 大震
3/41
11 大悲　見靈坦
大悲和尚　見神智
16 大聖僧伽和尚　見僧伽
20 大乘琮
2/27
大乘基　見窺基
大乘光　見普光
大乘恂　見明恂
21 大行(常精進菩薩)
24/567＊
22 大川
20/466＊
25 大律禅師　見玄素
26 大和尚　見德韶
28 大徹　見惟寬
大儀
1/2
4/76
5/80＊
30 大宣教禪師　見懷暉
大濟
9/189
大安(大安聖者)
4/71＊
大安(延聖大師、圓智大師、安禪

師）
12/257＊
22/513
大安聖者　見大安
大寶禪師　見太毓
大寂　見道一
32 大溈山禪師　見靈祐
34 大滿禪師　見弘忍
大法眼　見文益
大遠禪師　見志賢
大達　見端甫
大達國師　見無業
37 大通〔唐朝千福寺〕
3/42
3/51
大通禪師　見神秀
40 大志道人
23/552
46 大觀　見契真
53 大威　見智威
55 大慧〔密縣大隈山〕
11/234
大慧禪師　見懷讓
大慧禪師　見普寂
大慧禪師　見一行
60 大圓　見道澄
大圓禪師　見阿足
大圓禪師　見靈祐
大圓禪師　見楚金
64 大曉禪師　見本淨
67 大明禪師　見明瓚
大照禪師　見普寂
71 大願
4/66＊
77 大覺
26/606
大覺　見法欽
大覺禪師　見智藏
大同
13/277＊
28/642
78 大鑒　見慧能
80 大慈
14/299＊
14/310
15/335
大義（元貞）
15/330＊
29/662
86 大智〔光州榮光禪院〕
9/197
大智禪師　見懷海
大智禪師　見義福
90 大光（光公）
19/439
24/570＊

太

00 太文
21/496
10 太平公主
18/416
26 太穆太后
4/63
37 太初
5/93

50 太史公　見司馬遷
80 太毓(大寶禪師)
11/230 *

4003_8 夾

22 夾山　見善會
夾山和尚　見如會

4010_1 左

32 左溪　見玄朗
72 左丘明
6/121

4010_4 臺

44 臺蒙
18/412

4020_7 夸

60 夸呂可汗
27/621

4022_7 希

00 希玄
9/185
17 希琛　見希操
20 希皎
7/148
25 希律師
11/229
31 希遷(石頭和尚、無際大師、石頭禪師)
9/190 *
9/191
10/207
10/212
11/229
11/231
12/251
13/280
17/388
39 希澡　見希操
37 希運(運禪師、斷際禪師、黄蘗山禪師)
12/253
17/392
20/481 *
56 希操(希琛、希澡)
16/357
17/387
60 希圓
7/127 *
67 希照
15/345
77 希覺(順之、文光大師)
7/143
13/286
16/363
16/367 *
16/368

有

27 有緣
12/260 *
23/537
30 有沛
8/172
77 有興
7/146

南

00 南齊竟陵王　見蕭子良
南康王　見韋皋
南唐元宗　見李璟
10 南平王　見高從誨
南平王　見鍾氏
22 南山大師　見道宣
26 南泉禪師　見普願
30 南容
15/342
76 南陽忠國師　見慧忠

77 南印(荆南張)
6/113
11/225 *
80 南公　見楚南

4024_7 存

21 存師　見義存
36 存禪師　見義存
40 存壽(真寂大師)
13/279 *
13/287

皮

60 皮日休
13/283
90 皮光業
13/283
13/285

4033_1 赤

67 赤眼歸宗　見智常

志

志(瑯琊公)
13/281
00 志玄
24/564 *
03 志誠
9/189
20 志孚
11/231
27 志修
28/642
30 志寧
22/526
34 志滿
10/204 *
志遠
7/126 *
37 志鴻(錢儼、儼公、長壽大師)
15/334 *
志通(通公)
23/544 *
40 志真
6/109
50 志本
11/226
56 志操
10/208
60 志因
7/146
61 志顯
3/52
77 志賢(大遠禪師、賢禪師)
9/189 *
20/471
27/626
志閑
10/211 *
10/216
97 志鄰　見子鄰

4040_7 支

支　見支道林
32 支遁　見支道林
34 支法存
20/474
支法領
15/344
16/371
38 支道林(支、支遁)
14/321
15/330
17/378
17/386
27/623
60 支曇諦
27/619

李

00 李亨(唐肅宗、肅皇)
1/8
1/9
3/43
5/90
8/160

8/165
9/187
16/353
14/385
19/450
21/498
24/564
24/566
24/570
29/660
李彦佐
26/611
李商隱(李義山、義山)
6/120
6/121
11/143
19/446
李庭訓
18/413
李文公　見李翺
02 李訓
6/114
07 李望
10/211
李竫同
5/88
李鄘
10/206
李諷
10/219
李誦(唐順宗)
5/96
6/111
10/209
19/439
29/673
08 李誨
12/261
李詳
7/136
10 李亞卿
29/672
李元琮
1/8
1/10
李元嘉(韓王)
1/10
11 李北海　見李邕
14 李瑾(河東郡王)
1/5
16 李現
2/19
李璟(元宗、南唐元宗)
13/287
17 李豫(唐代宗、寶應元聖文武皇帝)
1/9
3/42
3/43
5/90
5/93
8/157
8/165
9/193
9/195
15/335
15/339
17/390
18/412
19/451
20/474
21/491
24/560
26/613
27/621
29/663
29/665
李君
7/139
20 李重福(譙王)
23/534
李重茂(温王)
26/603
21 李順興

25/590
李頻
27/628
李卓
10/219
李貞(越王)
26/599
22 李邕(虢王)
1/3
李邕(李北海)
8/169
14/300
14/303
18/413
19/452
29/670
李嶠
1/3
3/51
5/81
24/563
李山龍
21/508
24 李德裕(贊皇)
9/196
9/197
11/241
17/399
20/474
29/673
李幼公
16/356
25 李使君
26/600
李紳
11/239
24/571
李純(唐憲宗)
3/44
6/111
8/160
10/204
10/208
11/227
11/229
11/240
19/444
29/673
26 李白
20/470
李自良
5/96
李儇(唐僖宗)
6/119
6/122
12/259
12/262
13/275
18/414
23/538
25/591
李儼
2/24
4/60
李釋迦度頗多
1/2
27 李翺(李文公)
10/207
10/214
11/229
17/388
17/389
李舟(李丹)
9/186
李紓
15/327
15/333
28 李復修
3/41
李僧
19/446
李從珂(後唐末帝、潞王)
21/508
李從晏
17/396
李從厚(後唐閔

帝）
25/589
李從榮(秦王)
7/136
30 李憲(寧王)
2/18
李憲誠
1/9
1/10
15/344
15/345
31 李源
20/473
20/474
32 李淵(唐高祖)
18/422
26/613
李漼（唐懿宗、懿皇）
6/121
12/254
17/394
21/495
30/688
李滔
14/321
李适（唐德宗、德皇）
3/41
5/96
5/97
6/111
9/194
10/219
15/340
15/346
17/391
17/399
19/439
20/478
29/665
李業(薛王)
2/18
33 李泌(鄴公)
19/450
李治（唐高宗、大帝、天皇大帝）
2/25
2/29
2/30
3/38
3/44
4/59
4/60
4/62
4/73
4/74
8/163
14/299
14/303
15/344
17/376
17/378
18/414
18/416
18/424
23/535
24/561
李演
29/671
34 李湛（唐敬宗、睿武昭愍皇帝）
17/399
29/673
李渤　見李滶
李濤
17/397
李洪
29/667
35 李沖(瑯琊王)
26/599
李神福
23/551
36 李湯
15/327
37 李洞
7/136

李沼
13/288
李通玄
22/525＊
李逢吉
5/96
38 李潡(李渤、李萬卷)
10/204
17/391
17/399
李裕(德王)
5/84
李道古
10/207
李道昌
15/333
40 李乂(李又)
1/3
5/81
24/563
李克用(武皇、獨眼龍)
7/132
21/495
21/496
21/507
23/541
27/634
李存勖　後唐莊宗
7/133
7/136
7/138
17/397
22/515
27/634
30/688
30/689
李吉甫
5/96
9/194
15/342
44 李孝逸
8/167
李蕚
29/667
李萬卷　見李潡
李茂貞(秦王)
21/507
李華(李陽冰)
14/317
14/320
15/330
17/382
17/399
李若初
18/424
李世勣(英公)
2/27
李世民(唐太宗)
3/36
4/60
5/98
李楚琳
19/439
45 李棲筠
15/333
15/339
46 李柷(唐哀帝、濟陰王)
17/397
50 李胄
10/211
52 李撝(惠莊太子)
18/417
李揆
8/172
53 李輔國
1/8
19/450
19/451
李輔光
5/96
57 李抱真
11/227
17/391

58 李敷
15/342
60 李旦(唐睿宗)
2/17
3/38
5/83
8/167
14/302
14/311
18/417
19/444
19/455
23/534
26/604
29/660
李思絢
8/172
李昪(江南國主、李氏)
13/286
13/288
25/590
李昂(唐文宗)
6/118
11/241
20/480
李景讓
11/242
李景儉
17/388
61 李顯(唐中宗、孝和帝)
2/29
3/37
3/38
3/51
8/159
8/162
8/167
9/181
14/302
14/306
14/307
14/314
14/321
15/330
17/379
17/384
18/412
18/414
18/416
18/417
23/534
24/562
25/577
26/600
29/661
62 李則
29/671
63 李貽孫
6/119
64 李曄(唐昭宗、襄宗、吉王)
5/84
7/135
7/136
12/260
13/275
13/285
17/393
17/396
20/481
21/507
25/587
30/689
67 李嗣源(後唐明宗)
17/397
22/515
25/589
72 李氏 見李昪
李氏〔懷素母〕
14/303
李氏〔善静母〕
13/284
李氏〔無業母〕
11/226

76 李陽冰　見李華
77 李隆基(唐玄宗、唐明皇、三郎)
1/11
2/17
3/44
4/59
5/83
5/84
5/85
5/86
5/88
5/89
8/164
9/187
16/353
17/384
18/417
18/427
19/444
19/445
19/451
19/454
21/498
24/564
24/565
26/604
李又　見李乂
李丹　見李舟
80 李益
15/342
李鉉
28/642
28/644
李兼
10/204
李義山　見李商隱
李善
29/670
李善信
18/412
李公〔侍中〕
7/140
李公〔唐建中年間隴西人〕
10/203
84 李綺
15/340
88 李範(岐王)
8/162
90 李少君
19/432
李炎(唐武宗、武皇)
6/118
7/127
9/197
11/240
11/241
12/249
12/250
12/251
16/359
16/362
17/392
17/394
17/399
18/420
19/446
20/477
26/614
27/619
27/627
29/656
91 李恒(唐穆宗)
11/227
11/240
92 李憕
9/185
14/316
20/473
94 李忱(唐宣宗、宣皇)
6/115
6/119
7/127

11/240
12/250
12/254
12/260
12/261
16/358
16/359
17/394
17/400
19/446
23/537
26/614
27/627
30/679
30/688
96 李煜（江南後主）
13/286
99 李榮
21/504

4046$_5$ 嘉

12 嘉延
21/491
38 嘉祥　見慧皎
90 嘉光　見普光
嘉尚（尚）
2/30
4/57
4/62
4/65 *
7/151
14/301

4050$_6$ 韋

00 韋應物
29/667
韋庶人（韋后）
18/416
18/417
23/534
10 韋元甫
15/333
24/571
27/620
11 韋玎（韋氏）
17/384
17/399
韋珩
30/679
13 韋武　見韋臯
17 韋子春
17/386
韋君〔韋臯父〕
19/439
韋君〔太守〕
27/628
21 韋處厚（韋公）
11/231
14/299
20/480
22/528
22 韋利器
8/172
韋綬
10/204
26 韋儇
15/329
15/330
韋臯（南康王、韋武）
9/192
14/305
15/334
19/439
27 韋絢
30/679
30 韋安石（鄖公）
29/660
韋安石夫人　見韋公夫人
31 韋渠牟
5/96
32 韋滔
29/660
33 韋述
19/442
40 韋南金
26/608

44 韋莊
30/686
韋藹
30/686
50 韋胄
12/265
51 韋據
8/159
56 韋損
15/330
19/453
66 韋曙
16/359
67 韋昭理
9/186
韋嗣立
1/3
3/51
71 韋陟
9/180
韋巨源
1/3
72 韋后　見韋庶人
韋氏　見韋玎
77 韋丹
5/96
16/355
80 韋公　見韋處厚
韋公〔唐乾符中觀察使〕
12/262
韋公〔唐咸通暨陽邑宰〕
29/682
韋公夫人(韋安石夫人)
29/660
84 韋銑
9/185

4051_4 難

73 難陀(喜)
20/467 *
21/492

4060_1 吉

10 吉王　見李曄

4060_5 喜

喜　見難陀

4064_1 壽

77 壽闍梨
16/364 *
80 壽公　見正壽

4071_0 七

21 七師　見辛七師

4071_4 雄

23 雄俊
24/568 *

4073_2 袁

27 袁象先
13/275
袁粲
28/642
28 袁從禮
26/605
30 袁守宏
9/188
38 袁滋
29/671
50 袁盎
6/119
6/121
60 袁晁
15/330
26/610

4080_1 真

00 真亮
10/218 *
真應禪師　見桂琛
真諦　〔唐玄宗時僧〕
26/604
真諦(智藥)〔梁洪州寶因寺〕
5/90

8/159
14 真瑛　見子瑀
20 真乘
15/340＊
21 真行大師　見遵誨
30 真宗　見神會
真寂大師　見存壽
34 真法　見澄楚
真法師(真公)
29/662＊
36 真禪師(真公)
14/319
14/320
46 真觀
28/652
真相大師　見木叉
50 真表(表公)
14/307＊
72 真際大師　見從諗
77 真覺大師　見義存
80 真公　見真法師
真公　見真禪師
91 真悟
29/670

4090_0 木

31 木湏師
19/442＊
77 木叉(真相大師)
18/412
18/413＊

4091_6 檀

17 檀子
14/321
24 檀特(慧豐)
18/405＊
22/528

4121_4 狂

28 狂僧
22/517＊

4141_6 姬

34 姬泄心(周靈王)
16/365

4191_4 極

60 極量(般剌蜜帝)
2/28＊

4191_6 桓

00 桓彥道(桓道彥)
17/380
38 桓道彥　見桓彥道

4196_1 楷

34 楷法師　見玄楷

4199_1 標

標　見道標

4212_2 彭

01 彭譚
7/143

4240_0 荆

32 荆溪禪師　見湛然
40 荆南張　見南印

4241_3 姚

00 姚弈
14/307
22 姚嵩
3/51
30 姚沛　見姚涑
35 姚涑(姚沛)
26/610
37 姚澮　見姚淡
39 姚淡(姚澮)
26/610
55 姚扶
27/620
77 姚興
3/51

4290_0剎

22 剎利法師　見寶達

4304_2博

74 博陵　見崔寓

4313_2求

17 求那跋摩
8/159
29/665
53 求甫
12/252

4315_0城

76 城陽公主
24/561

4346_0始

77 始興王　見陳叔陵

4380_5越

10 越王　見李貞
60 越國公主
19/448

4385_0戴

30 戴安道
30/688
34 戴逵
27/623
72 戴氏
30/684

4410_0封

10 封干(豐干)
19/441 *
19/444
22/528

4410_4董

27 董叔纏
11/227
42 董狐
序/2
60 董昌
12/267
30/680

4410_7蓋

80 蓋公　見益公

4411_2范

10 范雲
23/554
16 范瑝
14/319
范强
14/303
22 范嶽
14/303
23 范峻朝
3/43
25 范傳正
29/668
27 范蠡
7/139
28 范徽
14/303
62 范敭
20/471
72 范質(魯公)
22/524
76 范陽公　見盧承慶

地

34 地婆訶羅　見日照
44 地藏(金喬覺)
20/470 *

4414_2薄

00 薄塵
2/30
4/62 *
4/65
57 薄拘羅
23/545

4416_4落

10 落下閎
5/83

4420_7 萝

31 萝江

7/141 *

4421_2 苑

53 苑咸(苑舍人)

17/386

80 苑舍人　見苑咸

4421_4 薩

34 薩婆多

3/45

4/61

14/304

薩婆達幹

3/44

莊

17 莊子

2/24

8/169

12/250

20/474

23/553

4421_7 梵

34 梵法師

11/224

75 梵體

4/68

4422_1 荷

36 荷澤師　見神會

4422_7 薦

31 薦福寺老僧

20/480 *

蕭

17 蕭子良(南齊竟陵王)

15/338

18/421

21 蕭衍(梁武帝)

3/51

8/162

14/313

18/427

28/652

蕭穎士

17/382

27 蕭俛

3/44

30 蕭定

8/172

62 蕭昕

17/383

藺

藺　見藺相如

46 藺相如(藺)

序/1

4/67

5/82

蘭

77 蘭闍梨

30/686

4423_2 蒙

28 蒙傞顛(蒙嵯巔)

27/619

蒙嵯巔　見蒙傞顛

4424_7 蔣

10 蔣瓌

30/685

4425_3 茂

00 茂亮(諒公)

14/321

藏

藏　見僧藏

00 藏廙

12/256 *

21 藏師　見降魔藏師

藏師　見智藏

27 藏奐(心鑑、心鏡)

12/251 *

77 藏用(用公)

15/339 *

4430_4 蓮

44 蓮華
3/41 *
蓮華精進(勿提提羼魚、三藏苾蒭)
3/40 *
3/45

4430_7 芝

芝
28/645

4433_1 燕

60 燕國公　見張説
80 燕公　見張説
燕公〔漢朝人〕
8/186
燕公〔唐元和初相國〕
10/205

4433_3 慕

30 慕容興
29/669

4433_8 恭

17 恭君道
27/620
36 恭禪師
26/607

4439_4 蘇

10 蘇瓌
1/3
14/321
11 蘇瑨
3/38
50 蘇秦
6/120
12/264
80 蘇公
18/412

4440_7 孝

26 孝和帝　見李顯

4441_7 執

21 執經　見允文

4442_7 萬

00 萬齊融
8/168
14/314
14/321
36 萬迴(法雲公)
18/411
18/415 *
19/440
19/441
20/478
20/479
22/528

4443_0 樊

36 樊澤(樊公)
17/383
60 樊冕
15/330
80 樊公　見樊澤

4444_3 莽

莽　見王莽

4445_6 韓

10 韓王　見李元嘉
15 韓建
30/689
26 韓伯通
14/299
韓臯
15/342
32 韓遜(西平王)
26/612
34 韓汯
19/446
35 韓洙
23/545
30/689
36 韓滉
9/194
38 韓遵(韓公)

30/689
40 韓乂(韓又)
10/210
16/361
韓賁
15/330
50 韓吏部　見韓愈
60 韓國公　見張仁愿
77 韓閏
8/174
韓熙載
13/286
韓又　見韓乂
80 韓愈(韓吏部)
17/388
23/553
韓公　見韓遵
90 韓賞
9/186

4450_4 華

17 華胥
3/53
25/595
66 華嚴和尚
25/581 *
華嚴大師　見法藏
華嚴觀　見澄觀
76 華陽公主
1/10

4453_0 英

英　見道英
80 英公　見李世勣

4460_1 菩

56 菩提流志(開元一切徧知三藏)
2/29
3/38 *
3/39
3/53
4/66
菩提流支(後魏三藏)
11/224
菩提達磨(達磨)
3/50
8/161
8/162
8/163
8/166
10/209
10/217
13/275
13/278
13/290
17/383
19/452
菩提嚩日羅　見嚩日羅三藏

4460_4 若

17 若那
2/17
若那跋陀羅　見智賢
21 若虛
25/590 *

4462_7 荀

17 荀子
17/388

4471_1 老

17 老子(老氏)
2/24
3/50
6/118
17/380
17/397
17/399
17/400
19/452
30 老安　見慧安
72 老氏　見老子

4472_7 葛

72 葛氏

26/606

4474$_1$薛

10 薛王　見李業
12 薛延望
12/251
14 薛瓘
24/561
22 薛崇胤　見薛崇嗣
薛崇嗣(薛崇胤)
1/3
26 薛稷(晉國公、薛禝)
3/37
18/417
36 薛禝　見薛稷
37 薛逢
29/667
53 薛戎(薛戒)
15/340
15/342
薛戒　見薛戎
67 薛昭紀
26/612
30/689
77 薛舉
17/378
80 薛兼訓
15/330
88 薛簡
8/159

4477$_0$甘

10 甘露飯王
2/15

4480$_1$楚

10 楚王　見馬殷
28 楚倫
23/542
40 楚南(南公)
17/392 *
80 楚金(大圓禪師)
3/42
24/565 *
25/594

4480$_6$黄

22 黄巢
6/122
12/267
13/277
16/363
22/518
23/537
25/591
30/683
44 黄蘗山禪師　見希運
47 黄超
13/288
60 黄晟
12/265
12/269
16/363
77 黄鳳
9/193

4490$_1$蔡

04 蔡謨
17/385
21 蔡順
3/43
18/428
22 蔡邕
7/95
18/425
40 蔡直
29/671

4490$_3$綦

77 綦毋潛
14/316

4490$_4$藥

22 藥山　見惟儼

葉

57 葉静能
17/384

4491$_0$杜

10 杜元穎

6/117
17/391
11 杜孺休
12/267
13 杜琮(豳公)
22/519
20 杜位
26/609
21 杜順
5/80
杜行顗(杜行覬)
2/25
3/51
杜行覬　見杜行顗
27 杜多迦葉
2/26
30 杜審權
22/518
37 杜鴻漸
1/6
15/330
16/353
40 杜乂錬師　見玄嶷杜雄
12/266
20/481
44 杜荀
24/561
46 杜如晦
24/561
60 杜冕
5/93
71 杜陟
16/356
90 杜懷信
3/39
杜光庭(廣成先生)
6/122
30/686

4491$_4$權

00 權文學　見權無二
24 權德輿(德輿)
5/96
10/204
15/337
17/398
80 權無二(權文學)
17/377
17/398

桂

17 桂琛(真應禪師、宣法大師、羅漢)
13/279
13/281＊
13/286

4491$_7$蘊

00 蘊讓
7/141
80 蘊公　見師蘊

4499$_0$林

00 林文盛
13/282
22 林鼎
16/368

4594$_4$樓

00 樓玄
4/63
41 樓梧
27/629
72 樓隱(巨徵)
30/683＊

4611$_0$坦

21 坦綽
27/630
23 坦然(坦禪師)
9/182
36 坦禪師　見坦然

4621$_0$觀

00 觀音禪師
30/682

32 觀淨
14/320

4622_7 獨

12 獨孤及
15/327
獨孤信
18/405
獨孤峻
15/330
獨孤問俗
26/609
67 獨眼龍　見李克用

4640_0 如

10 如一(一公)〔唐福州鍾山〕
19/438 *
如一〔靈著弟子〕
9/184
14 如詧
15/342
18 如玢
15/342
25 如律師
6/110
26 如泉
17/384
32 如淨(淨公)
14/305
15/333 *
15/345
16/371
16/372
34 如滿(滿禪師)
13/277
如法師
8/166
46 如坦
10/216
72 如隱
15/329
80 如會(傳明大師、夾山和尚)
11/228 *
86 如知
26/609
88 如敏(知聖大師、靈樹)
22/513 *

4680_6 賀

44 賀蘭務
26/604
63 賀跋玄濟
18/414
86 賀知章
8/168
14/313
14/321

4692_7 楊

00 楊庭光(楊光庭)
8/170
楊廣(隋煬帝)
3/52
16/361
18/408
18/414
25/586
01 楊襲古
3/41
17 楊翌
19/445
楊君
23/548
20 楊秀(蜀王)
21/503
21 楊行密
21/507
楊衡
29/671
22 楊崇一
15/345
23 楊綰
9/193
27 楊魯士
6/118
28 楊收

12/252
30 楊宰　見楊公
31 楊憑
16/355
34 楊漢公
6/119
楊汝士
6/118
楊逵
29/667
35 楊潛
11/228
37 楊凝式(楊風子)
28/639
44 楊茂孝
6/118
50 楊素
17/381
55 楊慧才
26/610
77 楊堅(隋文帝)
17/398
21/503
24/561
楊風子　見楊凝式
80 楊弇
30/685
楊公〔刺史〕
16/363
楊公(楊宰)
13/283
楊公〔左神策軍中尉〕
11/240
87 楊欽義
6/118
88 楊敏言
26/605
90 楊光庭　見楊庭光
94 楊慎交
1/2
3/51

4702_7 鳩

00 鳩摩羅什(羅什)
4/61
5/90
7/136
14/321

4712_0 均

均　見吳均
00 均帝　見朱瑱
56 均提
20/464

4713_8 懿

26 懿皇　見李漼

4721_7 猛

猛　見智猛

4722_7 郗

47 郗超
27/623

4728_2 歡

40 歡喜
29/665 *

4742_7 郄

40 郄志榮
30/678

4744_7 好

40 好直
30/678 *

4762_0 胡

10 胡元禮
15/330
34 胡浩
18/413
40 胡太后(胡后)
19/446
29/657
29/658
72 胡后　見胡太后

4762_7 都

27 都鄉侯　見闞澤

4780_6超

超　見景超

02 超證

15/345

20 超儕

15/345

22 超岸

11/232 *

24 超化大師　見光嗣

25 超律師

15/330

77 超覺　見慧稜

80 超公　見行超

91 超悟〔懷一弟子〕

19/451

19/452

超悟〔醴泉寺〕

2/21

4792_0桐

46 桐栢真人　見王子喬

柳

03 柳識

15/330

16 柳理

20/476

20/477

25 柳仲郢

21/502

30 柳宣

17/378

柳宗元

17/388

40 柳梓潼

6/120

50 柳抗

3/42

80 柳公權

20/481

4816_6增

17 增忍(廣慧)

26/611 *

26/612

4841_7乾

05 乾靖

15/328

53 乾輔

15/342

4842_7翰

80 翰公　見靈翰

4895_7梅

17 梅子真　見梅福

31 梅福(梅子真)

11/238

72 梅氏

24/570

4928_0狄

80 狄公

29/662

4980_2趙

00 趙彥昭

1/3

趙文昌

17/398

07 趙毅

17/378

27 趙歸真

17/399

17/400

19/446

31 趙遷

1/10

36 趙温

24/570

37 趙凝

22/518

44 趙華

23/536

60 趙國公　見長孫無忌

趙思侃

9/184

71 趙匡胤(宋太祖、太祖、神德皇帝)
7/144
26/602
26/604
28/650
趙頤貞
9/187
72 趙盾
4/65
趙氏〔師會母〕
28/642
趙氏〔僧瑗母〕
4/73
趙氏〔澄楚母〕
16/368
77 趙鳳
7/136
趙鳳詮
15/345
88 趙簡
2/23

5000_6 申

30 申之 見玄暢
60 申國公 見高士廉
80 申公
28/650

中

80 中公 見寰中

車

50 車奉朝 見悟空

史

23 史獻
2/17
30 史宗
26/608
44 史華
17/390
17/399
60 史思明
14/315
17/388
21/498
24/569
29/671

5010_6 晝

晝 見皎然
21 晝師 見皎然
80 晝公 見皎然

5013_2 泰

40 泰布納 見玄泰

5022_7 肅

26 肅皇 見李亨
60 肅國公 見不空
80 肅公
5/93

青

青 見些些

5023_0 本

21 本仁
13/277 *
30 本寂(元證禪師、寂公、寂禪師)
13/280 *
13/282
19/443
32 本淨(大曉禪師、司空山禪師)
8/170 *
本淨〔福州保福寺〕
21/503 *

5033_3 惠

00 惠立(慧立、子立)
4/59
4/67
17/377
17/378 *
17/399
惠文
9/194
10 惠正

17/394
惠靄
13/275
11 惠研
22/526
17 惠柔
17/394
20 惠秀
19/454 *
21 惠能　見慧能
22 惠鸞
14/316
24 惠特
8/169
惠稜　見慧稜
30 惠進　見慧璡
惠安　見慧安
惠安(安)
19/436 *
22/528
32 惠澄
23/547
34 惠遠　見慧遠
37 惠凝　見慧凝
惠凝(慧凝)〔維陽〕
14/316
15/327
惠通
28/643
44 惠莊太子　見李撝
50 惠忠　見慧忠〔南陽〕
惠忠(慧忠、牛頭山忠師)〔姓王〕
5/95
8/157
8/170
10/205
10/209
11/230
19/452 *
20/482
29/672
54 惠特
19/455
56 惠操
8/169
67 惠明　見慧明
惠明(圓通普照禪師)〔錢塘〕
23/547 *
惠明〔幽州〕
22/527
惠照
17/387
80 惠普
14/320
88 惠符
19/435 *

5033_6 忠

23 忠獻王　見錢宏佐
47 忠懿王　見王審知
60 忠國師　見慧忠

5040_4 婁

22 婁繼英
17/396

5044_7 冉

冉　見冉耕
55 冉耕(冉)
6/104

5050_3 奉

60 奉晏
7/142
67 奉明
30/692

5073_2 表

02 表訓
4/68
80 表公　見元表
表公　見真表

5090_3素

34 素法師

6/111

36 素禪師　見玄素

80 素公　見守素

素公　見懷素

5090_4秦

10 秦王　見李茂貞

秦王　見李從榮

11 秦琢

8/164

44 秦莊襄王

18/425

80 秦公

29/662

5090_6東

10 東晉安帝　見司馬德宗

朿

44 朿草師

23/539 *

5103_2振

37 振朗

9/191

5260_1誓

37 誓通

11/232

5260_2哲

80 哲公　見宗哲

5304_7拔

47 拔弩

1/2

5320_0成

34 成婆揭羅僧訶　見善無畏

成

25 成律師　見道成

34 成汭

12/260

22/518

30/686

80 成公　見法成

成公　見道成

威

20 威秀

17/376 *

17/398

25 威律師　見義威

36 威禪師　見智威

40 威大師　見智威

咸

38 咸啓

12/255

戚

71 戚長史

12/259

5340_0戒

24 戒休

12/252

34 戒法(尸羅達摩)

3/41 *

3/45

5400_0抖

58 抖擻上人　見頭陀

5404_1持

36 持禪師　見法持

5533_7慧

00 慧立　見惠立

慧方(方禪師)

8/167

慧文

6/105

13/290

慧辯

15/344

01 慧評

30/680

07 慧詡

4/73

10 慧璡(惠進)
16/355
慧靈(靈公)
16/358 *
慧可
8/162
13/290
慧雲〔北宗〕
5/95
慧雲(造寺祖師)
16/367
26/602 *
慧震
6/103 *
14 慧琳〔姓裴〕
5/98 *
7/151
25/591
慧琳(琳、抱玉、毗曇孔子、勝力菩薩)〔姓柯〕
11/226
16/356 *
慧習
1/7
1/8
27/621
15 慧融　見法融
18 慧政
12/268
20 慧皎(嘉祥)
表/1
序/1
22/527
30/693
30/695
21 慧顗
14/303
慧能(惠能、大鑒、盧居士、六祖、能禪師、曹溪)
4/74
8/157
8/158 *
8/162
8/163
8/164
8/165
8/169
8/170
9/181
9/183
9/191
10/202
10/205
10/206
10/209
10/215
10/217
11/225
11/234
13/275
13/290
18/407
27/631
慧師　見誠慧
22 慧豐　見檀特
慧嵩
3/51
慧岸
18/412 *
18/414
24 慧德
4/66
慧休
15/336
29/667
29/675
慧稜(惠稜、超覺、長慶禪師)
12/263
13/282 *
13/286
28/641
25 慧積
1/2
26 慧儼〔天智弟子〕

2/30
慧儼〔僧伽弟子〕
18/410
18/412
18/414 *
27 慧解
26/609
28 慧徹
15/345
慧從
21/494
26/607
30 慧空〔楚金弟子〕
24/566
慧空〔恒超弟子〕
9/195 *
慧宣
15/331
慧安(長足安)〔隋僧〕
20/479
慧安(安公、老安、安禪師、惠安)〔唐僧〕
9/182
10/215
18/414 *
19/432
19/454
慧寂(智通、仰山、跋脚驅烏、跛脚驅烏)
12/265 *
12/267
13/283
31 慧涉(涉公)
29/672 *
29/673
33 慧演
29/669 *
34 慧滿
15/344
慧沐
30/681 *
慧祐
8/172
慧遠〔道亮門人〕
8/168
慧遠(惠遠、遠公、賈遠、遠)〔廬山〕
7/143
8/159
8/166
11/226
13/290
16/357
17/378
17/392
17/398
18/408
19/455
28/645
29/668
慧遠(小遠)〔淨影寺〕
6/117
6/120
7/132
慧達
3/52
36 慧温(智照大師)
3/52
慧昶(昶師)
26/605 *
37 慧沼(淄州沼、沼法師、沼闍梨)
1/2
4/66 *
4/69
4/75
7/151
慧凝(惠凝)〔洛陽〕
29/656 *
慧凝 見惠凝
慧初

10/218
慧朗〔唐睦州龍興寺　遂安人〕
8/171＊
慧朗〔希遷弟子〕
9/191
慧朗〔唐大曆時僧，不空弟子〕
1/10＊
1/12
40 慧布
4/75
慧真
10/214
44 慧苑
6/104＊
慧藏（石鞏）
12/257
慧恭
12/266＊
46 慧觀
15/334＊
47 慧超〔宋僧〕
3/52
慧超〔唐僧〕
11/239
48 慧警
24/559＊
24/561
50 慧忠　見惠忠
慧忠（大證禪師、忠國師、南陽忠國師、惠忠）〔姓冉〕
9/186＊
9/189
9/193
13/276
15/336
17/385
慧表
1/2
53 慧威（小威）
6/105＊
26/606
57 慧静
3/44
60 慧日〔晉陵靈山寺〕
6/107
慧日（慈愍三藏）〔洛陽罔極寺〕
29/661＊
慧量
5/95
慧思（思師、思大師、思大和尚、初祖禪師、思大禪師）
6/105
9/188
12/260
13/290
14/318
18/406
18/407
26/620
慧景
29/665
62 慧則
16/363＊
16/367
66 慧嚴
4/73
28/653
67 慧明（惠明）〔姓陳〕
26/608＊
慧明〔姓蔣〕
13/286
慧明（道明）〔姓陳〕
8/163＊
慧明　見玄朗
慧昭
18/421＊
18/423

慧照　見義玄
慧照〔澄楚弟子〕
16/369
慧照〔神邕弟子〕
17/387
71 慧長
12/257
77 慧覺〔洛京菩提流志譯場〕
3/38
慧覺〔唐大曆時錢塘僧〕
5/93
慧周
14/307
慧聞
21/497 *
80 慧普
25/583 *
慧命
24/566
86 慧智
2/30 *
88 慧簡
18/425
慧敏
26/609
慧纂
14/307
90 慧愔
11/228
慧光
14/321
15/344
91 慧悟
24/558 *

5560_6 曹

20 曹信
16/360
26 曹伯連　見三刀法師
曹和尚
22/517 *
32 曹溪　見慧能
40 曹太后
7/132
44 曹世安(新成侯)
17/382
曹植(陳思王)
16/367
25/594
48 曹松
30/683

5580_6 費

37 費冠卿
20/471

5602_7 揚

17 揚習
12/261
揚子雲　見揚雄
40 揚雄(揚子雲)
3/47
5/82
30/693

暢

21 暢師　見玄暢

5604_1 擇

00 擇言
15/330
27 擇名
7/134
97 擇鄰
14/320

5608_1 提

10 提雲般若　見天智
提雲若那　見天智
提雲陀若那　見天智
34 提婆
4/65
6/114

5701_2 抱

10 抱玉　見慧琳

抱玉
19/439 *
24/570

5701$_3$拯

25 拯律師
6/113
80 拯公　見傅拯

5704$_7$投

17 投子山和尚
13/289

5706$_2$招

77 招賢岑師
12/264 *

5707$_2$掘

27 掘多
10/215 *

5725$_7$静

36 静禪師
18/415

5743$_0$契

10 契元
11/235
21 契此(長汀子布袋師、此公)
21/505 *
40 契真(大觀)
11/231
30/681

5802$_1$輸

34 輸波迦羅　見善無畏

5802$_7$輪

80 輪公　見靈翰

5806$_1$拾

26 拾得
11/242
19/441 *
19/444
22/529

6001$_4$唯

21 唯貞
11/234
27 唯約
27/624 *
30 唯寬
27/628

6002$_7$昉

昉　見神昉

6010$_0$日

47 日超
15/342
67 日照(昂頭照)〔岐下人〕
12/250 *
日照(地婆訶羅)〔中印度人〕
2/25
2/29 *
2/30
3/53
14/301
17/377

6010$_4$墨

17 墨子
8/171
17/388
22/527

6011$_3$晁

84 晁錯
6/119

6012$_7$蜀

60 蜀主　見王建
10 蜀王　見楊秀
蜀王　見王建

6014$_7$最

32 最澄
29/663

6015$_3$國

10 國一禪師　見法欽
38 國道者(國公)

30/686 *
80 國公　見國道者

6022_7 易

24 易帥　見易全章
80 易全章(易帥)
7/140

曷

25 曷律師
11/234

6025_3 晟

21 晟師　見曇晟

6033_0 思

00 思玄
2/30
02 思託
14/318
14/319
10 思一
14/307
21 思睿(睿公)
24/560 *
思師　見慧思
思貞　見恩貞
30 思寂
16/363
34 思浩
20/468
36 思禪師　見行思
40 思大師　見慧思
思大和尚　見慧思
思大禪師　見慧思
50 思忠
3/38
67 思明
17/384
80 思義
14/303
思公
10/218 *
91 思恒
1/2

恩

21 恩貞(思貞)
5/92

6040_0 田

03 田詠
23/538
08 田敦
6/108
15/340
11 田顒
12/268
35 田神功
10/206
80 田令孜
6/119

6043_0 因

80 因公　見行因

吴

00 吴方
16/360
吴文涣
8/173
10 吴元濟
21/500
12 吴延讓
18/420
15 吴融(吴内翰)
30/686
30/689
20 吴重裕
12/257
吴季德
29/667
21 吴行魯
27/630
吴貞
9/193
30 吴憲忠
29/671
37 吴通微

15/339
24/566
38 吴道玄(吴道子)
21/489
26/604
吴道子　見吴道玄
40 吴内翰　見吴融
43 吴越國王　見錢鏐
44 吴兢
16/368
30/689
吴藹
28/642
47 吴均(均)
26/609
29/661
88 吴筠
17/387

6044_0 昇

昇〔唐天授年間潤州刺史〕
8/166
25 昇律師　見智昇

6050_4 畢

45 畢構
14/316

6060_0 吕

00 吕京
12/256
22 吕崇賁(吕大夫)
24/569
36 吕渭
15/342
17/386
29/667
40 吕大夫　見吕崇賁
吕才(吕奉御)
17/378
17/399
50 吕奉御　見吕才

回

回　見顔回

昌

10 昌平縣開國公　見德感

6060_4 圖

32 圖澄　見佛圖澄

固

固　見堅固
25 固律師〔長十山〕
6/117
固律師　見貞固

6072_7 昂

11 昂頭照　見日照

6073_1 曇

04 曇謨最
29/657
07 曇詢
13/282
10 曇一(一師、一公)
5/95
6/104
6/106
14/311
14/316
14/320 *
15/327
15/329
15/331
15/332
15/336
15/338
16/359
27/629
12 曇璀
8/165 *
曇延
25/582
17 曇翼
14/312

23 曇俊(俊師)
14/313
17/386
24 曇休(德敷)
18/425
27/629 *
28 曇倫(卧倫禪師)
27/631
31 曇遷
3/52
33 曇邃
15/345
35 曇清
15/334
15/343 *
40 曇真
10/219 *
43 曇域
30/686 *
曇始
17/398
44 曇藏
11/231 *
曇藹
17/392
60 曇晸(晸師、無相、無住大師)
11/235 *
67 曇暉
21/491
79 曇勝
14/321
15/331
90 曇光
12/250
曇粹
12/252

6080_1 足

34 足法師
26/610

6080_6 員

46 員相
29/658 *

圓

10 圓一
17/382
10 圓震
20/469 *
21 圓貞
30/685
25 圓律師〔吴郡〕
15/330
圓律師〔渝州〕
10/202
27 圓脩(鳥窠禪師)
11/233 *
圓約
14/320
圓紹(法濟、定覺)
13/274 *
30 圓寂〔保壽寺〕
3/44
圓寂(無生和尚)〔鄴中〕
10/215 *
19/454 *
圓寂 見玄策
32 圓測(測法師)
2/30
4/57
4/62 *
7/151
36 圓禪師
6/113 *
37 圓通
22/517
圓通尊者 見湛然
圓通普照禪師 見惠明
40 圓大師
14/319
43 圓載
30/679
46 圓觀(空門猗頓)
20/472 *

圓相　見願誠
56 圓暢(龍牙)
12/256
60 圓果
24/562 *
67 圓暉
4/61
5/86 *
7/132
7/145
圓照〔惟寬弟子〕
10/209
圓照(照公、照律師)〔西明寺〕
2/21
3/40
3/41
3/42
3/46
5/86
6/111
15/335
15/343 *
15/345
15/346
17/385
23/538
86 圓智(脩一大師)
11/237 *
圓智大師　見巨岷
圓智大師　見大安

6090_4杲

80 杲公　見玄杲

6090_6景

03 景誠
14/313
10 景霄
16/366 *
28/641
景雲
15/343
24 景先
23/537
30 景淳　見郭景淳
47 景超〔唐肅宗時居士〕
9/189
景超(超)〔晉江州香積庵〕
23/543 *
23/553

6091_4羅

24 羅什　見鳩摩羅什
28 羅僧
21/504 *
34 羅漢　見桂琛
47 羅好心
2/21
60 羅晏
12/259
72 羅隱
7/141
16/367
27/629
30/689
羅氏
25/578
80 羅公遠
1/11

6101_0毗

60 毗曇孔子　見慧琳

6106_1晤

60 晤恩(修己)
7/146 *

6128_6顒

21 顒師　見繼顒

6136_0點

61 點點
22/522 *

6138_6顯

顯　見法顯

50 顯忠
表/2

6198_6顥

10 顥元
8/164

6280_0則

80 則公　見遺則

6304_2嚩

60 嚩日羅三藏（菩提嚩日羅）
3/46
3/53
23/544

6314_7跋

60 跋日羅菩提　見金剛智
77 跋脚驅烏　見慧寂

6355_0戰

73 戰陀（戰陀般若提婆）
2/30
3/51
戰陀般若提婆　見戰陀

6404_1時

33 時溥
18/412

6406_1嗜

44 嗜菜阿師　見食菜阿師

6414_7跛

77 跛脚驅烏　見慧寂

6621_4瞿

60 瞿曇金剛
1/3

6624_8嚴

20 嚴維
15/337
15/342
17/386
22 嚴綬
5/96
10/215
15/342
19/454
23 嚴峻
14/320 *
38 嚴涗
15/338
52 嚴挺之
9/180
14/316
67 嚴郢
1/12
71 嚴厚本
14/300

6640_4嬰

27 嬰兒行菩薩　見玄素

6682_7賜

賜　見子貢

6702_0明

00 明度
25/576 *
04 明讚
8/175
08 明謙
21/494
14 明瓚（瓚、懶瓚、懶殘、大明禪師）
9/191
19/449 *
29/668
17 明了
26/606
22 明幽（幽公）
14/316
14/317
15/327
明崇儼

18/417
26 明穆
3/51
27 明象
8/160
28 明佺
2/31 *
5/85
30 明準
27/625 *
31 明濬
4/63
34 明達
14/322
38 明道　見玄覺
48 明教大師　見義楚明幹
26/604
50 明中　見清觀
55 明慧
24/559 *
25/594
60 明曠
6/109
明畏
2/20
62 明則
3/47
67 明昭
23/550
77 明覺
11/232 *
97 明恂(大乘恂)
2/30
4/72 *
14/301

6705_6 暉

21 暉師　見彦暉

6706_2 昭

00 昭亮
14/323
20 昭信　見守真

6716_4 路

60 路異
16/356
67 路嗣恭(路公)
10/203
10/204
24/569
80 路公　見路嗣恭

6722_7 鄂

60 鄂國公　見尉遲德
鄂公　見尉遲德

6733_6 照

25 照律師　見圓照
36 照禪師
6/113 *
40 照布納　見靈照
照公　見圓照

6782_7 鄖

80 鄖公　見韋安石

6786_1 贍

80 贍公
7/131

7021_4 雅

雅　7/132

7121_1 隴

10 隴西公〔唐天祐年間人〕
7/140
隴西公　見資

7122_0 阿

21 阿順
1/3
27 阿你真那　見寶思惟
40 阿難
表/1
8/169
17/380
阿難律木叉師
2/27 *

44 阿地瞿多　見無極高
60 阿目佉　見不空
阿目佉跋折羅　見不空
阿足師(大圓禪師)
19/440 *
19/441

7128_6 願

03 願誠(圓相、願成)
27/633 *
36 願禪師　見普願
53 願成　見願誠
80 願公　見普願

7132_7 馬

00 馬裔孫
7/136
12 馬孫
7/140
17 馬珣
21/508
21 馬師素
21/496
馬貞　見司馬貞
27 馬殷(馬氏、楚王)
13/278
17/395
28 馬徵
12/267
31 馬遷　見司馬遷
36 馬禪師　見道一
37 馬祖　見道一
馬祖　見玄素
40 馬大師　見道一
馬有鄰
2/21
馬希範(馬氏、文昭王)
25/590
44 馬世達
18/409
46 馬相如　見司馬相如
50 馬奉誠
18/412
馬素　見玄素
馬素　見道一
57 馬静
18/408
67 馬鳴
4/76
6/114
72 馬氏　見馬希範
馬氏　見馬殷
馬氏〔道氤母〕
5/87
80 馬公
7/140
98 馬燧
11/227

7171_1 匡

67 匡嗣　見光嗣

7171_7 巨

00 巨方
8/172 *
13 巨武
28/642
20 巨信
7/141
27 巨岷(圓智大師、達識)
7/137 *
28 巨徵　見棲隱
86 巨知古
28/642

7173_2 長

00 長慶禪師　見慧稜
10 長耳和尚　見行脩
12 長孫利涉
10/209
長孫容
5/87

長孫洌
10/209
長孫遂(張遜)
19/453
長孫無忌(趙國公)
24/570
30 長安基　見窺基
31 長汀子布袋師　見契此
39 長沙王　見陳叔堅
40 长壽大師　見志鴻
60 長足安　見慧安
77 長卿　見司馬相如

7210_0劉

00 劉交
15/332
劉讓
18/413
劉玄靖
17/399
08 劉謙之
22/526
17 劉君
19/453
20 劉禹錫
17/388
27/623
21 劉仁恭
7/135
30/682
22 劉仙鶴
1/10
劉崇訓
15/344
24 劉休業(鄱陽王)
18/421
26 劉伯芻
3/44
27 劉向
20/475
30 劉濟(劉公)
10/208
11/235
劉寧
24/569
劉準(劉宋順帝、宋主)
8/166
劉宋順帝　見劉準
劉宋孝文帝　見劉義隆
34 劉漢宏
30/680
35 劉遺民
28/645
36 劉暹
15/330
40 劉太真
15/339
19/452
劉士弘
18/421
劉志略
8/158
44 劉薩訶
27/625
50 劉素
3/52
51 劉軻
9/191
11/229
11/230
11/235
60 劉暠(後漢高祖、漢主、漢祖)
7/137
7/138
7/139
22/517
劉晏
27/620
66 劉嚴合

12/267
71 劉巨鄰
1/7
劉長卿
8/172
15/337
15/342
29/670
72 劉隱(劉氏)
8/161
劉隱之
19/446
19/447
劉氏 見劉隱
劉氏〔智朗母〕
28/641
劉氏〔印宗母〕
4/74
劉氏〔保母〕
1/5
77 劉闢
3/44
11/225
劉開道
17/396
80 劉義隆(劉宋孝文帝)
18/421
劉公 見劉濟
劉公〔太守〕
12/249

7210_1 丘

21 丘上卿
17/387
77 丘丹
9/194
15/342
17/386

7223_7 隱

21 隱師 見道隱
22 隱峯(鄧隱峯)
21/500 *
30 隱空
15/328
77 隱居 見陶弘景

7370_0 卧

28 卧倫禪師 見曇倫

7420_0 尉

37 尉遲説
4/56
尉遲孟都
4/56
尉遲樂 見智嚴
尉遲德(尉遲敬德、尉遲恭、鄂公、鄂國公)
2/27
4/56
4/59
尉遲宗
4/56
尉遲恭 見尉遲德
尉遲敬德 見尉遲德
尉遲羅迦
4/56

7421_4 陸

10 陸亘(陸中丞)
11/231
11/235
27/623
17 陸羽(陸鴻漸)
15/328
15/342
21/499
29/667
27 陸向
27/620
陸向前
15/338
陸象先(陸景初)
3/38
4/66

14/316
14/321
陸魯公
18/419
30 陸宣
18/420
陸淮
17/387
陸淳
29/663
37 陸鴻漸　見陸羽
陸迅
15/328
27/620
40 陸希聲
30/689
陸機
15/336
23/538
50 陸中丞　見陸亘
60 陸杲(陸明霞)
序/1
陸景初　見陸象先
62 陸則
16/356
67 陸明霞　見陸杲
77 陸丹
23/538
88 陸餘慶
14/316

7422_7隋

00 隋文帝　見楊堅
96 隋煬帝　見楊廣

7529_6陳

00 陳方慶(臨汝侯)
18/408
陳廣
18/421
18/422
18/423
陳言
16/359
10 陳王　見陳頊
陳王　見陳霸先
陳霸先(陳王、陳武帝)
18/408
11 陳頊(陳王、陳宣帝)
8/163
18/422
12 陳延効
12/262
13 陳武帝　見陳霸先
22 陳後主　見陳叔寶
23 陳允初
17/386
25 陳仲文(丹陽公)
26/608
27 陳叔寶(陳後主)
18/422
陳叔陵(始興王)
18/421
陳叔堅(長沙王)
18/421
陳紹欽
17/387
30 陳宣帝　見陳頊
陳憲
6/117
陳良
25/590
陳寔
26/608
37 陳邈
6/117
40 陳壽
表/1
3/51
44 陳菩薩　見知玄
58 陳軫
18/426
60 陳思讓

7/142
陳思王　見曹植
陳昌符
30/683
陳圖南
6/117
72 陳氏
7/132
80 陳公〔北宋人〕
11/224
陳公〔唐朝中和人〕
12/262
90 陳少遊
9/194
17/387
99 陳榮
30/691

7710_4 堅

38 堅道　見守直
60 堅固(固)
9/191
17/393

7713_6 閩

18 閩王　見王審知

7714_8 闞

36 闞澤(都鄉侯)
25/585

7720_7 尸

60 尸羅達摩　見戒法
尸羅迷伽
1/8

7721_0 鳳

44 鳳林
14/303

7721_6 覺

04 覺護　見佛陀波利
10 覺一
21/491
20 覺愛　見佛陀波利
36 覺禪師
8/166
40 覺壽(佛陀什)
13/290
14/314
48 覺救(佛陀多羅)
2/24 *
3/52
67 覺明　見佛陀耶舍
95 覺性　見定蘭
97 覺輝
6/120

7722_0 用

80 用公　見藏用

同

10 同元
表/1

月

28 月僧　見宗亮

陶

12 陶弘景(陶真君、隱居)
29/665
40 陶真君　見陶弘景
47 陶穀
17/397
28/647
72 陶氏
25/590

周

00 周高祖　見郭威
周文　見宇文泰
10 周靈王　見姬泄心
22 周崇賓
22/514
25 周律師
15/331

30 周賓
12/256
32 周業
8/168
40 周真人
20/475
43 周朴
12/257
60 周昉
13/288
周思瓊
8/161
周思輯
16/359
94 周慎嗣
17/393

7724_7 履

00 履方
3/38

7725_4 降

00 降魔禪師　見崇惠
降魔藏師(藏師)
8/174 *
8/175
01 降龍大師　見誠慧

7726_4 居

32 居遁(證空、龍牙山禪師)
13/277 *
13/278
28/646
64 居曉
7/135

7727_2 屈

10 屈平　見屈原
71 屈原(屈平)
15/336
21/500
23/540

7740_7 學

40 學喜　見實叉難陀

7744_0 開

10 開元一切徧知三藏見菩提流志

丹

53 丹甫
16/359 *
76 丹陽公　見包佶
丹陽公　見陳仲文

7744_7 段

43 段式
27/628
53 段成式
12/250
67 段明秀
3/41
3/45
90 段懷然
24/567

7760_6 閭

72 閭丘方遠
7/141
閭丘　見閭丘胤
閭丘生　見閭丘胤
閭丘胤(閭丘生、閭丘)
19/441
19/442
19/443
19/444
閭丘均
8/157

7772_0 印

30 印宗
4/74 *
8/159
26/606
29/659

7772_7 鴟

47 鴟鳩和尚　見鴆

鳩和尚

7778_2歐

76 歐陽通
2/24

7780_1興

10 興元上座　見亡名
21 興師
8/169
25 興律師
14/310
興律師　見道興
31 興洮
15/345
40 興大師
15/338
27/620
80 興善寺異僧
21/503 *
興公　見道興

7780_6貫

10 貫霜
27/629
24 貫休(德隱、得得來和尚、禪月大師)
30/683
30/685 *

賢

36 賢禪師　見志賢
44 賢林
5/95
5/96
27/626
80 賢首　見法藏

7790_4閑

80 閑公　見高閑

7810_7鹽

30 鹽官安禪師　見齊安

7810_9鑒

04 鑒諸
12/269
30/678
21 鑒虛
3/40
3/42
鑒師　見宣鑒
鑒師　見道鑒
30 鑒宗(無上)
12/254 *
12/258
12/259
30/679
40 鑒真(覽真)
14/317 *
15/333
80 鑒公　見道鑒

7821_6覽

40 覽真　見鑒真

7823_1陰

72 陰氏
27/633

7876_6臨

30 臨濟　見義玄
34 臨汝侯　見陳方慶

7922_7勝

勝　見曇勝
40 勝力菩薩　見慧琳
勝友
30/691
44 勝莊
1/2
3/38
4/61 *
4/66
4/76
5/80

8000_0入

37 入冥和尚　見甯

師

8010_4全

00 全亮
27/624 *
11 全玼
30/681 *
20 全億
27/624
24 全付(純一禪師)
13/283 *
全偉
13/285
30 全宰(宰道者)
22/514 *
34 全祐
27/629
35 全清(清公)
30/680 *
38 全豁(巖頭禪師、清巖、巖頭法道)
13/279
23/538 *
44 全植
9/197 *

8010_7益

36 益禪師　見文益
80 益公　見文益
益公(葢公)
27/621

8010_9金

20 金喬覺　見地藏
26 金和尚〔唐河東懸瓮寺〕
30/684 *
金和尚〔唐靈隱西峰〕
16/356
34 金滿郡公　見智嚴
43 金城公主
18/417
44 金藏
10/207
72 金剛三藏
5/83
金剛悉地
3/46
金剛智(跋日羅菩提)
1/4 *
1/6
1/11
1/12
3/50
3/52
90 金光照大師
21/495

8012_7鎬

44 鎬英
10/204

8018_6鑛

21 鑛師
22/524 *

8022_1俞

34 俞法界
9/184
40 俞希秀
9/184
90 俞懷福
9/184

8030_7令

01 令諲(諲師)
7/131 *
7/140
10 令霄
14/300
23 令參(參公)
23/547
28/649
28 令儉
4/59
34 令達(歸寂大師)
12/259 *

38 令遵
3/52
42 令狐峘
17/391
令狐楚
15/343
令狐權
9/183
令韜
8/160
44 令恭
27/620

8033_1無

20 無住大師 見曇晟
21 無上 見鑒宗
無行
2/18
22 無側(利智梵僧)
29/665 *
25 無生和尚 見圓寂
27 無名師
5/95
無名
17/390 *
28 無作(作公、不用、逍遥子)
12/265
30/684 *
30 無迹(鴻遠、能覺、迹師)
30/688 *
32 無業(大達國師)
11/226 *
34 無滯
15/340
無染
23/534 *
37 無漏
21/497 *
無漏師 見永安
41 無極高(阿地瞿多)
2/27 *
44 無著 見文喜
無著〔菩提流志譯場〕
2/18
3/38
無著〔五臺山〕
20/463 *
21/493
27/627
46 無相〔後唐萬歲寺〕
13/281
無相 見曇晟
無相 見玄覺
無相〔成都淨衆寺新羅國人〕
9/192
19/444 *
20/462
22/528
50 無盡藏
8/157
58 無轍(法空)
26/612
30/688
60 無畏三藏 見善無畏
無畏三藏
14/300
77 無際大師 見希遷
無學(翠微)
12/264
13/278
88 無等
11/232 *

8033_3慈

02 慈訓
1/2
22 慈化定慧禪師 見道潛
26 慈和

14/322
60 慈恩　見窺基
慈恩法師　見窺基
慈恩基　見窺基
88 慈愍三藏　見慧日
92 慈燈
6/119

8034_6 尊

34 尊法(伽梵達磨)
2/27 *
77 尊賢阿闍梨
27/621

8040_4 姜

03 姜斌
29/658
80 姜公輔
16/355

8041_4 雉

47 雉鳩和尚　見鴆鳩和尚

8050_1 羊

34 羊祜
18/428

8055_3 義

00 義玄(慧照、臨濟、玄公)
4/74
12/253 *
12/264
20/465
10 義璋　見潛真
21 義師
20/479 *
22 義豐
30/688
義嵩(嵩公)
15/343
義山　見李商隱
義幽
11/228
義崇
10/209
27 義俛
11/226
義將
6/111 *
義宣
14/316
15/327
15/331 *
義賓
11/242
14/313
義寂(常照、淨光大師)
7/147 *
31 義福(大智禪師)
1/4
8/163
9/180 *
24/560
32 義淨(文明)
1/1 *
2/29
3/49
3/51
3/52
4/61
4/66
4/69
4/76
5/80
14/315
23/554
29/661
30/687
35 義津
14/317
義湘(海東華嚴初祖)
4/67 *
4/70
37 義通

7/149
38 義海
14/307
40 義直
12/259
義存(真覺大師、存師、雪峯、存禪師)
12/251
12/261 *
12/262
13/278
13/281
13/282
13/285
13/286
17/395
28/642
30/685
30/691
44 義莊
28/649 *
義楚(明教大師)
7/145 *
50 義忠(潞府)
4/69 *
6/116
7/151
53 義威(威律師)
15/329
27/620
60 義圓
27/627
67 義明　見傳章
81 義頒
16/353

8060_1 普

普　見普守
22 普岸
27/623 *
27/624
24 普化
20/465 *
30 普守(普)
21/490
普寂(寂公、大慧禪師、大照禪師、寂禪師、嵩山禪師)
5/82
5/85
8/162
8/164
9/180
9/181 *
9/183
10/205
10/218
10/219
11/236
12/250
14/319
19/437
19/449
29/675
34 普滿
20/477 *
57 普静
23/547 *
67 普明
18/428 *
普照
14/318
71 普願(南泉禪師、願禪師、願公)
11/234 *
11/236
12/255
21/500
77 普賢〔玄覽弟子〕
26/606
普賢阿闍梨
1/7
79 普勝(宣教)
28/650 *
80 普會大師　見慶諸

90 普光(光、嘉光、大乘光)
4/57
4/59
4/60 *
4/61
4/67
5/86
7/151
17/384

8060_4舍

17 舍那
3/39
22 舍利越摩
3/44
3/45

8060_5善

07 善部末摩
3/39 *
20 善信
3/41
30 善寂
11/239
34 善祐
3/52
37 善運
9/181
38 善導
6/103
10/203
25/578
25/579
29/661
49 善妙
4/68
57 善静
13/284 *
80 善無畏(戍婆揭羅僧訶、淨師子、輸波迦羅、無畏三藏)
2/15 *
3/52
5/83
14/319
善會(夾山)
12/250
12/264

8060_6會

21 會師　見神會
30 會寧
2/24 *
會宗
25/580 *
35 會清
16/359
72 會隱
4/73 *

8060_7含

90 含光
1/7
1/8
27/621 *

8073_2公

57 公静
16/360
80 公羊子
28/653

食

35 食油師
20/478 *
44 食菜阿師(嗜菜阿師)
17/392

8090_4余

21 余仁
8/172
90 余少興
8/171

8211_4鍾

25 鍾傳(鍾氏)
30/685
72 鍾氏　見鍾傳
鍾氏(南平王)

12/260

8315_3錢

00 錢讓
14/297
10 錢元瓘(文穆王)
13/283
13/284
16/368
23/544
30/690
21 錢仁奉
13/289
22 錢樂之
14/297
26 錢儼　見志鴻
27 錢俶(許王、漢南國王)
7/148
13/288
13/289
22/521
23/547
23/550
27/624
28/641
28/648
28/649
28 錢徽
5/96
12/254
30 錢沛
29/667
錢宏佐(忠獻王)
3/284
7/143
13/284
13/285
50 錢申
14/297
60 錢昱
7/143
錢晟
12/254
80 錢公
13/285
84 錢鏵
16/368
87 錢鏐(武肅王、吴越國王)
6/107
7/133
7/143
12/255
12/259
12/267
13/280
13/283
16/363
16/364
16/365
16/366
16/368
17/393
25/587
28/639
30/685
30/689
30/690

8471_1饒

00 饒京
17/393

8640_0知

00 知玄(悟達國師、知鉉、後覺、陳菩薩、玄公)
3/46
6/117 *
6/121
6/122
7/151
15/334
21/504
16 知聖大師　見如敏
20 知重
10/205

32 知遜
3/52
80 知鉉　見知玄
87 知欽
26/601

8660_0 智

00 智廣〔唐雅州開元寺〕
27/630 *
智廣〔唐禪林寺〕
11/243
智章
16/360
智京　見恒景
02 智新
25/591
04 智詵(詵禪師)
19/444 *
20/462
智護
2/20
10 智一(一公)
29/656 *
智元
8/174
11 智顬
14/297
23/535
27/626 *
27/627
13 智琮
30/689
14 智詧
21/505 *
16 智聖
29/657
17 智柔
3/42
20 智依
13/286
智孚
12/263
21 智顗(顗師、智者)
5/81
6/105
6/106
6/107
7/147
7/148
10/211
11/243
13/290
16/361
23/544
23/545
27/621
27/622
27/624
29/663
22 智幽〔唐朝白磁山〕
20/469
智幽〔唐朝四明山保壽院〕
20/477
智崇
15/342
24 智德
9/189
智休
10/218
25 智積
1/2
18/420
22/528
26 智儼〔長安終南山〕
4/68
5/80
智儼〔東京相國寺〕
26/604
智總
12/256
27 智舟
9/191
28 智佺(歸政)

7/142＊
30 智宣
30/687＊
31 智江(江公)
28/643＊
智潛
28/640
34 智滿
14/318
智遠〔歸政〕
21/494
智遠〔樂昌縣〕
8/158
36 智禪師　見證智
37 智通
2/27
3/36＊
3/42
4/68
智通　見慧寂
智通禪師　見天然
智朗〔懷暉弟子〕
10/208
智朗〔曹州扈通院〕
28/641＊
40 智友
2/20
智真
3/40
44 智封
8/173＊
智苑
27/625
智藏〔唐開元年間人〕
1/6
智藏(藏師、律虎)〔姓皮〕
6/109＊
30/678
智藏(大覺禪師)〔姓廖〕
10/204＊
智藏〔姓黄〕
11/237＊
智藏　見不空
智者　見智顗
智藥　見真諦
47 智猛
3/47
53 智威(大威)〔姓蔣〕
6/104＊
18/425
26/606
智威〔法持門人〕
8/167
智威(威禪師、威大師)〔姓陳〕
8/170＊
9/185
19/452
19/454
55 智慧(般剌若)
2/20＊
智慧輪(般若斫迦)
3/46＊
58 智輪
表/1
60 智昇
2/31
4/64
5/85＊
6/111
7/151
15/346
智昂
17/387
66 智嚴(尉遲樂、金滿郡公)〔京師奉恩寺〕
3/36＊
智嚴〔南嶽〕
11/239

67 智明〔後周東京相國寺〕
16/369
智明〔唐河内應福寺〕
29/671
智暉
28/638 *
智照大師　見慧温
77 智賢（若那跋陀羅）
2/24 *
智閑（襲燈大師、香嚴禪師）
13/276 *
13/277
80 智首
13/297
15/333
15/344
82 智釗
15/345
83 智猷
15/342
88 智符
14/313
90 智光
8/159
智常（赤眼歸宗、歸宗禪師）
17/391 *
17/392
30/683
91 智恒〔元浩弟子〕
6/108
智恒〔懷一弟子〕
19/452 *
92 智燈（證）
24/572 *
25/595

8718_2欽

21 欽師
18/409 *
欽師　見法欽

8742_7�店

47 鴶鳩和尚（雉鳩和尚、鵰鳩和尚）
21/501 *

鄭

00 鄭文簡
29/664
鄭玄（鄭司農）
4/67
08 鄭説
25/587
10 鄭元龜
7/149
17 鄭司農　見鄭玄
26 鄭絪
5/96
25/580
27 鄭詹
10/206
31 鄭潛耀
19/448
44 鄭萬鈞
19/448
50 鄭素卿
15/342
60 鄭景
26/603
68 鄭晦明
19/448
72 鄭氏
2/20
77 鄭卿
5/92
80 鄭谷
30/688
鄭公
11/229

8762_2舒

10 舒元輿
6/114
60 舒國公　見褚無

量
80 舒公　見褚無量

8810_1竺

25 竺佛念
15/344
34 竺法潛
27/623
38 竺道生(龍光)
6/122
11/226
29/673

8811_7鑑

12 鑑水闍棃　見元表
30 鑑空(齊君房)
20/475 *
20/477
31 鑑源(源律師)
15/333 *

8812_7鈐

38 鈐海
4/71

8822_7簡

80 簡公　見慧簡

第

10 第五琦
9/194
19/440

8824_3符

43 符載
10/214
29/671
44 符蒙
7/136

8834_1等

10 等至　見齊翰
80 等慈
8/169

8877_7管

25 管仲
6/108
72 管氏
9/192

8890_2策

36 策禪師
8/169

9000_0小

00 小彦長老　見師彦
24 小忒布納　見道忒
34 小遠　見慧遠
53 小威　見慧威
71 小馬神照　見神照

9001_4惟

05 惟靖
12/268 *
14 惟勁(三生藏、寶聞大師、勁公)
17/395 *
18 惟政　見恒政
20 惟秀
21/494
26 惟儼(藥山)
11/235
11/237
13/280
17/387 *
17/399
30 惟寬(大徹、天徹)
9/183
10/208 *
11/230
惟實
26/610 *
34 惟湛
14/314
44 惟恭
25/584 *
惟孝
25/586
惟英

21/494
47 惟慤
2/28
6/102 *
48 惟幹
15/345
50 惟忠 〔唐黄龍山僧〕
9/190 *
惟忠〔唐成都郫縣法定寺〕
19/455 *
60 惟晏
29/673
62 惟則 見遺則
惟則
27/625 *

9003_2 懷

00 懷彦
14/307
懷度
2/30
懷讓(讓、讓禪師、讓公、大慧禪師)
8/160
9/182 *
9/183
9/191
10/202
11/234
10 懷一
14/316
15/331
19/451 *
19/452
懷玉〔姓高〕
24/566 *
懷玉〔姓許〕
26/612 *
20 懷信
19/446 *
24 懷德
18/413
23/551 *
30 懷空〔姓梁〕
20/472 *
懷空〔姓商〕
29/668 *
31 懷濬
22/514 *
32 懷遜
26/606
34 懷遠
5/86 *
35 懷迪(迪公)
2/28
3/38
3/39 *
3/53
38 懷海(海禪師、海公、百丈山禪師、百丈、大智禪師)
10/207
10/216 *
11/217
11/230
11/233
11/235
11/242
12/249
20/482
27/623
懷道
19/451 *
50 懷肅
16/363
懷素(素公)
14/301
14/303 *
15/333
15/344
16/369
16/371
53 懷感
6/103 *

懷威
16/353
62 懷則
14/307
67 懷暉(懷惲、大宣教禪師)
9/183
10/207 *
11/230
23/549
80 懷益
16/363
88 懷節
14/313
97 懷惲 見懷暉
99 懷瑩
14/307

9020_0 少

00 少康(後善導)
25/578 *
25/595
29/661

9021_1 光

光 見普光
光 見慧光
00 光文大師 見彙征
12 光瑶
10/204 *
17 光翌
14/305
21 光仁
13/277 *
光師 見玄光
25 光律師 見道光
27 光嶼(通悟)
28/644 *
28 光儀
26/599 *
32 光州和尚 見道岸
光業(祐聖國師)
6/120
6/121
34 光遠
25/590
37 光涌(涌禪師)
13/283
光逸
13/286
38 光肇
6/111
66 光嚴
15/342
67 光嗣(匡嗣、超化大師)
18/425
28/639 *
28/650
80 光公 見大光

9022_7 常

00 常袞(常公)
16/354
28 常儉
15/342
30 常進(進公)
15/340
34 常洪正 見洪正
常達(文舉)
16/358 *
36 常遇
21/495 *
37 常通 見恒通
57 常静
20/468
67 常照
14/323
常照 見恒照
常照 見義寂
77 常覺〔唐僧〕
9/194
常覺〔北宋僧〕
28/647 *
80 常公 見常袞
95 常精進菩薩 見大行

尚

尚　見嘉尚

9050_0 半

23 半徧清
8/169

9060_2 省

00 省言
15/342

27 省躬(淮南記主、清冷山沙門)
15/334
15/337 *
15/338
15/343
16/359

28 省倫
7/145 *

9101_6 恒

00 恒度　見神皓

18 恒政(惟政)
11/241 *

34 恒法師
8/173

36 恒暹
14/303

37 恒通(常通)
12/264 *

47 恒超〔唐迴鑾寺〕
9/195

恒超(德正)〔後漢棣州開元寺〕
7/138 *

50 恒泰
11/228

60 恒景(弘景、智京)
2/29
2/30
5/81 *
7/151
8/168
9/182
14/303
14/318

67 恒照(常照)
12/261

77 恒月
10/218 *

9106_1 悟

20 悟皎
16/369

30 悟空　見齊安

悟空(車奉朝、達摩馱都、法界)
3/40
3/41
3/44 *

34 悟法師
20/476

悟達國師　見知玄

36 悟禪師　見道悟

悟禪師
9/194

41 悟極
6/109

50 悟本　見良价

80 悟公　見道悟

悟公
15/343

9181_7 炬

25 炬律師
15/339

9202_7 憍

75 憍陳如
1/9
19/443

9281_8 燈

32 燈添
17/384

9403_6 慥

36 慥禪師
23/533 *

9408_1 愼

00 愼言

5/88

9501_0 性

30 性空　見寰中

90 性光
25/592

9592_7 精

40 精志通明　見可周

9708_6 懶

13 懶殘　見明瓚

14 懶瓚　見明瓚

9722_7 鄰

27 鄰兒　見子鄰

9782_7 郯

60 郯國公　見張公謹

9990_4 榮

27 榮叡
14/318

60 榮國太夫人
17/377

筆畫與四角號碼對照表

一　畫

一	1000_0	*11*

二　畫

入	8000_0	*97*
丁	1020_0	*15*
七	4071_0	*67*
力	4002_7	*56*

三　畫

兀	1021_0	*15*
亡	0071_0	*7*
三	1010_1	*11*
于	1040_0	*16*
子	1740_7	*23*
尸	7720_7	*95*
大	4003_0	*56*
上	2110_0	*25*
小	9000_0	*107*

四　畫

六	0080_0	*9*
方	0022_7	*4*
文	0040_0	*6*
支	4040_7	*59*
不	1090_0	*17*
天	1043_0	*16*
什	2420_0	*31*
心	3300_0	*44*
太	4003_0	*58*
元	1021_1	*15*
木	4090_0	*68*
王	1010_4	*12*
孔	1241_0	*21*
尹	1750_7	*23*
巨	7171_7	*92*
中	5000_6	*77*
日	6010_0	*85*
月	7722_0	*95*
少	9020_0	*108*
丹	7744_0	*96*
毛	2071_4	*24*
仇	2421_7	*31*
牛	2500_0	*32*
允	2321_0	*30*
勿	2722_0	*34*
公	8073_2	*102*
仁	2121_0	*25*
五	1010_7	*14*

五　畫

北	1111_0	*18*
玄	0073_2	*7*
永	3023_2	*39*
甘	4477_0	*73*
玉	1010_3	*12*
可	1062_0	*17*
平	1040_9	*16*
左	4010_1	*58*
司	1762_0	*24*
石	1060_0	*16*
皮	4024_7	*59*
弘	1223_0	*20*
本	5023_0	*78*
正	1010_1	*12*
史	5000_6	*77*
申	5000_6	*77*
田	6040_0	*85*
幼	2472_7	*32*
白	2600_0	*33*
印	7772_0	*96*
包	2771_2	*36*
代	2324_0	*30*
用	7722_0	*95*
半	9050_0	*109*
令	8030_7	*98*
丘	7210_1	*93*
冉	5044_7	*79*

六　畫

牟	2350_0	*31*
宇	3040_1	*39*
江	3111_0	*42*
汎	3711_0	*51*
安	3040_4	*40*
守	3034_2	*39*
那	1752_7	*23*
匡	7171_1	*91*
亘	1010_6	*14*
地	4411_2	*69*
存	4024_7	*59*
有	4022_7	*58*
老	4471_1	*72*
夸	4020_7	*58*
朱	2590_0	*32*
伊	2725_7	*35*
行	2122_1	*26*
自	2600_0	*33*
邢	1742_7	*23*
至	1010_4	*12*
西	1060_0	*16*
百	1060_0	*17*

伍 2121$_7$ 25
戌 5320$_0$ 79
芝 4430$_7$ 70
吉 4060$_1$ 67
如 4640$_0$ 74
好 4744$_7$ 76
名 2760$_0$ 35
羊 8050$_1$ 100
全 8010$_4$ 97
休 2429$_0$ 31
伏 2323$_4$ 30
任 2221$_4$ 28
仰 2722$_0$ 34
仲 2520$_6$ 32
延 1240$_1$ 21
廷 1240$_1$ 21
光 9021$_1$ 108
因 6043$_0$ 86
同 7722$_0$ 95
回 6060$_0$ 86
吕 6060$_0$ 86
成 5320$_0$ 79
此 2111$_0$ 25

七畫

佛 2522$_7$ 32
何 2122$_0$ 26
狂 4121$_4$ 68
作 2821$_1$ 36
赤 4033$_1$ 59
抖 5400$_0$ 80
伽 2620$_0$ 34
希 4022$_7$ 58
利 2290$_0$ 29
秀 2022$_7$ 24
余 8090$_4$ 102
含 8060$_7$ 102
狄 4928$_0$ 77
汪 3111$_4$ 42
沙 3912$_0$ 56
沛 3012$_7$ 38
沈 3411$_2$ 44
辛 0040$_1$ 6
良 3073$_2$ 40
沇 3311$_0$ 44
宋 3090$_4$ 42
初 3722$_0$ 52
阿 7122$_0$ 91
忍 1733$_2$ 23
杜 4491$_0$ 73
均 4712$_0$ 76
戒 5340$_0$ 80
夾 4003$_8$ 58
投 5704$_7$ 84
李 4040$_7$ 59
束 5090$_6$ 79
求 4313$_2$ 68
孝 4440$_7$ 71
車 5000$_6$ 77
志 4033$_1$ 59
邵 1762$_7$ 24
岑 2220$_7$ 28
足 6080$_1$ 87
吴 6043$_0$ 86

八畫

昉 6002$_7$ 85
房 3022$_7$ 39
沼 3716$_2$ 51
注 3011$_4$ 38
波 3414$_7$ 47
法 3413$_1$ 45
泓 3213$_0$ 43
河 3112$_0$ 43
定 3080$_1$ 41
侃 2621$_0$ 34
始 4346$_0$ 69
郄 4742$_7$ 76
忠 5033$_6$ 79
易 6022$_7$ 85
昇 6044$_0$ 86
昌 6060$_0$ 86
杲 6090$_4$ 88
昂 6072$_7$ 87
宗 3090$_1$ 42
空 3010$_1$ 38
建 1540$_0$ 22
武 1314$_0$ 21
降 7725$_4$ 96
坦 4611$_0$ 74
青 5022$_7$ 78
奉 5050$_3$ 79
承 1723$_2$ 23
抱 5701$_2$ 84
拔 5304$_7$ 79
卧 7370$_0$ 93
表 5073$_2$ 79
長 7173$_2$ 92
林 4499$_0$ 74
孟 1710$_7$ 22
茂 4425$_3$ 70
招 5706$_2$ 84
范 4411$_2$ 69
英 4453$_0$ 72
苑 4421$_2$ 69
迥 3730$_2$ 52
迦 3630$_0$ 51
耶 1712$_7$ 23
歧 2414$_7$ 31
刹 4290$_0$ 68
尚 9022$_7$ 109
東 5090$_6$ 79
供 2428$_1$ 31
物 2752$_0$ 35
金 8010$_9$ 98
舍 8060$_4$ 101
竺 8810$_1$ 106
居 7726$_4$ 96

屈 7727_2 96
炬 9181_7 110
和 2690_0 34
知 8640_0 103
些 2110_1 25
明 6702_0 90
性 9501_0 110
岸 2224_1 29
固 6060_4 86
周 7722_0 95
若 4460_4 72
迪 3530_6 51

九 畫

神 3520_6 49
祝 3621_0 51
亮 0021_7 3
勁 1412_7 22
迹 3030_3 39
袓 3623_0 51
祐 3426_0 48
奕 0043_0 6
姜 8040_4 100
洪 3418_1 48
洞 3712_0 51
施 0821_2 11
彥 0022_2 3
宣 3010_6 38
契 5743_0 84
威 5320_0 80
咸 5320_0 80
南 4022_7 58
封 4410_0 69
城 4315_0 68
持 5404_1 80
拯 5701_3 84
拾 5806_1 84
盃 1010_7 14
飛 1241_3 21
柳 4792_0 76
胡 4762_0 76
荊 4240_0 68
茍 4462_7 72
律 2520_7 32
韋 4050_6 66
恒 9101_6 109
貞 2180_6 27
省 9060_2 109
昭 6706_2 90
思 6033_0 85
幽 2277_0 29
郗 4722_7 76
紀 2791_7 36
皇 2610_4 33
段 7744_7 96
姚 4241_3 68
侯 2723_4 35
修 2722_2 34
信 2026_1 24
香 2060_9 24
食 8073_2 102
約 2792_0 36
禹 2042_7 24
後 2224_7 29
俊 2324_7 31
毗 6101_0 89
則 6280_0 89
待 2424_1 31
俞 8022_1 98

十 畫

夏 1024_7 16
益 8010_7 98
涉 3112_1 43
涌 3712_7 51
海 3815_7 52
浮 3214_7 43
浩 3416_1 48
唐 0026_7 5
高 0022_7 3
郯 9782_7 110
郭 0742_7 10
都 4762_7 76
朗 3772_0 52
通 3730_2 52
陸 7421_4 93
陰 7823_1 97
陳 7529_6 94
陶 7722_0 95
袁 4073_2 67
泰 5013_2 78
秦 5090_4 79
桐 4792_0 76
桓 4191_6 68
班 1111_4 18
哲 5260_2 79
晁 6011_3 85
晟 6025_3 85
徑 2121_1 25
殊 1529_0 22
孫 1249_3 21
哥 1062_1 17
馬 7132_7 91
素 5090_3 79
破 1464_7 22
晉 1060_1 17
真 4080_1 67
桂 4491_4 74
振 5103_2 79
恭 4433_8 71
華 4450_4 71
莽 4444_3 71
莊 4421_4 69
荷 4422_1 70
柴 2190_4 27
時 6404_1 89
虔 2124_0 27
悟 9106_1 110

恩 6033_0 85
員 6080_6 87
秘 2390_0 31
奘 2443_0 31
宰 3040_1 40
造 3430_6 48
連 3530_0 51
逍 3930_2 56
能 2121_1 25
珪 1411_4 22
般 2744_7 35
純 2591_7 33
息 2633_0 34
徐 2829_4 37
師 2172_7 27
脩 2722_7 35
乘 2090_1 24
姬 4141_6 68

十一畫

許 0864_0 11
清 3512_7 48
淨 3215_7 43
淡 3918_9 56
深 3719_4 52
淄 3216_3 44
梁 3390_4 44
康 0023_2 4
庾 0023_7 4
麻 0029_4 5
庶 0023_7 4
參 2320_2 30
得 2624_1 34
商 0022_7 4
章 0040_6 6
啓 3860_4 56
寂 3094_7 42
密 3077_2 40
黄 4480_6 73
菩 4460_1 72
雪 1017_7 15
梵 4421_7 70
晝 5010_6 78
堅 7710_4 95
掘 5707_2 84
乾 4841_7 77
梅 4895_7 77
曹 5560_6 83
隋 7422_7 94
戚 5320_0 80
張 1123_2 18
尉 7420_0 93
貫 7780_6 97
虚 2121_2 25
鳥 2732_7 35
婆 3440_4 48
處 2124_1 27
晤 6106_1 89
惟 9001_4 107
淮 3011_4 38
唯 6001_4 84
國 6015_3 85
畢 6050_4 86
常 9022_7 109
崇 2290_1 30
崟 2210_9 28
崔 2221_4 28
婁 5040_4 79
紹 2796_2 36
皎 2064_8 24
悉 2033_9 24
從 2828_1 37
魚 2733_6 35
第 8822_7 106
符 8824_8 107
躭 2421_2 31
進 3030_1 39
執 4441_7 71
猛 4721_7 76
鄂 6722_7 83

十二畫

馮 3112_7 43
湛 3411_8 45
游 3814_7 52
温 3611_7 51
湘 3610_0 51
湯 3612_7 51
湄 3716_7 52
寒 3030_3 39
甯 3022_7 38
童 0010_4 3
善 8060_5 102
尊 8034_6 99
普 8060_1 101
遂 3830_3 52
道 3830_6 52
達 3430_4 48
運 3730_4 52
雲 1073_1 17
雄 4071_4 67
習 1460_1 22
登 1210_8 20
備 2422_7 31
跋 6314_7 89
跛 6414_7 89
然 2333_8 31
董 4410_4 69
葉 4490_4 73
萬 4442_7 71
蓋 4410_7 69
落 4416_4 69
葛 4472_7 72
超 4780_6 76
越 4380_5 69
賀 4680_6 75
費 5580_6 84
極 4191_4 68

揚 5602_7 84
提 5608_1 84
惠 5033_3 78
彭 4212_2 68
棲 4594_4 74
最 6014_7 85
悲 1133_1 20
紫 2190_3 27
景 6090_6 88
鄔 2732_7 35
鄖 6782_7 91
統 2091_3 25
琮 1319_1 22
强 1623_6 22
瑯 1712_7 23
喜 4060_5 67
開 7744_0 96
策 8890_2 107
測 3210_0 43
等 8834_1 107
皓 2466_1 31
無 8033_1 99
智 8660_0 103
勝 7922_7 97
順 2108_6 25
欽 8718_2 106
鈴 8812_7 106
舒 8762_2 106
程 2691_4 34
喬 2022_7 24
博 4304_2 68
傅 2324_2 30
復 2824_7 36
閑 7790_4 97

十三畫

新 0292_1 10
源 3119_6 43
溪 3213_4 43
義 8055_3 100
慈 8033_3 99
詮 0861_4 11
試 0364_0 10
詵 0461_1 10
粲 2790_4 36
楷 4196_1 68
蜀 6012_7 85
誠 0365_0 10
靖 0512_7 10
褚 3426_0 48
福 3126_6 43
瑀 1212_7 20
肅 5022_7 78
習 1760_1 24
楊 4692_7 75
鳩 4702_7 76
賈 1080_6 17
楚 4480_1 73
蒙 4423_2 70
夢 4420_7 69
蓮 4430_4 70
雷 1060_3 17
慥 9403_6 110
遠 3430_3 48
照 6733_6 90
業 3290_4 44
慎 9408_1 110
嗜 6406_1 89
暉 6705_6 90
雅 7021_4 91
雉 8041_4 100
資 3780_6 52
微 2824_0 36
路 6716_4 90
嵩 2222_7 29
圓 6080_6 87
解 2725_2 35
稠 2792_0 36
會 8060_6 102
愛 2024_7 24
彙 2790_4 36
傳 2524_3 32
意 0033_6 5

十四畫

韶 0766_2 11
賓 3080_6 41
實 3080_6 41
寧 3020_1 38
塵 0021_4 3
廣 0028_6 5
齊 0022_3 3
漢 3413_4 47
滿 3412_7 45
演 3318_6 44
榮 9990_4 110
肇 3850_7 56
墨 6010_4 85
圖 6060_4 86
暢 5602_7 84
端 0212_7 10
誌 0463_1 10
鄰 9722_7 110
鄭 8742_7 106
鄧 1712_7 23
静 5725_7 84
誓 5260_1 79
翠 1740_8 23
甄 1111_7 18
壽 4064_1 67
嘉 4046_5 66
趙 4980_2 77
臺 4010_4 58
蓁 4490_3 73
蔡 4490_1 73
慕 4433_3 70
蔣 4424_7 70
閭 7760_6 96

閩 7713_{6} 95
暠 6022_{7} 85
裴 1173_{2} 20
睿 2160_{8} 27
精 9592_{7} 110
鄱 2762_{7} 36
鳳 7721_{0} 95
維 2091_{4} 25
僧 2826_{6} 36
僕 2223_{4} 29
管 8877_{7} 107

十五畫

諒 0069_{6} 7
諸 0466_{0} 10
誼 0361_{7} 10
談 0968_{9} 11
潘 3216_{9} 44
潛 3116_{1} 43
澄 3211_{8} 43
摩 0025_{2} 5
慶 0024_{7} 4
遵 3830_{4} 52
霅 1060_{1} 17
歐 7778_{2} 97
賢 7780_{6} 97
樊 4443_{0} 71
霈 1012_{7} 15
震 1023_{2} 16
鞏 1750_{6} 23
虢 2131_{7} 27
粤 2220_{7} 28
遲 3630_{1} 51
徹 2824_{0} 36
魯 2760_{3} 35
慧 5033_{7} 80
履 7724_{7} 96
增 4816_{6} 77
遺 3530_{8} 51
憍 9202_{7} 110
樂 2290_{4} 30
劉 7210_{0} 92
輪 5802_{7} 84
緣 2793_{2} 36
盤 2710_{7} 34
賜 6682_{7} 90
德 2423_{1} 31
標 4199_{1} 68
衛 2150_{6} 27
鄴 3792_{7} 52

十六畫

諲 0161_{4} 9
謀 0469_{4} 10
澹 3716_{1} 51
寰 3073_{2} 40
窺 3051_{6} 40
薄 4414_{2} 69
蕭 4422_{7} 70
冀 1180_{1} 20
衡 2143_{0} 27
潞 3716_{4} 51
鴟 7772_{7} 96
燈 9281_{8} 110
燕 4433_{1} 70
薛 4474_{1} 72
薩 4421_{4} 69
薦 4422_{7} 70
頭 1118_{6} 18
融 1523_{6} 22
擇 5604_{1} 84
霍 1021_{4} 16
彊 1121_{6} 18
隱 7223_{7} 93
叡 2764_{0} 36
曇 6073_{1} 87
戰 6355_{0} 89
盧 2121_{7} 25
鴒 8742_{7} 106
興 7780_{1} 97
學 7740_{7} 96
鮑 2731_{2} 35
錢 8315_{3} 102
穆 2692_{2} 34
積 2598_{6} 33
翰 4842_{7} 77
輸 5802_{1} 84
禪 3625_{6} 51
獨 4622_{7} 74

十七畫

禮 3521_{8} 50
鴻 3712_{7} 51
濟 3012_{3} 38
謙 0863_{7} 11
應 0023_{1} 4
龍 0121_{1} 9
藏 4425_{3} 70
戴 4385_{0} 69
韓 4445_{6} 71
臨 7876_{6} 97
聰 1613_{0} 22
檀 4091_{6} 68
彌 1122_{7} 18
點 6136_{0} 89
魏 2641_{3} 34
鮮 2835_{1} 38
鍾 8211_{4} 102
膺 0022_{7} 4
襄 0073_{2} 7
豳 2277_{0} 29
嬰 6640_{4} 90
邃 3330_{3} 44
謝 0460_{0} 10
徽 2824_{0} 34

十八畫

斷 2272_{1} 29
顏 0128_{6} 9

顒 6128$_6$ *89*
蘊 4491$_7$ *74*
藥 4490$_4$ *73*
簡 8822$_7$ *106*
璿 1116$_8$ *18*
聶 1014$_1$ *15*
瞿 6621$_4$ *89*
鎬 8012$_7$ *98*
邊 3630$_2$ *51*
歸 2712$_7$ *34*
豐 2210$_8$ *28*
彝 2744$_9$ *35*

十九畫

癡 0018$_1$ *3*
識 0365$_0$ *10*
證 0261$_8$ *10*
隴 7121$_1$ *91*
蘇 4439$_4$ *71*
願 7128$_6$ *91*
譙 0063$_1$ *7*
礪 1162$_7$ *20*
懶 9708$_6$ *110*
難 4051$_4$ *67*
羅 6091$_4$ *88*
懷 9003$_2$ *107*
嚩 6304$_2$ *89*
顗 2118$_6$ *25*
贊 2480$_6$ *32*

二十畫

護 0464$_7$ *10*
龐 0021$_1$ *3*
灌 3411$_4$ *44*
寶 3080$_6$ *41*
寳 3080$_6$ *41*
藺 4422$_7$ *70*
蘭 4422$_7$ *70*
闞 7714$_8$ *95*
醴 1561$_8$ *22*
贍 6786$_1$ *91*
嚴 6624$_8$ *89*
饒 8471$_1$ *103*
覺 7721$_6$ *95*
繼 2291$_3$ *30*
瀛 3011$_7$ *38*

二十一畫

辯 0044$_1$ *6*
權 4491$_4$ *74*
歡 4728$_2$ *76*
顥 6198$_6$ *89*
覽 7821$_6$ *97*

二十二畫

儼 2624$_8$ *34*
懿 4713$_8$ *76*
鑒 7810$_9$ *97*
鑑 8811$_7$ *106*
鑛 8018$_6$ *98*

二十三畫

襲 0173$_2$ *9*
龔 0180$_1$ *10*
巖 2224$_8$ *29*
顯 6138$_6$ *89*

二十四畫

靈 1010$_8$ *14*
觀 4621$_0$ *74*
讓 0063$_2$ *7*
鹽 7810$_7$ *97*